REVUE FRANÇAISE
D'HISTOIRE ÉCONOMIQUE

N° 13

THE FRENCH ECONOMIC
HISTORY REVIEW

ÉDITIONS
PRESSES DE LA RECHERCHE HISTORIQUE
ÉRIC LEDRU, DIRECTEUR
12, RUE DE SEINE
75006 PARIS
06 86 95 37 06
SIRET : 750 706 442 00019

CONCEPTION GRAPHIQUE
HUGUES VOLLANT

OUVRAGE COMPOSÉ EN
ROMAIN BP

ISSN
2427-4062

REVUE FRANÇAISE D'HISTOIRE ÉCONOMIQUE

THE FRENCH ECONOMIC HISTORY REVIEW

N° 13

Numéro spécial

Le Crédit Agricole

sous la direction d'Hubert Bonin

2020 - I

Association des Amis de la Revue française d'Histoire économique
Les Presses de la Recherche historique

REVUE FRANÇAISE
D'HISTOIRE ÉCONOMIQUE

N° 13

Numéro spécial
Le Crédit Agricole

volume dirigé par Hubert Bonin

THE FRENCH ECONOMIC HISTORY REVIEW

N° 13

Special issue Crédit Agricole

volume edited by par Hubert Bonin

INTRODUCTION PROBLÉMATISANTE

Hubert Bonin
Professeur émérite et chercheur en histoire économique, Sciences Po Bordeaux
et UMR CNRS 5113 Gretha-Université de Bordeaux

Ce numéro spécial de la *Revue française d'histoire économique* est partie prenante des analyses académiques qui accompagnent la commémoration du centième anniversaire de la création de l'Office national du Crédit agricole, l'ancêtre de Crédit Agricole SA, l'actuelle organe central du groupe du Crédit agricole. La communication institutionnelle a la responsabilité de la mise en valeur de l'action récente et actuelle et du « sens » à donner à cette histoire, qui fournira du grain à moudre aux réflexions sur « la raison d'être », les valeurs et la culture d'entreprise du Crédit agricole. Les historiens, quant à eux, œuvrent pour reconstituer les faits, grâce aux fonds d'archives, particulièrement riches, et à des entretiens avec des anciens responsables. Deux douzaines d'ouvrages sur l'histoire des caisses régionales ont déjà été publiés, tandis qu'un livre retraçant l'évolution des années 1890 aux années 1950 avait constitué une synthèse stimulante[1].

1 – Christian Bosséno, *Crédit agricole, un siècle au présent, 1894-1994*. Tome 1 : *des origines aux années 1950*, Paris, Hervas, 1994. Le tome 2 n'est jamais paru.

1. IMAGINER UN MODÈLE DE BANQUE ORIGINAL

L'on sait combien les banques ont été soumises depuis leur origine à des tirs croisés[2] afin de dénoncer non seulement leurs profits mais surtout leur supposé manque d'attention aux demandes de leurs clients potentiels. Maisons de Haute Banque de jadis, banques classiques nées dans les années 1850-1870, banques d'affaires, banques « universelles » depuis les années 1960-1970 ne semblent pas avoir répondu aux besoins de ce qu'on caractérise aujourd'hui d'« économie réelle ». On a dès lors rêvé d'une étatisation des banques, et les deux vagues de nationalisation de 1946 et de 1982 ont voulu mettre fin à des « féodalités » financières[3] inféodées elles-mêmes à la grande bourgeoisie et au « grand capital ». Pourtant, le mode de fonctionnement des grands établissements devenus publics n'a guère évolué dans les faits, en particulier durant la grande crise de restructuration économique des années 1970-1990[4] car la logique du marché, de la concurrence et donc de la compétitivité était essentielle.

Parmi ces catégories socio-économiques désireuses figuraient notamment « la France des petits » : les petits commerçants, les artisans, les petits paysans, les patrons de petites et moyennes entreprises (PME), les petits entrepreneurs de bâtiment et de travaux publics, etc., c'est-à-dire l'ensemble des petites bourgeoisies ou des couches populaires supérieures constituant l'armature de l'économie « en deuxième ligne », derrière les grandes entreprises. Or un modèle économique de banque adaptée à ces couches socioprofessionnelles a surgi dans des pays européens, celui de la banque coopérative ou mutualiste. Les caisses Raiffeisen sont devenues des références clés, grâce à leur réussite dans les pays germaniques et autrichiens, accompagnées par leurs sœurs aux Pays-Bas. Certes, de tels établissements ont parfois été ébranlés par les crises conjoncturelles, comme dans les années 1930 - qui voient d'ailleurs plusieurs caisses régionales du Crédit agricole subir pertes et mauvaises créances - ou récemment[5] durant la crise de 2007-2009. Mais leur structure décentralisée

2 – Hubert Bonin, « French banks and public opinion: The public's negative perception of the French banking establishment (from the 1800s to the 1950s) », in Carmen Hofmann et Martin Müller (dir.), *History of Financial Institutions: Essays on the History of European Finance, 1800-1950*, Abingdon, Routledge, 2016 (*Homage to Gerald Feldman*), « Banking, Money et International Finance », p. 77-104. Hubert Bonin, « Les banques françaises devant l'opinion (des années 1840 aux années 1950) », in Alya Aglan, Olivier Feiertag et Yannick Marec (dir.), *Les Français et l'argent, XIXe-XXe siècles. Entre fantasmes et réalités*, Rennes, Presses universitaires de Rennes, « Histoire », 2011, p. 281-302.

3 – Augustin Hamon, *Les Maîtres de la France. La féodalité financière dans les banques*, Paris, Éditions sociales internationale, 1936. Voir aussi le livre équilibré : André Gueslin, *Mythologies de l'argent. Essai sur l'histoire des représentations de la richesse et de la pauvreté dans la France contemporaine (XIXe-XXe siècles)*, Paris, Économica, 2007.

4 – *Cf.* Olivier Feiertag, « Le système financier français face à la déindustrialisation (1974-1984) : la faute aux banques ? », in Pierre Lamard et Nicolas Stoskopf (dir.), *1974-1984. Une décennie de désindustrialisation ?*, Paris, Picard, 2010, p. 37-50.

5 – Hubert Bonin, « French cooperative banks across crisis in the 1930s and in 2007-2013 », in Joke Mooj and Wim Boonstra (dir.), *Raiffeisen's Footprint. The Cooperative Way of Banking*, Amsterdam, VU Press, 2012, p. 139-160.

et leur actionnariat mutualiste (donc relativement stable et éloigné des fluctuations boursières) ont pu fournir une moindre exposition aux risques de prêts.

La France était pourtant originale car elle disposait d'un socle de banques locales et régionales[6], familiales ou capitalistes, qui avaient fleuri depuis la seconde moitié du XIXe siècle et avaient prospéré jusqu'à la crise du début des années 1930. Mais elles étaient encore plusieurs centaines à la fin des années 1940. Néanmoins, suite à la chute de la majorité d'entre elles ou à leur absorption par des banques d'envergure nationale, elles ont peu à peu perdu leur importance en tant que « banque de proximité ». Heureusement, le Crédit Industriel et Commercial (CIC)[7] s'était lui-même érigé en tant que banque fédérale plurirégionale qui avait créé ou absorbé (en 1932) plusieurs banques régionales. Le Crédit du Nord a suivi, à son échelle, le même modèle, avec un processus d'absorption plus tardif (comme récemment avec la Société marseillaise de crédit). Néanmoins, malgré cet enracinement dans les communautés territoriales, ces deux groupes ont souvent adopté un mode de fonctionnement identique aux grandes banques, même si leur mode d'action est beaucoup plus déconcentré – la Société générale maintenant par exemple l'autonomie du Crédit du Nord[8], devenu sa filiale dans les années 1990.

Un ultime recours aurait pu être le réseau des Caisses d'épargne et de prévoyance (actif depuis 1818)[9], voire aussi celui des CCP géré par le réseau postal des PTT. Ils étaient en effet tournés vers « les petits », en raison de leur proximité territoriale. Mais les quatre-cinquièmes des volumes des comptes d'épargne étaient en réalité apportés par « les riches », et, surtout, l'essentiel des montants de l'épargne remontait à la Caisse des dépôts et consignations[10], et donc n'avait pas vocation à s'insérer dans des circuits de « proximité », rurale ou urbaine. Et il a fallu attendre les années 1960 pour que le Crédit local de France[11] dispose

6 – Michel Lescure et Alain Plessis (dir.), *Banques locales et banques régionales en Europe au XXe siècle*, Paris, Albin Michel, Mission historique de la Banque de France, 2004. Jean Labasse, *Les capitaux et la région. Étude géographique. Essai sur le commerce et la circulation des capitaux dans la région lyonnaise*, Paris, Colin, 1955.
7 – Nicolas Stoskopf, *150 ans du Cic, 1859-2009*. I. *Une audace bien tempérée*, Paris, Éditions La Branche, 2009. Nicolas Stoskopf, *150 ans du Cic, 1859-2009*. II. *Un album de famille*, Paris, Éditions La Branche, 2009.
8 – Hubert Bonin, *Histoire de banques. Crédit du Nord, 1848-2003*, Paris, Hervas, 2004 (réédition actualisée).
9 – Daniel Duet, *Les Caisses d'épargne*, Paris, Presses universitaires de France, « Que Sais-Je ? », 1991, réédition, 2000. Laure de Llamby, *Les métamorphoses de l'épargne*, Paris, Gallimard, « Découvertes », 2003. Hubert Bonin, « Les Caisses d'épargne françaises (1914-1945) : une croissance mouvementée sans évolution stratégique », in *L'histoire des Caisses d'épargne européennes*. Tome 4. *Conjoncture et crises, 1914-1945*, Les Éditions de l'épargne, 1999, p. 105-175. Vincent Tournié, « Épargne et crises dans la France des années trente. L'exemple des Caisses d'épargne », *Les Cahiers pour l'histoire de l'épargne*, Paris, Association nationale pour l'histoire des Caisses d'épargne, 2002.
10 – *La Caisse des dépôts et consignations, 175 ans*, numéro spécial, *Revue d'économie financière*, Paris, Le Monde éditions, 1991. Patrice Baubeau, « La Caisse des dépôts et consignations et le Crédit national, un essai comparatif : lignes de force et concurrences au sein du secteur financier public français », in Alya Aglan, Michel Margairaz et Philippe Verheyde (dir.), *La Caisse des dépôts et consignations, la Seconde Guerre mondiale et le XXe siècle*, Paris, Albin Michel, 2003.
11 – Patrick Éveno, *Le Crédit local de France. De la Caecl à Dexia, dix années au service du financement du cadre de vie*, Paris, Éditions locales de France, 1997.

d'une certaine autonomie et devienne une banque des collectivités territoriales, avant sa dénaturation au début des années 2000 et sa chute en 2007.

Aussi le modèle coopératif s'est-il de plus en plus affirmé comme une solution de rechange, pourrait-on dire. Or l'historien André Gueslin, dont l'entretien constitue une section clé de cette *Revue*, s'est posé en pionnier dans la reconstitution de l'histoire, des valeurs, des compétences et du rôle des « caisses mutuelles »[12], suivi par quelques auteurs[13]. Et l'on sait que, aujourd'hui, le groupe de l'Alliance Crédit mutuel est l'un des leaders français, après la prise de contrôle d'une douzaine de banques mutuelles régionales et des fusions structurantes – malgré la volonté de dissidence de Crédit mutuel Arkea, dans l'Ouest –, d'autant plus qu'il a racheté le CIC et pris racine en Allemagne. La nature de ces crédits mutualistes est originale car elle est « universelle », puisqu'ils sont ouverts à toutes les catégories professionnelles, rurales ou urbaines,.

Un autre modèle coopératif avait pris corps en Allemagne et en Italie, celui des « banques populaires », plutôt tourné vers le monde des PME et des petites et moyennes bourgeoisies. La France a pris conscience que ces communautés jugeaient qu'elles étaient mal desservies par les grandes banques nationales ou régionales, d'où la mise en place dans les années 1920-1930 des Banques populaires, elles aussi coopératives mais tournées vers des catégories socio-professionnelles ciblées[14] – précisons qu'elles sont aujourd'hui intégrées dans le groupe BPCE.

2. L'ÉMERGENCE DU CRÉDIT AGRICOLE

Au fond, malgré les efforts réels des caisses du Crédit mutuel sur leur territoire d'action, malgré l'accueil dans les grandes banques d'exploitations et propriétaires agricoles aisés, le monde rural était resté peu ou prou négligé. Certes, de hauts responsables de l'Administration, de la finance et des affaires ont pris conscience de cette lacune : aussi ont-ils entrepris, de la Monarchie de Juillet au début de la IIIe République, de monter des sociétés qui pourraient accorder des crédits durables au monde de la terre, surtout d'ailleurs aux gros exploitants agricoles et forestiers, en particulier pour leur permettre d'acquérir ou

12 – André Gueslin, *Le Crédit mutuel. De la caisse rurale à la banque sociale*, Strasbourg, COPRUR, 1982. A. Gueslin, « Les fondateurs de la banque coopérative en Europe », *La Revue de l'économie sociale*, juillet-septembre 1985, n°5, p.7-15. A. Gueslin, « La construction des banques coopératives à réseaux en France », *Revue des études coopératives, mutualistes et associatives*, 2e trimestre 1988, n° 26, p. 29-37. A. Gueslin, « Dynamisme et lenteurs d'un secteur abrité : les banques mutualistes au XXe siècle », in Patrick Fridenson et André Straus (dir.), *Le capitalisme français, XIXe-XXe siècles. Blocages et dynamisme d'une croissance*, Paris, Fayard, 1987, p. 211-223.

13 – Bernard Sadoun, *Les origines du Crédit mutuel*. Strasbourg, Éditions COPRUR, 2005. Hubert Bonin, « Les racines historiques du Crédit mutuel : la difficile conquête d'une identité d'entreprise bancaire », *Bankhistorisches Archiv. Zeitschrift für Bankgeschichte*, 1999, volume 1, Francfort, p. 23-37.

14 – Élisabeth Albert, *Les Banques populaires en France (1917-1973)*, Paris, Économica, 1997. Félix Torres (dir.), *Caisse centrale des Banques populaires, 1921-1996. 75 ans d'histoire*, Paris, 1996.

d'étendre leurs propriétés. Thierry Claeys reconstitue ainsi dans son article les multiples avatars de ces entreprises : ç'aurait été un Crédit agricole créé par en haut, contrairement au Crédit agricole mutuel bâti par en bas – mais avec le soutien des directeurs départementaux de l'Agriculture et souvent par des exploitants aisés constituant une sorte d'élite de la communauté rurale.

Les financiers qui ont développé le Crédit foncier de France – qui a disparu juridiquement en 2019 au sein du groupe BPCE qui l'avait repris après sa déconfiture dans la crise du milieu des années 1990 – voulaient en faire un levier du développement rural, et diverses autres sociétés de Crédit agricole ont été lancées dans son sillage. Malheureusement, trente années auront été perdues puisque ce faisceau d'entreprises a été englouti dans des flux de surinvestissement financier, y compris en Égypte, qui n'ont pas manqué de déboucher sur des mouvements de spéculation. C'est bien là une différence clé avec le Crédit agricole mutuel : l'apprentissage de la rigueur de gestion et le contrôle initial par le biais de la Banque de France (prêteuse d'argent) et du conseil d'administration des caisses régionales lui ont permis un décollage relativement serein et stable – même si, ici ou là, certains conseils d'administration ont manqué de lucidité vis-à-vis d'emprunteurs incertains ou, parfois, ont cédé à des conflits d'intérêt. *Grosso modo*, la marche en avant du Crédit agricole aura été régulière, bien que, au début des années 1930, certaines caisses régionales aient été confrontées à l'insolvabilité de nombre de sociétaires à cause de la crise économique générale. Une différence notoire de « culture d'entreprise » et de « valeurs » sépare donc les tentatives des années 1860-1890 de l'institution mutualiste née en 1894-1899.

Aussi A. Gueslin a-t-il solidement prouvé les fonctions de levier joué par le Crédit agricole mutuel[15], et son legs d'historien est bien sûr déterminant comme support de ce numéro spécial de la *Revue*. L'on connaît les deux lois qui mettent en place le Crédit agricole (1894 : caisses locales ; 1899 : caisses régionales). Mais Pascal Pénot analyse précisément les circonstances et les modalités de la loi de 1920, qui justifie ce numéro spécial de la *Revue* : elle esquisse un groupe fédéral, destiné à être consolidé par d'autres textes (comme en 1926), avant d'être doté d'une institution à la fois sœur et marraine, la Fédération nationale du Crédit agricole, au lendemain de la Seconde Guerre mondiale.

Outre ses spécialisations socioprofessionnelles et territoriales, même élargies à l'ensemble des travailleurs indépendants en zone rurale, puis à toute la ruralité, le Crédit agricole a été le porteur de la « banque relationnelle », qui privilégie une relation bilatérale empathique, équilibrant l'analyse des disponibilités

15 – André Gueslin, *Les origines du Crédit agricole (1840-1914)*, Nancy, Presses universitaires de Nancy, 1978. A. Gueslin *Le Crédit agricole*, Paris, La Découverte, 1985. A. Gueslin, *Histoire des Crédits agricoles. L'envol des caisses mutuelles (1910-1962)*, deux volumes, Paris, Économica, 1984. A. Gueslin, *Le Crédit agricole*, Paris, La Découverte, 1985.

financières et des capacités de remboursement de l'emprunteur d'un côté, avec rigueur si possible – malgré des défaillances récurrentes ici et là dans telle ou telle caisse régionale – et une évaluation selon des ratios de performance en fonction des branches au sein desquelles travaille le paysan (types d'élevage, de céréaliculture, etc.). On a été dès lors dans le schéma d'enracinement décrit par les spécialistes de l'histoire des organisations[16].

Encore fallait-il, pour que ces études puissent prendre corps, qu'on disposât d'une documentation suffisamment étoffée ! Pascal Pénot, l'actuel responsable des archives historiques de Crédit agricole SA, fournit une riche étude des composantes de ce matériau que les historiens et économistes viennent dévorer au siège de Montrouge, après avoir fréquenté celui du quartier parisien de la gare Montparnasse. Il précise d'abord l'histoire même de ces archives, leur insertion dans le mouvement historique du Crédit agricole dans ses diverses composantes. Il contribue à leur accessibilité en soupesant les normes qui président à leur classement. Il est vrai que les pôles d'archives d'entreprise (SNCF, La Poste, Saint-Gobain, Total et ses consœurs énergéticiennes, etc.) et de banque (Société générale, BNP Paribas, Crédit agricole) qu'on peut considérer comme larges et structurés sont relativement peu nombreux. Or celui de Crédit agricole SA est d'autant plus utile qu'il fédère aussi les archives du Crédit lyonnais et de la Banque de l'Indochine, dont l'utilité extrême est de permettre de reconstituer en sus de l'histoire bancaire l'histoire des entreprises clientes. L'on se prendrait à rêver d'une « ruée » de chercheurs dans la salle de lecture de Montrouge, alors que le mode d'évolution des études d'histoire en a rétréci le vivier...

3. DES BANQUES DE PROXIMITÉ

La proximité de la relation personnalisée a facilité le rapport de confiance qui a été nécessaire pour que les épargnants confient leur argent au Crédit agricole, à une époque (jusqu'au tournant des années 1970) où la majorité des couches sociales petites et moyennes se méfiaient encore des institutions bancaires classiques, considérées comme fragiles ou même « froides », surtout pour les plus grandes. Le placement des « bons de la Caisse nationale de Crédit agricole » a été facilité par la proximité du rural avec le secrétaire de la caisse locale puis le directeur de l'agence : « Un placement idéal pour les agriculteurs », puis « Bons anonymes [...] pour ceux qui ont les pieds sur terre. »

16 – Mark Granovetter, « Economic action and social structure: the problem of embeddedness », *American Journal of Sociology*, 1985, volume 91, 3, p. 481-510. Isabelle Huault, « *Embeddedness* et théorie de l'entreprise. Autour des travaux de Mark Granovetter », *Annales des Mines. Gérer et comprendre*, juin 1998, p. 73-86. Kenneth Lipartito, « Business culture. The embeddedness of business », in Geoffrey Jones et Jonathan Zeitlin (dir.), *The Oxford Handbook of Business History*, New York, 2007 ; Oxford, Oxford University Press, 2008, p. 605-610.

Cette proximité humaine – concrétisée dans les conseils d'administration des caisses locales et régionales et propice à une sociologie des relations efficace et même empathique – a été ensuite étendue aux communautés coopératives au fur et à mesure qu'elles prenaient corps dans l'entre-deux-guerres et s'affirmaient comme des actrices importantes du « progrès » en deuxième ligne derrière les gros paysans des régions riches. Cette intimité tant avec les coopératives qu'avec les gros propriétaires viticoles a ainsi prospéré en Gironde dans l'économie viticole[17].

L'article de Jean Guillemin est lui aussi emblématique de ces logiques d'action au fur et à mesure que le Crédit agricole de Côte-d'Or s'enracine encore plus dans ses terroirs (comme l'élevage en Auxois) et accompagne l'économie coopérative dans son essor. Cet ancien cadre du Crédit agricole devenu passionné par l'histoire insiste tout particulièrement sur la montée en puissance progressive d'un équilibre entre toutes les parties prenantes (agriculteurs sociétaires, caisses locales, préfet, conseil général, président et souvent conseiller général, syndicats professionnels, etc.) afin que les rapports de force ne débouchent pas sur des conflits d'intérêts ou surtout l'octroi de facilités à des paysans ou des coopératives manquant de rigueur dans leur gestion, qui pourraient profiter de l'empathie des responsables à leur égard ou des affinités entre eux pour en tirer parti au profit de « mauvaises pratiques », nuisibles *in fine* au bilan de la caisse régionale – dans le cadre de ce que les historiens de l'organisation caractérisent de « tragédie des biens communs »[18]. C'est donc au fil des années et au hasard de certains déboires que les caisses régionales auront affûté leur capital de compétences et structuré leur portefeuille de savoir-faire, en se dotant d'une « organisation » interne efficace.

Néanmoins, en Bourgogne-Franche-Comté, deux institutions mutualistes de Crédit agricole se sont peu ou prou concurrencées. Dominique Barjot consacre ainsi son article à une reconstitution de l'histoire du Crédit agricole du Sud-Est qui, depuis Lyon, avait essaimé dans toute la future région Rhône-Alpes, avec des antennes souvent ramifiées et efficaces[19]. Doit-on penser que, finalement, les agriculteurs de ces départements ont eu de la chance dès lors qu'ils pouvaient choisir leur Crédit agricole et peut-être bénéficier d'opportunités plus larges pour répondre à leurs besoins de prêts ? En tout cas, cette concurrence

17 – Hubert Bonin, *Le Crédit agricole de la Gironde. La passion d'une région, 1901-1991*, Bordeaux, L'Horizon chimérique, 1992. H. Bonin, *Un siècle de Crédit agricole mutuel en Gironde, Crédit agricole d'Aquitaine*, 2002. H. Bonin, *Un siècle de Crédit agricole mutuel en Lot-et-Garonne*, Bordeaux, Crédit agricole d'Aquitaine, 2002.

18 – Garrett Hardin, « The tragedy of the commons », *Science*, 1968, n° 162, p. 1243-1248 (l'article fondateur). George Akerlof, « The market for lemons: qualitative uncertainty and the market mechanism », *Quarterly Journal of Economics*, 1970, volume 84, p. 488-500. James Acheson, « Capturing the commons: legal and illegal strategies », in Terry Anderson et Randy Simmons (dir.), *The Political Economy of Customs and Culture: Informal Solutions to the Commons Problems*, Lanhaw UK, Rowman et Littlefield, 1993.

19 – Voir aussi : Charles André, *La banque des quatre saisons. Histoire du Crédit agricole du Sud-Est*, Lyon, Éditions lyonnaises d'art et d'histoire, 1992. Jean-Michel Brenier, *Les quatre racines du Crédit agricole Centre-Est*, Lyon, 1999.

aura permis à la banque pluridépartementale de se montrer innovante car ouverte plus tôt à une ruralité plus large ; et les caisses régionales classiques en ont été stimulées. De solides tableaux de données chiffrées aident à mesurer la croissance du Crédit agricole du Sud-Est, en un bon cas d'étude d'histoire d'entreprise.

Le développement agricole du Sud-Ouest est parfois négligé par rapport aux régions de l'agrobusiness du Centre-Nord du pays. Or les stratégies de spécialisation et de relative production de denrées de bonne valeur ajoutée, le rôle d'une paysannerie dynamique et enfin l'action de groupes coopérateurs diversifiés (aujourd'hui : Euralis, née en 1937, Lur-Berri, Maïsadour, Terrena, etc.) ont constitué une base solide pour les financements du Crédit agricole, malgré les inégalités entre les territoires. Celui-ci a dès lors pu construire une histoire récente riche en opportunités d'affaires et en revenus, d'autant plus que sa diversification lui a permis de tirer parti des viviers de TPE-PME qui ont éclos dans nombre d'agglomérations ouvertes aux changements de la troisième révolution industrielle et aux flux touristiques (et culturels).

La cible de l'article de Laurent Jalabert[20] constitue donc un cas d'étude attirant car le dynamisme de ces systèmes productifs locaux a pu alimenter l'esprit d'entreprise des dirigeants des trois caisses régionales qui finissent par s'unir dans la Caisse régionale Pyrénées-Gascogne en 1991. L'originalité est qu'elle dépasse les frontières administratives classiques : « Les trois Caisses s'affranchissent de la domination des deux métropoles régionales voisines (Bordeaux/Toulouse) et se glissent dans une dynamique qui recoupe le bassin de l'Adour, plus en prise avec les réalités socio-économiques de terrain. La nouvelle Caisse sera donc à cheval sur deux régions administratives, Midi-Pyrénées et Aquitaine. » L. Jalabert reconstitue le processus de fusion, la mise en place des nouvelles structures mutualistes et gestionnaires, la percée de Georges Pauget, qui passe de la direction de la Caisse des Pyrénées-Atlantiques à la direction générale de la nouvelle banque – avant de devenir directeur général de Crédit agricole SA entre 2005 et 2010.

Malgré quelques déboires localisés, l'ensemble a tenu la route : « Presque trente ans plus tard, le CAPG est la première banque du territoire, détenant plus de 30 % des parts de marché, atteignant même les 40 % pour le marché des crédits », indique L. Jalabert. Une entreprise moyenne-grande a pris corps, avec 1 700 salariés environ, une gestion sociale efficace, une gestion financière performante. Mais le mode opératoire mutualiste est bien préservé à tous les échelons, grâce à une réelle communauté d'action et de valeurs. Cela n'enraye nullement la progression sur le marché des entreprises, tant pour la

20 – Voir son ouvrage : *Histoire du Crédit agricole Pyrénées-Gascogne, 1902-2019*, Pau, Cairn, 2020.

distribution de crédits que pour l'offre de services, parfois en association avec les caisses régionales voisines.

L'originalité de cette caisse régionale est son internationalisation, évidemment vers le seul marché espagnol voisin. Une succursale ouvre Bilbao en 1996 ; en 1997, on achète le *Banco Industrial de Guipúzcoa*, qui devient *Bankoa* et s'affirme en une petite banque régionale agile, avec laquelle on partage le capital de savoir-faire et la gamme de produits et de techniques d'analyse des risques.

De leur côté, les deux caisses régionales qui couvrent l'Île-de-France, avant leur fusion en 1968, œuvrent dans des territoires dotés d'une agriculture plutôt riche, souvent proche des systèmes capitalistes ou coopérateurs de l'*agrobusiness*. Aussi parviennent-elles à se constituer un réseau de caisses locales dense qui pénètre dans les communautés des grandes exploitations agricoles et aussi dans celles des coopératives. L'histoire reconstituée par Nicolas Gueugneau est par conséquent double : elle porte tout d'abord sur l'enracinement dans les territoires ruraux, souvent gagnés par l'*agrobusiness*, d'où des bilans gonflés par une économie du crédit développée. Puis elle reconstitue la stratégie de pénétration à Paris et dans les proches banlieues de l'agglomération – avant la percée dans les contrées de la périurbanisation en une étape ultérieure. On pressent une forte capacité d'épargne au sein des couches plutôt aisées de ce monde rural, ce qui explique que l'article se penche sur la diffusion des produits d'épargne diversifiés que propose le groupe Crédit agricole à partir des années 1960-1970. Mais, certainement à cause de sa puissance, la Caisse d'Île-de-France aura su préserver son autonomie, d'où des campagnes de publicité originales et une stratégie de marketing structurée et innovante.

4. LE DÉFI DE LA « BANALISATION BANCAIRE » : COMMENT SANS CESSE RÉINVENTER LE CRÉDIT AGRICOLE ?

Tout comme ses consœurs françaises (Banques populaires, Crédit mutuel, voire les Caisses d'épargne devenues elles aussi des coopératives au sein du groupe BPCE) et étrangères (Raiffeisen en Autriche, au Luxembourg ou en Suisse, *Bundesverband der Deutschen Volksbanken und Raiffeisen-Banken* en Allemagne, Rabobank aux Pays-Bas), le Crédit agricole a dû petit à petit s'intégrer au processus de « banalisation bancaire », au fur et à mesure qu'il perdait ses privilèges, devait partager la clientèle rurale avec ses concurrents, se diversifier vers la « banque universelle », avant de faire coter son organe central à la Bourse de Paris (Euronext en 2001). « Banque à tout faire », banque devenue internationalisée, groupe dotée de filiales spécialisées (comme le géant Amundi en gestion d'actifs, Predica et Pacifica dans l'assurance, Sofinco dans le crédit à la consommation, etc.), le Crédit agricole a dû se doter d'une « organisation de firme » adaptée à ce foisonnement de métiers et à sa forte internationalisation.

Il est devenu l'un des leaders de cette économie sans cesse en mutation de la place bancaire parisienne, elle-même façonnée par des lois bancaires souvent renouvelées[21] et restant soumise au regard vigilant du Trésor, son instance tutélaire depuis des décennies[22], de la Banque de France, et aujourd'hui de l'Autorité de contrôle prudentiel et de résolution (ACPR), adossée à la Banque de France, et de la Banque centrale européenne.

Mais comment préserver alors l'héritage de modes de fonctionnement internes, de valeurs, de culture d'entreprise ? Le premier atout est le maintien des racines territoriales, bien que les 94 caisses régionales aient dû fusionner en une quarantaine d'entités (39, précisément) au nom de l'efficacité. Elles sont ainsi des outils importants du renouveau et du développement des systèmes productifs régionaux ou locaux[23], des filières sectorielles, des groupes coopérateurs plurirégionaux. Et elles sont parties prenantes de la construction de la nouvelle économie de la troisième révolution industrielle au service d'une dynamique des territoires sans cesse en mutation. C'est donc un avantage comparatif décisif[24].

Cependant, c'est le concept de « banque relationnelle » qui est soumis au « rabot » de la recomposition de l'économie bancaire. Dès lors que les règles d'une bonne gestion leur imposent de se doter de modèles d'évaluation des risques de crédit, ceux-ci doivent susciter des « contreparties » bilantielles au nom d'une saine maîtrise de ce qu'on appelle les « risques prudentiels ». Plusieurs auteurs, dont Jeanne Lazarus[25], ont mis en question la capacité des banques à maintenir leur relation de proximité, peu ou prou individualisée, que ce soit au profit des TPE, PME ou « jeunes pousses » ou que ce soit au profit des particuliers : « La sociologie du crédit a mis en évidence, sur le cas du crédit aux particuliers, que s'opposaient au moins deux logiques : une logique "sociale" soucieuse d'accompagner, voire d'éduquer, l'emprunteur non exempt

21 – Dominique Plihon, Jézabel Couppey-Soubeyran et Dhafer Saïdane, *Les banques : acteurs de la globalisation financière*, Paris, La Documentation française, 2006. Dominique Lacoue-Labarthe, *Les banques en France. Privatisation, restructuration, consolidation*, Paris, Économica, 2001. Dominique Plihon, *Les banques : nouveaux enjeux, nouvelles stratégies*, « Notes et études documentaires », n° 5078, Paris, La Documentation française, 1998. Hervé de Carmoy, *La banque du XXIe siècle*, Paris, Odile Jacob, 1995.

22 – Laure Quennouëlle-Corre, *La direction du Trésor, 1947-1967. L'État-banquier et la croissance*, Paris, Publications du Comité pour l'histoire économique et financière de la France, 2000.

23 – Bjorn Asheim, Philip Cooke et Ron Martin (dir.), *Clusters and Regional Development. Critical Reflections and Explorations*, Londres, Routledge, 2008. Ron Martin, Michael Kitson et Peter Tyler (dir.), *Regional Competitiveness*, Londres, Routledge, 2008. Philip Cooke et Andrea Piccaluga (dir.), *Regional Development in the Knowledge Economy*, Londres, Routledge, 2008.

24 – Michael Porter, *L'avantage concurrentiel*, Paris, Dunod, 1986.

25 – Jeanne Lazarus, « L'épreuve du crédit », *Sociétés contemporaines*, 2009, n° 76, p. 17-24. Jeanne Lazarus, « Prévoir la défaillance du crédit : l'ambition du *scoring* », *Raisons politiques*, 2012, n° 4, p. 103-118. Claude Baud, "La tarification par la notation : la remise en cause du mutualisme ?", section de : « L'extension du capitalisme financier par les instruments : la réforme de la règlementation de Bâle sur le risque de crédit », in Ève Chapiello et Patrick Gilbert (dir.), *Sociologie des outils de gestion. Introduction à l'analyse sociale de l'instrumentation de gestion*, Paris, La Découverte, p. 241-266.

de violence sociale, et une logique “commerciale” où le jeu consiste à vendre aux clients des produits précalibrés en fonction de leurs “profils”. »[26]

C’est d’ailleurs tout l’enjeu du capital de compétence des directeurs des caisses régionales. Ils doivent en effet être tout à la fois « proches » et vigilants, entretenir la « banque relationnelle » et une culture de proximité, et maintenir la « banque transactionnelle » et donc une culture de rigueur comptable et analytique. L’on comprend que l’article de Pierre-Antoine Dessaux doive insister sur les débats récurrents qui se sont noués à propos de la sélection de ces directeurs. Dans un premier temps, les conseils d’administration ont puisé dans leur environnement immédiat, en recourant à des « capacités » (comptables, juristes) ou à des employés de bon niveau ; les caisses régionales étaient encore des PME plutôt faciles à gérer, d’autant plus que les caisses locales géraient une sorte de tamis en soupesant les demandes de prêts. Mais, dans un second temps, au fur et à mesure que le portefeuille d’activités et la base socioéconomique de la clientèle se diversifiaient, les caisses régionales sont devenues des « entreprises de taille intermédiaire » (ETI) ; des directeurs ont manqué de savoir-faire ; des caisses ont perdu de l’argent, notamment au début des années 1930. Une « nationalisation » de la sélection s’est alors effectuée, par le biais d’un droit de regard de la Caisse nationale.

Ce sont alors les valeurs de décentralisation du Crédit agricole qui ont semblé bafouées aux yeux de nombreux administrateurs, d’où les débats au sein de la jeune Fédération nationale, dans les années 1950. Finalement, un compromis a été trouvé dans les années 1960-1970 : on a réinventé le processus de sélection ; on a laissé les conseils d’administration régionaux effectuer librement leur choix, mais seulement parmi un vivier de cadres qui, entre-temps, avaient acquis une formation en interne, suivi un circuit de promotion au sein du groupe ; et des règles de circulation des futures recrues se sont imposées. Une fois encore, le Crédit agricole aura prouvé, sur ce sujet, comment peuvent converger ses cultures plurielles, celle des compétences techniques et managériales, celle des décisions décentralisées et enfin celle des négociations, parfois tendues, entre les parties prenantes pour mettre sur pied une décision partagée et durable. C’est par ce biais que se sont enclenchées à chaque fois les mutations qui ont activé la « réinvention » du Crédit agricole.

Plus tard, les caisses régionales et la Caisse nationale (Crédit agricole SA depuis 2001) ont dû se « réinventer » sérieusement depuis les années 2010, parfois avec d’intenses débats au sein de la Fédération nationale du Crédit agricole et de la direction centrale. Le Crédit agricole doit (lui aussi) renouveler ses méthodes d’analyse des risques et son mode de mise en œuvre de la

26 – Jeanne Lazarus, *L’épreuve de l’argent. Banques, banquiers, clients*, Paris, Calmann-Lévy, 2012, p. 459.

fameuse « confiance »[27] nécessaire envers ses « bons clients » ou en faveur de clients potentiels qu'il faut séduire face à la concurrence. On comprendra les énormes investissements en formation initiale et continue que doit conduire le groupe afin que ses responsables soient tout à la fois « ouverts d'esprit », au nom de la compétitivité commerciale, et « rigoureux », au nom de la performance financière.

Toute la logique de l'action collective[28] doit être sans cesse reconsidérée, comme l'expriment les rapports annuels, qui insistent sur la bonne gestion des comptes et la santé du bilan. L'on a vu combien le Crédit lyonnais, avec sa devise « Le pouvoir de dire oui » qui marquait sa volonté et celle de l'État de développer les prêts aux PME au tournant des années 1990, avait compromis ses grands équilibres à cause d'un abaissement de ses critères d'analyse des dossiers de prêts, ce qui avait contribué à sa chute : une chose est de vouloir ouvrir les vannes du crédit aux entrepreneurs des territoires ; une autre en est d'affûter en permanence la boîte à outils de l'évaluation des dossiers d'emprunt.

5. LES VALEURS EN ACTION

C'est de plus en plus le portefeuille de valeurs du Crédit agricole qui est en question : il faut concilier la fidélité à une histoire originale et la plasticité imposée par l'évolution de l'environnement bancaire, capitaliste, globalisé. Souplesse, « agilité », réactivité sont en effet les leviers de la résistance à la concurrence et aux chocs sectoriels, géographiques ou conjoncturels - comme la crise provoquée par l'épidémie du Covid-19 en 2020. Inscrit désormais dans la géoéconomie financière[29] et donc vivant « en économie ouverte »[30], le Crédit agricole est confronté au défi d'être « en même temps » une banque de proximité attachée à ses communautés de clientèles et une banque « multinationale »[31]. Même le champ de l'agriculture doit être pris en compte dès lors que le Crédit agricole doit être à la fois la banque de l'agrobusiness (grandes exploitations, firmes de négoce d'import-export, groupes coopérateurs) et celle de l'agriculture de proximité et de circuits courts.

27 – Mark Casson, *Studies in the Economics of Trust*, Aldershot, Hants ; Brookfield, Elgar, 1995.

28 – *Cf.* Mancur Olson, *The Logic of Collective Action*, Cambridge, Harvard University Press, 1965.

29 – Gordon Clark et Darius Wöjcik, *The Geography of Finance. Corporate Governance in the Global Marketplace*, Oxford, Oxford University Press, 2007. Hubert Bonin, « La géographie historique de la finance », in Claude Dupuy et Stéphanie Lavigne (dir.), *Géographies de la finance mondialisée*, Paris, La Documentation française, « Les Études », 2009, p. 19-34. H. Bonin, « Geoeconomics and banking », in Joseph Mark Munoz (dir.), *Advances in Geoeconomics*, Cheltenham UK et Northampton US, Edward Elgar, 2017, p. 217-226.

30 – Christian Deblock, « The basics of the open economy », in Greg Anderson et Christopher Kukucha (dir.), *International Political Economy*, Oxford, Oxford University Press, 2013. « Les vertus de l'économie ouverte ? », in Bertrand Blancheton et Hubert Bonin (dir.), *La croissance en économie ouverte (XVIIIe-XXIe siècles). Hommages à Jean-Charles Asselain*, Bruxelles, Peter Lang, 2009, p. 13-42.

31 – Geoffrey Jones (dir.), *Banks as Multinationals*, Londres, Routledge, 1990.

On comprend mieux pourquoi le Crédit agricole, en mobilisant la Fnca mutualiste, la CNCA et les caisses régionales, dont celle d'Île-de-France en particulier, vu sa taille, a conçu cinq projets de groupe successifs, comme l'analyse H. Bonin dans son article. L'essentiel est d'ailleurs l'entretien d'un dialogue récurrent entre les responsables de tous les niveaux, du local au parisien (jusqu'à Montrouge, dorénavant, où a été déménagé le siège de Crédit agricole SA et de ses filiales). Au-delà de la « communication institutionnelle en interne », ce sont bien des hommes (et de plus en plus de femmes aussi) qui réfléchissent au cadre immatériel de leur action au quotidien, à la pertinence des stratégies de développement, à la convergence entre valeurs et action. Cela a récemment débouchés sur les réflexions concernant « la raison d'être » du groupe, en tenant compte de la loi Pacte mais surtout dans la ligne d'une histoire construite autour d'un corpus de valeurs et de « bonnes pratiques » : les stratégies d'une croissance adaptée aux exigences d'un capitalisme plutôt éclairé doivent s'exprimer à travers celles-ci[32], d'où un appel constant à se « réinventer »[33].

Dès lors que les banques sont placées en 2020-2021 au cœur de la crise économique créée par le confinement imposé par la lutte contre l'épidémie, leur mission consiste désormais à contribuer à la survie des entreprises de toute taille. Le Crédit agricole est donc confronté au défi d'affirmer ses valeurs et ses « bonnes pratiques », d'assurer sa « différenciation » au quotidien grâce à sa capacité d'écoute. Ses caisses régionales se doivent d'assurer leur différenciation par rapport aux concurrents de banque de proximité : comment accompagner avec pertinence les TPE et les PME clientes ? Comment aider les « petits » (commerçants, artisans, agriculteurs, hôteliers et restaurateurs, etc.) à traverser des « couloirs de trésorerie » fort étroits ? Comment accompagner les particuliers dans la gestion de leur capacité d'emprunt pour faire face à leurs besoins d'investissement en logement ou en biens d'équipement du ménage ? Comment ainsi assurer une sortie à cette crise en contribuant au maintien de la vitalité entrepreneuriale dans le monde rural, notamment ?

32 – *Cf.* Eero Vaara et Richard Whittington, « Strategy-as-practice: Taking social practices seriously », *The Academy of Management Annals*, 2012, volume 6, n° 1, p. 285-336.

33 – Michael Hammer et James Champy, *Reengineering the Corporation. A Manifesto for Business Revolution*, New York, Harper Business, 1993.

LA SOCIÉTÉ DE CRÉDIT AGRICOLE, FONDÉE EN 1861 : une expérience malheureuse

Thierry Claeys
Docteur en histoire, ingénieur d'études en analyse de sources historiques et culturelles de la Faculté de Lettres de Sorbonne Université, membre de l'IRCOM - Centre Roland Mousnier.

À l'instar de ce qui se passait dans les pays voisins, les réflexions quant au développement du crédit en général, et à celui à procurer à l'agriculture en particulier, eurent lieu en France à partir de la Seconde Restauration et tout au long du XIXe siècle[1]. En parallèle, il y eut plusieurs tentatives pour constituer un établissement de crédit viable, destiné aux agriculteurs, de 1820 à 1853, avant la création d'une première *Société de Crédit agricole* en 1860.

1 – Voir à ce sujet l'excellent ouvrage d'André Gueslin, *Les origines du Crédit agricole (1840-1914)*, dans *Annales de l'Est publiées par l'Université de Nancy II*, Mémoire n° 59, 454 p.

Les premières tentatives pour la création d'une banque agricole[2]

Dès 1820, soit deux ans après la création de la *Caisse hypothécaire*, qui fut emportée par la crise en 1847[3], un groupe de capitalistes établit les statuts d'une *Banque foncière*, d'après le concept de Jacques Porcien Harel La Vertu, auteur d'un projet de *Caisse de crédit réel*, imprimé en 1807[4]. Son objet consistait

2 – Pour cet article, les sources utilisées proviennent pour l'essentiel du Minutier central des notaires de Paris (désormais M.C.) conservées au CARAN des Archives nationales (A.N.) et des Archives Nationales du Monde du Travail, à Roubaix (A.N.M.T.).

3 – Georges Petit-Dutaillis, *Le crédit et les banques*, Paris, Sirey, 1964, 656 pages, p. 372.

4 – Voir à son sujet l'article de Louis Hastier, « Harel La Vertu. Banquier véreux », *Revue des Deux-Mondes*, n° du 15 juin 1964, p. 542-556. Jacques Porcien Harel La Vertu, négociant en épingles à L'Aigle qui accola à son patronyme celui de sa seconde épouse, Marie Anne Françoise La Vertu, émigra en Hollande peu après la fuite de Varennes, où il s'installa comme banquier. À ce titre, il fut approché par l'ancien contrôleur général des Finances Calonne et devint par cet intermédiaire l'un des pourvoyeurs de fonds des comtes de Provence et d'Artois ainsi qu'imprimeur de faux assignats. Après bien des péripéties, il gagna Londres en 1795 pour y rejoindre le parti de l'opposition. En 1804, il se trouva à Milan dont il fut expulsé ; installé à Paris, il fut vite signalé comme escroc. Le 25 mars 1807, il fit imprimer un opuscule de 32 pages sur la *Caisse de crédit réel*. En décembre 1807, il fut emprisonné pour dettes à La Force. En 1815, il espéra recueillir les largesses de Louis XVIII. Il publia en 1818 une *Esquisse*

ABSTRACT

After many debates about the forms of credits appropriate to the development of agriculture, and projects of credit institutions, stillborn, or inoperative, during the Restoration and Monarchy of July, the question of establish an ad hoc credit institution resurfaced at the very beginning of the Second Empire. *The Crédit Foncier de France* proving unsuitable for providing credit to farmers, often non-owner, the State entrusted this credit institution with the creation of a *Société de Crédit agricole* which was born in 1861. The latter flourished during the five first years. However, despite a certain hold by the State, which imposed on the two establishments a governor and two joint sub-governors, the latter diverted the statues of these institutions and embarked on a series of dangerous speculations as early as the mid-1860s. The speculation on the Egyptian Debt in 1875-1876 was fatal to the *Société de Crédit agricole*. It was put into liquidation and absorbed by its parent company. As early as 1880, the *Crédit Agricole* liquidation commission was housed as the *Banque d'Escompte de Paris*. Il 1886, the latter founded the *Crédit agricole, Union des Syndicats Agricoles de France*, an under-capitalized company, which was dissolved in 1901.

RÉSUMÉ

Après de nombreux débats au sujet des formes de crédits appropriées à l'essor de l'agriculture, et de projets d'établissements de crédit, mort-nés, ou inopérants, au cours de la Restauration et de la Monarchie de Juillet, la question d'établir un établissement de crédit ad hoc refit surface tout au début du Second Empire. *Le Crédit foncier de France* se révélant inadapté à fournir du crédit aux agriculteurs, souvent non-propriétaires, l'État confia à cet établissement de crédit la création d'une *Société de crédit agricole* qui naquit en 1861. Cette dernière prospéra au cours des cinq premières années. Cependant, malgré une certaine emprise de l'État, qui imposa aux deux établissements un gouverneur et deux sous-gouverneurs communs, ces derniers détournèrent les statuts de ces institutions et se lancèrent dans une série de spéculations dangereuses dès le milieu des années 1860. La spéculation sur la Dette égyptienne en 1875-1876 fut fatale à la *Société de crédit agricole*. Elle fut mise en liquidation et absorbée par sa maison-mère. Dès 1880, la commission de liquidation du *Crédit agricole* fut hébergée à la *Banque d'escompte de Paris*. En 1886, cette dernière fonda le *Crédit agricole, Union des syndicats agricoles de France*, une société sous-capitalisée, qui fut dissoute en 1901.

JEL Classification: **D72, D73, E59, F34, G18, G21, G33, Q14**
Key words: **Agriculture, banking, agricultural credit, land credit, Egyptian Debt, speculation, Second Empire**
Mots clés: **Agriculture, banque, crédit agricole, crédit foncier, Dette égyptienne, spéculation, Second Empire.**

à ouvrir des crédits à l'agriculture et au commerce. Elle pouvait « prêter par première hypothèque jusqu'à concurrence de la moitié de la valeur des biens d'après estimation ». Cependant le montant des prêts ne pouvait pas être inférieur à 13 333,33 francs, une somme peu adaptée à la très grande majorité des agriculteurs[5]. Cet établissement connut une vie assez éphémère.

Apparemment, il fallut attendre l'avènement de la monarchie de Juillet pour voir émerger de nouveaux projets. Une première tentative de création d'une société anonyme dénommée *Banque Agricole* eut lieu en 1836, mais Guillaume Auguste Bonnal et ses partenaires n'obtinrent aucune ordonnance d'approbation[6]. En 1841, puis en 1842, Bonnal, alors ancien sous-préfet, présenta deux nouveaux projets de sociétés anonymes, respectivement sous les noms de *Banque agricole*[7] et de *Banque agricole de France*. Le second envisagea la création d'une banque centrale et de comptoirs ou caisses créées en province, dans des chefs-lieux d'arrondissement, préférables d'après l'auteur aux chefs-lieux de département pour une question de proximité[8]. Le sous-financement caractérisait cependant tous ces projets avortés.

Pour contourner les prescriptions du Conseil d'État, un directeur d'assurances demeurant à Caen, Victor Louis Pigault, décida de créer en janvier 1853 une société en commandite par actions sous la dénomination de *Banque du Crédit agricole* et la raison sociale *V.L. Pigault et Cie*, dont il était le seul gérant. Le capital social était fixé à 20 millions de francs, divisé en vingt séries d'un million[9]. Il prévoyait la constitution de succursales en province. Au mois d'avril suivant, il fonda une nouvelle société d'assurances dénommée *Société du trésor de l'agriculture*, qui devint en 1873 *La société civile d'assurances mutuelles « Le Trésor, assurances générales de l'agriculture, de l'industrie et du commerce »*, ayant son siège à Paris, rue Saint-Augustin n° 8, après le changement des statuts. Si la banque poursuivit ses activités au-delà de 1863, dans l'état des connaissances, l'année de sa dissolution demeure inconnue. La *Société du trésor de l'agriculture* dut probablement lui survivre et fut liquidée en mai 1880[10].

Enfin, les projets se multiplièrent, notamment celui de Léonce de Lavergne, en 1854, qui souhaitait la création de comptoirs d'escompte à l'instar de ceux

sur l'esprit public et en 1819 un petit mémoire intitulé *Du crédit public*. En 1822, il fonda la maison de banque *Harel-Lavertu et Cie*, ayant son siège rue Rivoli n° 6. Il mourut en 1829 sans avoir perçu les indemnités espérées.

5 – A.N. M.C., VI, 715, 28 septembre 1820, statuts de la *Banque Foncière*. Voir également le dossier concernant la *Banque Foncière* dans : A.N. F[12] 6825.

6 – A.N. M.C., XCIII, 560, 12 mars 1836 : dépôt des statuts de la *Banque Agricole* par Guillaume Auguste Bonnal, Armand Pierre Louis de Quingéry, ancien commissaire de guerres, et Parfait Avroin, caissier de son frère, receveur général des finances. Un vague projet avait été présenté en 1835 (A.N.M.T. 65AQ A 1183).

7 – A.N. M.C., XLII, 894, 18 septembre 1841, statuts de la *Banque agricole* déposés par le comte Auguste Victor Masin-Bouy, Guillaume Auguste Bonnal et Jean Louis Julien Dupuis. Le fonds social de la société était fixé à 1 000 000 F.

8 – A.N. M.C., XLVIII, 726, 6 juin 1842, statuts de la *Banque agricole de France*. Le fonds social de la banque centrale fut maintenu au montant de 1 000 000 F.

9 – A.N. M.C., VIII, 1655, 15 janvier 1853, statuts de la *Banque du Crédit agricole*.

10 – A.N. M.C., VIII, 1657, 5 avril 1853, statuts de la *Société du Trésor de l'Agriculture*, comprenant les délibérations des actionnaires jusqu'à sa mise en liquidation. Paul Thibault du Bois d'Auberville, directeur général de la *Compagnie anonyme d'assurances « La Générale Agricole »*, dont le siège se trouvait à Paris, rue de Richelieu n° 27, fut nommé liquidateur.

existant en Écosse, aux billets escomptables au sein des succursales de la *Banque de France* les plus proches[11]. La plupart, reçus par la Commission de 1856[12], étaient mal élaborés et impossibles à mettre en application[13].

La voie du *Crédit foncier de France* : une impasse pour le monde agricole

Dès l'avènement du Second Empire, alors que la *Caisse hypothécaire* avait sombré, les idées de l'économiste d'origine polonaise, Louis Wolowski, formulées à partir de 1835, furent prises en considération et mises en application[14]. Avec ses ardents partisans, les frères Rodolphe Auguste et Aimé Stanislas Darblay, fondateurs des *Grands Moulins de Corbeil*, il demanda des taux bas appliqués à l'agriculture[15]. Soutenus par les mêmes, il préconisa également la création d'institutions de crédit prêtant aux propriétaires à des taux très bas et émettant dans le public des obligations foncières analogues aux *Pfandbriefe* ou lettres de gage allemandes. Les décrets des 28 mars et 3 juillet 1852 l'autorisèrent à fonder la *Banque foncière de Paris* (*Société de crédit foncier*), au capital de 25 millions de francs. Le cercle des opérations de cette société fut initialement limité aux

11 – André Gueslin, *op. cit.*, p. 90.

12 – En 1850, le Conseil général de l'agriculture fut derechef saisi des problèmes relatifs au crédit agricole et hypothécaire, déjà soulevés sous la Monarchie de Juillet à partir de 1840. La même année, Jean-Baptiste Dumas, l'un des fondateurs de l'École centrale des arts et manufactures où il occupa la chaire de la chimie, nommé ministre de l'Agriculture et du commerce, le 31 octobre 1849, avait nommé l'avocat Jean-Baptiste Josseau commissaire du gouvernement à l'Assemblée législative pour préparer une loi sur le crédit foncier qui aboutit en 1852. À partir de cette année, Jean de Fialin de Persigny, ministre de l'Intérieur, de l'Agriculture et du Commerce, lança une enquête sur les mécanismes du crédit agricole. Aux termes de cette enquête, une commission d'études fut réunie en 1856, année où sévissait une disette. Celle-ci fut composée de Roques-Salvaza, président, O'Quin, secrétaire-rapporteur, le baron de Benoist, Le Mélorel de la Haichois, Durand, Quesné et Josseau. À ce sujet : Jean-Baptiste Josseau, *op. cit.*, t. 2, p. 90 et 93 (note 1). Voir également : André Gueslin, *op. cit.*, p. 74-75. Au sujet de Jean-Baptiste Dumas, voir : Charles de Comberousse, *Histoire de l'École centrale des arts et manufactures depuis sa fondation jusqu'à ce jour*, Paris, Gauthier-Villars, 1879, notamment p. 99 ; Francis Pothier, *Histoire de l'École centrale des arts et manufactures d'après des documents authentiques et en partie inédits...*, Paris, Delamotte fils et Cie, 1887 (2e édition), p. 338-342. Au sujet de Jean-Baptiste Josseau, député de 1857 à 1870, voir : Éric Anceau, *Dictionnaire des députés du Second Empire*, Rennes, PUR, 1999, p. 193, notice 322.

13 – André Gueslin, *op. cit.*, p. 92.

14 – Jean-Baptiste Josseau, *Traité du crédit foncier suivi d'un traité du crédit agricole contenant l'explication théorique et pratique de la législation spéciale...*, Paris, Imprimerie et librairie générale de jurisprudence, Cosse, Marchal et Billard, 1872 (2e édition), 2 volumes, LXXVIII-515 et 614 p., voir t. 1, p. XXIII : « Le premier parmi les économistes français, M. Wolowski, fit connaître en 1835, la théorie des institutions allemandes et proposa d'en introduire de semblables en France, après la réalisation de la réforme hypothécaire (...). »

15 – *Ibidem*, p. 72. Au sujet de Louis Wolowski, définitivement installé en France à partir de 1831, après l'échec de la révolution polonaise, nommé en 1839 à la chaire de Législation industrielle du Conservatoire royal des arts et métiers à l'âge de 29 ans, voir : Claudine Fontanon, André Grelon, dir., *Les professeurs du Conservatoire national des arts et métiers. Dictionnaire biographique, 1794-1955*, Paris, Institut national de recherche pédagogique / Conservatoire national des arts et métiers, 1994, 2 vol., t. 2, p. 677-687. Il publia à ce sujet, *De l'organisation du crédit foncier*, Paris, Guillaumin, 1848. Parmi ses nombreuses communications, il faut notamment citer *De la mobilisation du Crédit Foncier* lu à l'Académie des sciences morales et politiques, en 1839, et le « Rapport fait au Conseil général de l'agriculture, du commerce et des manufactures », au nom de la Commission chargée de la question relative au crédit foncier, *Revue de Législation et de Jurisprudence*, t. XXXVIII, mai 1850.

sept départements du ressort de la Cour d'appel de Paris (Seine, Seine-et-Oise, Seine-et-Marne, Eure-et-Loir, Aube, Marne, et Yonne)[16].

Pour éviter la multiplication d'institutions semblables en provinces, le gouvernement autorisa la transformation de la *Banque foncière de Paris* en *Crédit foncier de France* au capital social de 60 millions de francs, par le décret du 10 décembre suivant. Cet établissement de crédit entra officiellement en vigueur au mois de mars 1853[17]. Il pouvait « appliquer, avec l'autorisation du gouvernement, tous autres systèmes ayant pour objet de faciliter les prêts sur les immeubles, l'amélioration du sol, les progrès de l'agriculture et l'extinction de la dette foncière »[18].

Très rapidement, l'État resserra son emprise sur cet établissement pour mener une politique de crédit plus volontariste ; l'administration du *Crédit foncier de France* fut refondue le 6 juillet 1854. Désormais la direction était confiée à un gouverneur assisté de deux sous-gouverneurs, à l'instar de la *Banque de France*[19]. Aux termes d'une loi du 28 mai 1858, le *Crédit foncier de France* se vit confier la tâche de gérer la somme de 100 millions de francs, attribuée originellement au Trésor par une loi du 17 juillet 1856, à l'instigation de Napoléon III[20], destinée à

16 – A.N. M.C., LXVIII, 1022, 24, 26, 29 juillet 1852, dépôt des statuts de la *Banque Foncière de Paris* par Édouard Drouyn de Lhuys ; *Bulletin des lois, partie supplémentaire, juillet-décembre 1852*, bulletin n° 264, n° 6962, p. 169-201, décret du 30 juillet 1852 approuvant les statuts ; A.N. F[12] 6775 (dossier concernant le *Crédit Foncier de France*). Outre les principaux représentants de la haute banque parisienne, et les frères Darblay, figurèrent parmi les principaux souscripteurs plusieurs membres de la haute noblesse polonaise : le comte Xavier Branicki (3400 actions), ainsi que les princes Joseph Labomirski (400 actions) et Eustache Sapieha (200 actions).

17 – A.N. M.C., LXVIII, 1028, 3 mars 1853, dépôt des statuts du *Crédit Foncier de France* ; *Bulletin des lois, partie supplémentaire, janvier-juin 1853*, bulletin n° 13 n° 231, p. 366-376, décret du 22 mars 1853. Voir également : A.N.M.T. 65AQ A 575, dossiers 1 à 11, et notamment les dossiers 5, comprenant les statuts de 1852 et 1882, et 7, comprenant les émissions d'emprunts à partir de 1857.

18 – André Gueslin, *op. cit.*, p. 105, citant G. Trocheris, *Le Crédit Foncier et l'agriculture*, thèse de droit, 1917, p. 16.

19 – *Bulletin des lois, 2e* semestre de 1854, bulletin n° 202 n° 1815, p. 106-107, décret impérial du 26 juin 1854 qui plaça les Sociétés de Crédit foncier dans les attributions des ministres des Finances « considérant que la création, sous le nom de Crédit Foncier de France, d'une société générale qui doit réunir des capitaux considérables, a donné aux établissements de crédit foncier le caractère d'institutions financières ». *Bulletin des lois, 2e* semestre de 1854, bulletin n° 202 n° 1817, p. 109-112, décret du 6 juillet 1854, relatif à l'organisation du *Crédit Foncier de France* : cette institution financière devait être dirigée par un gouverneur et deux sous-gouverneurs nommés par l'Empereur (le ministre des Finances). Le décret fixa leur rémunération (40 000 F par an pour le gouverneur et 20 000 F par an pour chacun des deux sous-gouverneurs), ainsi que les conditions de prêts et les dispositions générales. Louis Wolowski, directeur de l'établissement depuis la fondation de la *Banque Foncière de Paris* fut placé sous l'autorité de Charles Gabriel Lebègue de Germiny, nommé gouverneur du *Crédit Foncier de France*, à la place de l'ancien notaire parisien Antoine Simon Hailig, jusqu'à lors président du conseil d'administration. Ce dernier demeura à la tête de cette institution jusqu'en 1857. Nommé gouverneur de la *Banque de France*, il fut remplacé par Louis Frémy.

20 – Ferdinand Charles Philippe comte d'Esterno, *À l'Empereur, l'agriculture souffrante. De la crise agricole et de son remède : le crédit agricole*, Paris, F. Guillemin, libraire-éditeur, 1866, in-8°, 93 p. L'auteur mit l'accent sur la faiblesse du rapport de la terre : 2, 3, 4 %. « L'agriculteur ne peut espérer de l'argent à moins de 5 % ; par conséquent, en empruntant, il marche à une perte » (p. 10). D'après l'auteur, se fondant sur Wolowski – orthographié « Wolawsky » – le taux réel pour les petits emprunts agricoles s'élevait parfois jusqu'à 100 % (p. 14). Dans son 6e chapitre intitulé « Comment l'Empereur s'est continuellement occupé du bien-être de l'agriculture et comment une influence occulte a continuellement paralysé ses efforts. Côté politique du crédit agricole », l'auteur observa que Napoléon III, dont « la marche [était] éclairée et loyale » (p. 28), avait fait en quinze ans trois tentatives pour favoriser les milieux agricoles, notamment en mettant à la disposition de l'agriculture 100 millions pour être employés en travaux de drainage, dont aucun million ne fut encore placé en 1866 à cause d'« un entourage de formalités si tracassières ». En 1856, « sept amis de l'agriculture » – dont le comte d'Esterno, l'un des membres du Conseil général de l'agriculture – s'étaient présentés devant lui pour lui demander la création d'un *Crédit agricole*.

des prêts pour le drainage. À partir de cette époque, le *Crédit Foncier de France* créa des agences dans les départements.

Toutefois, cette institution ne bénéficia que faiblement à l'agriculture. En trente ans à partir de sa fondation, le Crédit foncier de France accorda 45 000 prêts urbains pour un montant total de 2,5 milliards de francs et seulement 17 000 prêts ruraux pour un montant de 600 millions[21]. En outre, dans ce contexte, les agriculteurs non propriétaires ne bénéficièrent d'aucun crédit. Il devenait rapidement clair qu'il fallait créer à leur destination un établissement de crédit particulier. Dans une lettre impériale du 5 janvier 1860, Napoléon III rappela ses principes en une phrase : « Il faut faire participer l'agriculture aux institutions de crédit. »[22]

Le Crédit foncier de France fondateur de la *Société de Crédit agricole*

Un an après avoir fondé le *Crédit foncier d'Algérie,*[23] le gouverneur du *Crédit foncier de France*, Louis Frémy, créa la *Société de Crédit agricole*[24]. Pourtant, la Commission de 1856 avait refusé de confier le crédit agricole au *Crédit foncier de France.* Deux projets lui furent proposés, l'un par François Alfred Mosselman, le fils du fondateur de la *S.A. des mines et fonderies de zinc de Vieille-Montagne*[25], successivement fondateur de plusieurs sociétés agricoles dont la *Compagnie Chaufournière de l'Ouest* en 1854 et la *Compagnie des Polders de l'Ouest* en 1861, à la fois proche de la *Société générale du crédit mobilier* et du groupe Donon, gravitant autour de Morny, qui préconisait la création d'un comptoir central de garantie et de sous-comptoirs départementaux, l'autre par Charles Gabriel Lebègue de Germiny, alors gouverneur de la Banque de France[26], qui proposa la création d'une banque du crédit agricole, indépendante du Crédit Foncier de France, mais qui partagerait les mêmes succursales. Dans ce dernier projet, les billets des agriculteurs endossés par les comités d'escompte départementaux

« L'empereur leur promit aussitôt que la question allait être mise à l'étude. Elle le fut immédiatement en effet, mais là s'arrêtait l'action directe de l'Empereur : d'interminables délais prolongèrent les études et les travaux qui en firent la suite jusqu'au 16 février 1861, jour où la compagnie du Crédit agricole fut instituée ». Amer, l'auteur conclut : « Cette Compagnie fut instituée dans des conditions toutes opposées à celles qu'avait demandées le Comité. Elles la mettaient hors d'état de rendre aucun service à l'agriculture. Aussi la compagnie du Crédit agricole devint une puissante maison de banque qui s'occupe de tout, excepté pourtant de l'agriculture. » (p. 29-30).

21 – André Gueslin, *op. cit.*, p. 105, citant G. Trocheris, *op. cit.*, p. 27 et 127.

22 – A.N.M.T. 65AQ A 428 (dossier concernant la *Société de Crédit agricole*, 1861-1876, contenant les lois, statuts, rapports des conseils d'administration et des censeurs aux assemblées générales des actionnaires, etc.). Voir : *Assemblée générale des actionnaires du 3 avril 1862. Compte rendu au nom du conseil d'administration (...), exercice 1861*, Paris, Imprimerie centrale des chemins de fer, 1861, « Première partie », p. 7.

23 – Voir notamment : Jean-Baptiste Josseau, *op. cit.*, t. 1, p. 282-290, titre 2, chap. 4, « De l'extension à l'Algérie des opérations du Crédit foncier de France. »

24 – Sur Louis Frémy, voir : Nicolas Stoskopf, *Les Patrons du Second Empire*, tome 7, *Banquiers et financiers parisiens*, Paris - Le Mans, Picard-Cenomane, 2002, p. 178-183.

25 – Jean-Baptiste Josseau, *op. cit.*, t. 2, p. 92. Voir également : Thierry Claeys, « Mosselman, son réseau et le réseau de la Vieille-Montagne », dans Dominique Barjot, Éric Anceau, Nicolas Stoskopf, dir., *Morny et l'invention de Deauville*, Paris, Armand Colin - C.I.D. Deauville, 2010, p. 185-193.

26 – À son sujet, voir : Nicolas Stoskopf, *Les patrons du Second Empire*, t. 7, *op. cit.*, p. 195-197.

auraient dû être transmis au siège social qui à son tour les aurait présentés à l'escompte de la *Banque de France*. Cette combinaison fut en grande partie retenue lors de la création de la *Société de crédit agricole*[27].

Les statuts de la *Société de crédit agricole* établis devant Turquet, notaire à Paris, les 1er et 2 février 1861, furent approuvés par le décret impérial d'autorisation du 16 février suivant. La durée de la société anonyme fut fixée à 50 ans, et le fonds social à 20 millions de francs, divisé en 40 000 actions de 500 francs. En février 1861, seules 20 000 actions avaient été émises : 10 % du montant étaient payable à sa souscription, 10 % dans le mois qui suivait le décret d'autorisation, « et les huit derniers dixièmes suivant les besoins de la société et conformément aux appels faits par le conseil d'administration. »[28]

Étant une émanation du *Crédit foncier de France*, elle bénéficia des mêmes soutiens de l'État : dans le cas où les bénéfices annuels auraient été insuffisants pour couvrir les frais d'administration, voire l'intérêt au taux de 4 % du capital social, l'État s'engageait à verser la différence sans toutefois excéder la somme annuelle de 400 000 francs, ceci pour une durée de cinq ans à dater du décret d'autorisation. Par contre, les pertes engendrées par le non remboursement des intérêts et capitaux prêtés demeuraient à la charge de la société. La compagnie était « tenue d'établir vis-à-vis de l'État, et sous le contrôle de l'administration supérieure, le compte des frais d'administration et les produits nets de l'entreprise »[29].

L'objet de cette société était « de procurer des capitaux et crédits à l'agriculture et aux industries qui s'y [rattachaient], en faisant ou en facilitant par sa garantie l'escompte ou la négociation d'effets exigibles au plus tard à 90 jours ; d'ouvrir des crédits ou prêter à plus longue échéance, mais sans dépasser trois années, sur nantissement ou autre garantie spéciale ; de recevoir des dépôts avec ou sans intérêts, sans pouvoir excéder deux fois le capital réalisé ou représenté par des titres déposés dans la caisse de la Société [...] ; d'ouvrir des comptes courants ; d'opérer des recouvrements ; et de faire avec l'autorisation du Gouvernement, toutes autres opérations ayant pour but de favoriser le défrichement ou l'amélioration du sol, l'accroissement et la conservation de ses produits et le développement de l'industrie agricole. »[30]

27 – André Gueslin, *op. cit.*, p. 107.

28 – A.N. M.C., XXXV, 1258, 1er et 2 février 1861, statuts de la *Société du Crédit agricole* (10 titres en 70 articles) ; A.N.M.T. 65AQ A 428, *Crédit agricole. Législation et statuts*, Paris, Imprimerie administrative de Paul Dupont, 1861 ; *Moniteur universel* des 2 et 3 mars 1861. Voir les titres I, art. 3-4, et II, art. 5 et 8. Aux termes de l'art. 9, lors du second versement, chaque souscripteur dut fournir à titre de garantie pour le paiement de 3/10es des titres de rentes sur l'État, actions de la *Banque de France*, des actions ou obligations du *Crédit Foncier de France*, et obligations de chemins de fer garanties par l'État. Voir également : Jean-Baptiste Josseau, *op. cit.*, t. 2, p. 94 *et passim*.

29 – A.N.M.T. 65AQ A 428, *Crédit agricole. Législation et statuts* : voir les articles 1er, 2 et 3, de la convention signé entre l'État, représenté par le ministre de l'agriculture et du commerce et le ministre des finances, d'une part, le gouverneur, les deux sous-gouverneurs, les vingt administrateurs et les trois censeurs du *Crédit Foncier de France*, d'autre part, mise en annexe de la loi du 28 juillet 1860.

30 – *Idem*, statuts des 1er et 2 février 1861, titre 1er, article 2. Dans le préambule du rapport de l'exercice 1861, l'auteur rappela que le *Crédit agricole* devait suppléer le *Crédit foncier de France* qui était dans l'impossibilité d'« accorder à l'agriculture, sans autre sécurité que celle d'une obligation chirographaire, des avances semblables à celles que le commerçant [obtenait] de la *Banque de France*, à lui procurer de l'argent à courte échéance ».

Sur les bénéfices nets annuels, il était en priorité prélevé 5 % d'intérêt sur le capital versé des actions à titre de premier dividende, puis, sur le surplus, jusqu'à 20 % pour alimenter le fonds de réserve. Un deuxième dividende pouvait être fourni en fonction de l'importance du reliquat après ces prélèvements[31].

L'administration était calquée sur celle du *Crédit foncier de France*. Les deux établissements avaient en commun les gouverneur et sous-gouverneurs (Georges, baron de Soubeyran - chef de cabinet du ministre Achille Fould de 1857 à 1859, son fils naturel d'après la rumeur[32] - et Ernest Leviez), les trois censeurs, et la grande majorité des membres du conseil d'administration, portés statutairement à vingt-deux au *Crédit agricole*[33]. Par ce directoire commun, le nouvel établissement allait demeurer adossé et profondément inféodé à la maison-mère.

Le développement de la *Société du Crédit agricole*, 1861-1870

Dès sa création, la *Société du crédit agricole*, dont les bureaux, établis au siège, sis à Paris, au 19, rue Neuve-des-Capucines, furent ouverts au public le 1er avril 1861, se choisit des correspondants, soit « parmi les maisons de banque fonctionnant déjà dans les centres agricoles », soit des propriétaires qui revêtus de leurs signatures, le papier des agriculteurs. Dans un même temps, l'annonce de sa création provoqua dans quelques départements la création de sous-comptoirs agricoles qui devaient jouer vis-à-vis d'elle « le rôle que les sous-comptoirs de garantie [remplissaient] à l'égard des comptoirs d'escompte en exécution du décret du 24 mars 1848 »[34].

Parmi les opérations effectuées durant les huit mois d'exercice, les escomptes atteignirent 59 713 902,97 francs, soit environ 20 millions par trimestre. Les bénéfices nets du premier exercice s'élevèrent à 239 276,38 francs. Il fut fourni au titre de premier dividende 91 666,65 francs, versé au fonds de réserve 29 521,93 francs, et distribué au titre de second dividende 40 000 francs, soit 2 francs par action. Les 78 087,80 francs de reliquat, représentant 3,9 % du capital versé, furent reportés à l'exercice suivant[35]. Les bénéfices nets de

31 – *Idem*, titre 6, art. 63, des statuts.

32 – Dès 1848, Achille Fould s'opposa violement à son frère aîné, Benedict Fould, chef de la maison de banque *Fould-Oppenheim & Cie*, l'un des principaux initiateurs et fondateurs de la *Société générale du crédit mobilier*, dirigée par les frères Pereire, et du *Crédit mobilier espagnol* en 1856. Achille Fould combattit en permanence ces deux sociétés, la première jusqu'à sa chute en 1867. Il fit nommer Soubeyran sous-gouverneur du *Crédit foncier de France* en 1860. Au sujet de Benedict ou Benoît Fould et Jean Marie Georges de Soubeyran, voir : Nicolas Stoskopf, *op. cit.*, p. 170-175 et 333-340 ; Frédéric Barbier, *Finance et politique. La dynastie des Fould, XVIIIe-XXe siècle*, Paris, Armand Colin, 1991, 365 p., chapitres 7 à 11, notamment p. 223-224 et 240.

33 – A.N.M.T. 65AQ A 428, statuts des 1er et 2 février 1861, titre 3, section deuxième. Il n'y avait que vingt administrateurs au *Crédit foncier de France*. Par dérogation à l'article 30, le nombre d'administrateurs du premier conseil, nommés pour les cinq premières années, fut fixé à 21. Deux administrateurs du *Crédit foncier de France* n'entrèrent pas dans le conseil d'administration tandis que celui-ci accueillait François Alfred Mosselman, *vide supra* (art. 31).

34 – *Idem*, *Compte rendu au nom du conseil d'administration (...), exercice 1861*, *op. cit.*, « Première partie », p. 11.

35 – *Idem*, p. 20-21.

l'exercice suivant atteignirent 455 71,36 francs, ce qui permit de distribuer des dividendes s'élevant à 10 % du capital versé[36].

Dès 1862, les administrateurs du *Crédit agricole* réfléchissaient quant à l'opportunité de créer deux sociétés de crédit annexes spécialisées[37], qui furent concrétisées au cours de l'exercice de 1863, et qui ouvrirent leurs bureaux le 1er janvier 1864. Deux décrets du 6 juillet 1863 autorisèrent les créations des sociétés anonymes du *Comptoir de l'agriculture*[38] et de *L'Approvisionnement*[39], chacune au capital social de 6 millions de francs, dont les deux tiers devaient être versés au *Crédit agricole*[40]. Dès 1864, la seconde se rendit adjudicataire de la Régie du marché aux bestiaux de Paris et traita avec les marchés de Sceaux, Poissy, La Chapelle et autres[41]. En outre, le *Crédit agricole* soutint la création du *Comptoir agricole de Seine-et-Marne*, une société en commandite par actions au capital social initial de 750 000 francs qui fut rapidement porté à 2 millions de francs[42]. Dans ce contexte, l'assemblée générale extraordinaire des actionnaires du 8 juin 1864, approuvée par un décret du 22 avril 1865, consentit au doublement du fonds social, porté à 40 millions de francs, par la création de 40 000 nouvelles actions de 500 francs, dont 200 francs versés par action[43]. En réalité, les actionnaires durent ajouter 75 francs supplémentaires par action. Le nouveau fonds social devant atteindre en théorie 16 millions de francs fut en réalité limité à seulement 14 576 475 francs[44].

Parallèlement, le *Crédit agricole* développa un réseau d'agences en province : Marseille en 1863[45], Angoulême (15 février 1864), Saint-Jean-d'Angély (1er juillet

36 – *Idem*, rapport du conseil d'administration (désormais C.A.) du 25 avril 1863 : exercice de 1862, p. 23.

37 – *Idem*, p. 15. Deux sociétés étaient en voie de formation à Paris, chacune au capital social définitif de 10 000 000 francs, mais au capital initial de 6 000 000 francs, l'une destinée à fournir du crédit aux halles et marchés, l'autre pour faciliter des ouvertures de crédit au profit de l'irrigation, le défrichement et l'établissement d'usines agricoles.

38 – A.N. M.C., XLVIII, 910, 12 mars 1863 : statuts du *Comptoir de l'Agriculture*, rédigés par les banquiers Eugène Fould, Sébastien de Neufville, Guillaume Schnapper, ainsi que Louis Henry Achille Moranvillé, directeur de la *Compagnie des entrepôts et magasins généraux de Paris*, notamment. Parmi les principaux souscripteurs figurèrent les administrateurs du *Crédit agricole*. Le siège social fut établi à Paris, rue Neuve-des-Capucines n° 21, voisinant celui du *Crédit agricole*. La durée de la société fut fixée à 50 ans.

39 – A.N. M.C., XLVIII, 910, 10 mars 1863 : statuts de la *Société de Crédit des halles et marchés*, rédigés par Eugène Fould, Sébastien de Neufville, Guillaume Schnapper, Achille Bouchet, Gustave Delahante et Pierre Hunebelle, constructeur de chemins de fer, notamment. De la même manière, la grande majorité des actions furent souscrites par les administrateurs du *Crédit agricole*.

A.N. M.C., XLVIII, 915, 4 juillet 1863 : nouveaux statuts de *L'Approvisionnement, Société de Crédit des Halles et Marchés*, rédigés par les mêmes ; *Bulletin des lois, partie supplémentaire, juillet-décembre 1863*, bulletin n° 966, n° 15079, p. 137-148, décret du 6 juillet 1863. La durée de la société fut fixée à 30 ans. Les bureaux furent établis à Paris, au 55, Bd Sébastopol, et dans ceux de la *Société des Entrepôts et Magasins de Paris*, sis rue de l'Entrepôt nos 16 à 22.

40 – A.N.M.T. 65AQ A 428, rapport du C.A. du 23 avril 1864 : exercice de 1863, p. 8 et 12.

41 – *Idem*, rapport du C.A. du 27 avril 1865 : exercice de 1864, p. 16.

42 – *Idem*, p. 17. Dans le rapport de l'exercice de 1866, il était bien précisé que cette société fut fondée sous le patronage du *Crédit agricole*. Le rédacteur écrivit plus loin : « Il est regrettable que, malgré nos appels incessants, le Comptoir de Seine-et-Marne n'ait pas trouvé d'imitateurs dans d'autres départements où l'initiative a complètement fait défaut. Le succès de cette institution locale devrait être à la fois une leçon et un encouragement pour l'établissement d'institutions analogues. » Voir : rapport du C.A. du 27 avril 1867, p. 9-10.

43 – A.N. M.C., XXXV, 1281, 11 février 1865, dépôt des modifications au statuts de la *Société du Crédit agricole*.

44 – A.N.M.T. 65AQ A 428, rapport du C.A. du 26 avril 1866 : exercice de 1865, p. 6.

45 – *Idem*, rapport du C.A. du 23 avril 1864, p. 11.

1864) Poitiers (5 juillet 1864), Bordeaux (apparemment en juillet 1864)[46], Agen, Lille, Limoges, Troyes et Avignon en 1865[47], Strasbourg, Périgueux, Le Mans en 1866[48], Toulouse en 1867[49], Orléans et Lorient en 1868[50], Le Havre en 1869[51], Châtellerault en 1870, et Bergerac en 1872[52].

Des difficultés à la disparition de la *Société de crédit agricole*

Les déconfitures du Comptoir agricole de Seine-et-Marne *et de* L'Approvisionnement

Les bilans du *Comptoir agricole de Seine-et-Marne* pour les exercices 1865-1867 suscitèrent l'enthousiasme du conseil d'administration du *Crédit agricole*, cette institution distribuant notamment un dividende de 11 % pour l'exercice 1866[53]. L'annonce en 1868 de sa faillite, consécutivement aux détournements et faux en écritures de son gérant, pour un montant de 1 400 000 francs, provoqua la consternation. Toutefois, l'appel des 3/5es du capital de 2 millions de francs sembla couvrir les dettes contractées envers le *Crédit agricole*[54].

L'Approvisionnement connut un sort aussi funeste. Bien qu'ayant connu un démarrage encourageant, la société ayant créé en 1866 deux agences, l'une pour les liquides, l'autre pour les grains[55], elle éprouva de grandes difficultés dans l'exploitation de la régie du marché aux bestiaux, et était débitrice de 7 millions de francs envers le *Crédit agricole*[56]. Mise en liquidation, elle fut reconstituée sous la dénomination de *Société anonyme parisienne de crédit - Régie du marché aux bestiaux*[57]. Rapidement, les liquidateurs ramenèrent le passif envers la maison-mère à 1 900 000 francs. Le redressement au cours

46 – *Idem*, rapport du C.A. du 27 avril 1865, p. 14-15. Le *Crédit agricole* pénétra ainsi les centres agricoles de Saint-Fargeau (Yonne), Neuville-en-Poitou (Vienne), Neuilly-Saint-Front et Villers-Cotterets (Aisne), Crépy-en-Valois (Oise), Étrépagny (Eure), Nangis (Seine-et-Marne), La-Rochefoucauld (Charente), Sézanne (Marne), *etc.*

47 – *Idem*, rapport du C.A. du 26 avril 1866, p. 14. La création de l'agence d'Agen n'apparut pas dans le rapport, mais elle fonctionna effectivement dès le 1er janvier 1866.

48 – *Idem*, rapport du C.A. du 27 avril 1867 : exercice de 1866, p. 9. Une agence fut prévue pour Lorient, mais son installation fut reportée, tandis que l'on renonça à créer celle d'Elbeuf.

49 – *Idem*, rapport du C.A. du 25 avril 1868 : exercice de 1867, p. 14. Une deuxième agence fut prévue à Ancenis, mais sa création fut ajournée puis abandonnée ;

50 – *Idem*, rapport du C.A. du 26 avril 1869 : exercice de 1868, p. 14.

51 – *Idem*, rapport du C.A. du 25 avril 1870 : exercice de 1869, p. 12.

52 – *Idem*, rapport du C.A. du 30 avril 1873 : exercice de 1872, p. 7. La création de celle de Châtellerault en 1870 fut omise dans le rapport de 1870, probablement en raison des événements. Toutefois son fonctionnement dès 1871 est avéré par les rapports suivants.

53 – *Idem*, rapport du C.A. du 27 avril 1867, p. 9.

54 – *Idem*, rapport du C.A. du 26 avril 1869 : exercice de 1868, p. 13 ; rapport du C.A. du 25 avril 1870, sur l'exercice de 1869, p. 17.

55 – *Idem*, rapport du C.A. du 27 avril 1867, p. 9.

56 – *Idem*, rapport du C.A. du 25 avril 1870, p. 17.

57 – A.N. M.C., XLVIII, 993, 12 décembre 1869 : dépôt des statuts de la *Société anonyme parisienne de crédit - Régie du marché aux bestiaux*, dressés sous seings privés du 15 novembre 1869, par Sébastien de Neufville, son président, Gustave Delahante, Antoine Schnapper et autres. L'apport fut fixé à 3 600 000 de francs et le capital à verser à 100 000 francs. Toutefois, le montant du passif aurait alors été inconnu des fondateurs.

des années 1870 fut spectaculaire et la même société poursuivit ses activités jusqu'à la veille de la Deuxième Guerre mondiale.

Les agences semblèrent être bien gérées au cours des années 1860, et seules celles de Marseille, touchée par l'épidémie cholérique en 1865, et de Poitiers, faisant face à une crise locale au cours de la même année, connurent quelques difficultés passagères[58]. Enfin, le *Comptoir de l'agriculture* connut un grand succès et fut mis en liquidation après le décès de son directeur, l'âme de cette institution[59].

L'impéritie et les prévarications internes

Jusqu'à la veille de la guerre de 1870, malgré les premières alertes inquiétantes, la situation et les perspectives semblèrent très satisfaisantes aux yeux des principaux décideurs, Frémy et Soubeyran. Pour l'exercice de 1869, les bénéfices nets s'élevèrent à 2 402 784,75 francs et pour une action libérée de seulement 200 francs le gain fut de 27,50 francs[60]. Les désastres militaires à partir du 4 août 1870 entraînant la chute du Second Empire le 4 septembre suivant, le siège de Paris du 18 septembre 1870 au 29 janvier 1871, et les événements de la Commune de Paris, du 18 mars au 28 mai 1871, interrompirent toutes les opérations bancaires des principales institutions de crédit parisiennes[61]. Celles-ci, dont le *Crédit agricole*, introduisirent en France pour la première fois une *Chambre de compensation* – ou *Clearing-House*, sur le modèle anglo-saxon –, destinée à solder sans numéraire et par simple échange de titres, avec le concours de la *Banque de France*[62]. Cette opération effectuée et compte tenu de sa situation financière, le *Crédit agricole* fut obligé de lancer un vaste audit pour mettre un terme à toutes les dérives internes au sein de ses agences. Quelques-unes d'entre-elles ont fait collectivement perdre 21 millions de francs par des prêts consentis pour des spéculations hasardeuses sur les eaux-de-vie[63] et le foncier ainsi qu'à des banquiers ottomans[64]. La *Société du crédit agricole* fut victime de plusieurs prévaricateurs. Alexis Edmond Boittelle, directeur de l'agence de Lille, avait notamment prêté en son nom propre, mais en utilisant

58 – A.N.M.T. 65AQ A 428, rapport du C.A. du 26 avril 1866, p. 14.

59 – *Idem*, rapport du C.A. du 29 avril 1875 : exercice de 1874, p. 10 : « (...) le succès du Comptoir d'Agriculture, reposant sur son seul directeur (...). »

60 – *Idem*, rapport du C.A. du 25 avril 1870 : exercice de 1869, p. 15.

61 – En raison des événements parisiens, le *Crédit agricole* ne put pas procéder à l'assemblée générale de ses actionnaires au cours de la dernière semaine du mois d'avril 1871. Seuls 13 actionnaires sur les 40 imposés par les statuts avaient pu répondre à l'appel. Voir : A.N.M.T. 65AQ A 428, rapport du C.A. du 3 août 1871 : exercice de 1870, p. 3.

62 – *Idem*, rapport du C.A. du 30 avril 1872 : exercice de 1871, p. 7. Cette *Chambre de compensation* réunit le *Comptoir d'Escompte de Paris*, la *Société générale de Crédit Industriel et Commercial*, la *Société générale pour favoriser le développement du commerce et de l'industrie en France*, la *Société de Dépôts et comptes courants*, le *Crédit Foncier de France* et le *Crédit agricole*, représenté par Paul Élisabeth Jacques Coullet, l'un de ses administrateurs. En 1874, ce dernier fut nommé directeur du *Comptoir d'Escompte de Paris*.

63 – D'importantes avances sur les eaux-de-vie, grains, graines et chanvres furent consenties dès 1865 par les agences de Poitiers, Angoulême et Saint-Jean-d'Angély. Voir : A.N.M.T. 65AQ A 428, rapport du C.A. du 26 avril 1866, p. 9.

64 – André Gueslin, *op. cit.*, p. 112.

les fonds de sa maison mère, 600 000 francs à la *Société du Quartier Royal de Bruxelles (Koekelberg)*, et du *quartier de la Nouvelle gare intérieure de Lille*, et à la *Compagnie foncière du Quartier Royal de Bruxelles (Koekelberg)*, une somme que la *Société de crédit agricole* est parvenue à recouvrer[65]. Sept agences sur dix-neuf furent mises en liquidation : Lille et Avignon en 1871, Agen en 1872[66], Le Havre, Le Mans, Orléans et Strasbourg en 1873[67].

La *Société du crédit agricole* n'avait pas été plus vertueuse, enregistrant des pertes importantes consenties aux compagnies des canaux de Beaucaire, du Drac et de Pierrelatte et ayant perdu 6 500 000 de francs sur les actions de la *Société des marbres et bronzes artistiques de Paris* et sur celles de la *Société des houillères de Saint-Éloi*[68].

Les dérives spéculatives du Crédit agricole *et sa mise en liquidation*

Peu de temps après l'augmentation du capital du *Crédit agricole*, le baron de Soubeyran, sous-gouverneur du *Crédit foncier de France*, commença à se servir des deux établissement, avec l'accord de Frémy, pour des opérations spéculatives. Dès 1865, les deux établissements prirent conjointement part à l'emprunt autrichien de 250 millions de francs[69]. Proche des Rothschild - avant 1868 -, et du fait de sa proximité avec Achille Fould, Soubeyran éprouva une hostilité tenace envers les Pereire et engagea « une lutte à mort » avec ces derniers dès 1867. Après l'effondrement du *Crédit mobilier* et l'éviction d'Émile Pereire des conseils d'administration des *Crédit foncier de France* et *Crédit agricole*, Soubeyran s'attaqua au *Crédit mobilier espagnol*, y perdant jusqu'à 15 millions, montant qu'il récupéra en spéculant sur la *Banque franco-hollan-*

65 – A.N. M.C., XCIX, 1090, 10 juillet 1872 : transaction entre le *Crédit agricole* et la *Société du Quartier Royal de Bruxelles (Koekelberg)*, et transport d'hypothèque effectué le même jour par le second. Jean Baptiste Bagary, un ancien négociant, domicilié à Paris, était alors fondé de pouvoirs – acte passé devant De Madre, notaire à Paris, le 3 juin 1870, comprenant un dépôt de procès-verbal – de la *Société du Quartier Royal de Bruxelles (Koekelberg), et du quartier de la Nouvelle gare intérieure de Lille*, société anonyme ayant son siège à Bruxelles, rue du Nord n° 6 (statuts établis devant Cocquiel, notaire à Bruxelles), ainsi que des directeurs de la *Compagnie foncière du Quartier Royal de Bruxelles (Koekelberg)*, suivant les actes passés devant Portaels, notaire à Bruxelles, du 19 juillet 1868. Il présenta trois actes de vente passés devant Defontaine, notaire à Lille, les 3 et 4 août 1869.

66 – A.N.M.T. 65AQ A 428, rapport du C.A. du 30 avril 1873 : exercice de 1872, p. 8.

67 – *Idem*, rapport du C.A. du 25 avril 1874 : exercice de 1873, p. 8-9. Les comptes des agences du Havre et d'Orléans furent apurés et soldés en moins d'une année. La liquidation de Strasbourg fut aisée grâce à une créance hypothécaire couvrant largement le passif. Celle d'Avignon fut lente et difficile. Les agences subsistantes furent Angoulême, Bergerac, Bordeaux, Châtellerault, Limoges, Lorient, Marseille, Périgueux, Poitiers, Saint-Jean-d'Angély, Toulouse et Troyes. Les deux plus importantes en volume de transactions furent Marseille Bordeaux. Voir le rapport du C.A. du 29 avril 1875 : exercice de 1874, p. 9.

68 – André Gueslin, *op. cit.*, pp. 112-113.

69 – Ferdinand Charles Philippe comte d'Esterno, *op. cit.*, p. 30. Scandalisé, l'auteur écrivit : « Ceci n'est point une critique dirigée contre les opérations des deux institutions de crédit ; leur marche financière est parfaitement habile. Elles n'ont eu qu'un tort, celui de prendre un nom qui ne leur convenait pas. »
Sur l'emprunt autrichien, voir : Maurice Aycard, *Histoire du Crédit Mobilier, 1852-1867*, Paris, Librairie internationale - Bruxelles, A. Lacroix, Verboeckhoven, 1867, IV-584 p., « chapitre XIV, 1865 », p. 483 : 734 694 obligations émises à 345 francs à la fin de l'année, remboursables à 500 francs en 37 ans, rapportant 25 francs d'intérêt annuel.

daise, de mars à juin 1875[70]. Dès 1873, soutenant notamment l'*Anglo-Egyptian Banking* d'Alexandrie – le principal pourvoyeurs de fonds au khédive Ismaïl –, il engagea massivement les deux établissements dans des spéculations sur les emprunts ottomans et égyptiens, conforté après avoir emporté avec succès le grand emprunt de consolidation égyptien de 298 millions de francs en 1868, au détriment des Rothschild. En 1875, les deux établissements participèrent à l'émission du nouvel emprunt égyptien de 500 millions. De 1873 à 1875, le *Crédit agricole* avança au Khédive d'Égypte la somme de 168 millions de francs et Soubeyran s'engagea personnellement pour près de 12 millions, sans donner de renseignements quant à l'origine de ces fonds. Les premières inquiétudes naquirent en novembre lorsque le Khédive céda à l'Angleterre ses parts de fondateurs de la *Compagnie du canal maritime de Suez* pourtant déjà hypothéquées pour une durée de 19 ans. Dès le début du mois de février 1876, le *Crédit foncier de France* invita les grands établissements bancaires français à créer un « grand syndicat de la créance gagée »[71], et soutenu en cela par le ministre des Finances, Léon Say, au cours du mois de mars suivant[72]. Surendetté, le Khédive dut suspendre les paiements des intérêts le 8 avril 1876[73]. Le 1er avril précédent, informé de la situation, Frémy avait réuni dans l'urgence le conseil d'administration du *Crédit foncier de France*, dans le plus grand secret, pour demander à Soubeyran de se justifier[74]. Les actionnaires du *Crédit agricole*, réunis en assemblée générale ordinaire le 28 avril 1876, apprirent avec sidération la situation délétère de leur société[75].

Dès le 19 mai 1876, Alfred Naquet, un député radical proche de Clemenceau, réclama à la Chambre des députés la création d'une commission d'enquête sur les agissements des deux établissements. Say prit à cette occasion la défense des établissements de crédit, et de manière indirecte celle de Soubeyran

70 – Jean Garrigues, *La République des hommes d'affaires (1870-1900)*, Paris, Aubier, 1997, 432 p., p. 185-186, citant notamment : Archives de la Préfecture de police B/a 1272 (dossier Soubeyran).

71 – Archives historiques de la Société Générale, registre des procès-verbaux, 503-808, p. 271, procès-verbal de la 683e séance du C.A., du 8 février 1876.

72 – *Idem*, procès-verbal n° 692, 1er avril 1876, p. 282. Le ministre des finances avait réuni la veille les représentants des principaux établissements bancaires parisiens.

73 – Jean Bouvier, *Histoire économique et histoire sociale. Recherches sur le capitalisme contemporain*, Genève, Droz, 1968, 285 pages, p. 246 ; André Gueslin, *op. cit.*, p. 112-113 ; Samir Saul, *La France et l'Égypte de 1882 à 1914. Intérêts économiques et implications politiques*, Paris, CHEFF, 1997, 787 p., p. 63-67. L'affaire de la dette égyptienne, trop vaste dans le cadre de cet article, pourrait faire l'objet d'une étude à part entière.

74 – Jean Garrigues, *op. cit.*, p. 186.

75 – A.N.M.T. 65AQ A 428, rapport du C.A. du 28 avril 1876 : exercice de 1875, p. 4-5. L'exercice de l'année précédente fut totalement occulté. Le rapporteur tâcha de justifier auprès des actionnaires la situation : « Dans le cours de 1875, des propositions nous ont été faites. Nos renseignements sur la situation de l'Égypte et du Khédive nous ayant rassurés sur leur solvabilité, nous avions aucune raison pour refuser des affaires semblables à celles qui, précédemment, s'étaient si bien et si facilement terminés. La confiance était telle que le gouvernement de la Société a cru pouvoir, de lui-même, conclure certaines de ces opérations. [...] Un décret du Vice-Roi [Khédive] est venu, il y a quinze jours, jeter la perturbation sur le marché des valeurs égyptiennes. [...] Les mesures prises par le gouvernement égyptien ont fait naître des inquiétudes légitimes que nous partageons, mais dont il faut envisager les conséquences sans faiblesse. » Si le gouvernement égyptien parvint à négocier un rééchelonnement de sa Dette entre le mois de mai et d'octobre 1876, par sa situation financière, le *Crédit agricole* n'était pas en mesure d'en attendre les résultats.

– soutenu en sous-main par son ami, le baron de Rothschild[76] –, et accepta le plan de sauvetage proposé par ce dernier pour éviter une panique boursière : l'absorption du *Crédit agricole* par le *Crédit foncier de France*. Suivant ce plan, une assemblée générale extraordinaire des actionnaires de la *Société du crédit agricole*, réunie le 29 novembre 1876, décida de sa liquidation et de la nomination d'une commission de liquidation. Les assemblées générales extraordinaires des actionnaires du *Crédit agricole* et du *Crédit foncier de France*, des 29 et 30 novembre, eurent à délibérer sur le traité stipulant l'apport au second établissement de l'actif du premier et l'échange des actions du *Crédit agricole* contre un nombre égal d'actions du *Crédit foncier de France*. Le traité fut ratifié par les deux établissements. L'échange des actions du *Crédit agricole* contre celles du *Crédit foncier de France* s'opéra moyennant un versement de 350 francs, dont 125 francs payables le 1er avril 1877 et 75 francs les 1er avril 1878, 1879 et 1880. Cette opération entraîna d'importantes modifications aux statuts du *Crédit foncier de France*.

La Commission de liquidation de la *Société du crédit agricole* fut confiée à trois personnes : Joseph Hector Harouel, Jean Aubin Duport, président du Tribunal de commerce de Saint-Jean-d'Angély, et Armand Brazon, ancien notaire à Sèvres.

Si Frémy et Ernest Leviez furent inquiétés et leurs carrières respectives perturbées, Soubeyran parvint à surnager grâce à ses soutiens issus de l'ensemble de l'échiquier politique allant des bonapartistes et des légitimistes aux gambettistes, en arrosant au passage des journaux des divers partis et en promettant des fonctions rémunératrices au sein de l'empire financier qu'il se constitua, en prenant la tête des assurances *La Foncière* ainsi qu'en fondant la *Banque d'escompte de Paris* et la *Banque hypothécaire*, concurrent direct du *Crédit foncier de France*, suscitant au passage une hostilité tenace de Say[77].

À partir de 1881, la commission de liquidation du Crédit agricole était composée de Nicolas Jules Gouret, Charles Balezeaux, ancien inspecteur des Crédit foncier de France et Crédit agricole, et d'Armand Brazon[78], et très curieusement, ses bureaux se retrouvèrent dans les locaux de la Banque d'escompte de Paris, au 9, rue Marsollier[79].

76 – Jean Garrigues, *op. cit.*, p. 188, citant B/a 1272, 2 janvier 1877. D'après un rapport de police, Soubeyran aurait négocié son impunité en laissant un syndicat constitué par le baron de Rothschild reprendre à moindre coût les titres de la Dette égyptienne.

77 – *Ibidem*, p. 189-196.

78 – En 1888, Brazon prit la défense de la gestion de Soubeyran. Voir : Armand Brazon, *La Commission d'enquête et Monsieur le baron de Soubeyran. Précis d'histoire sur les affaires égyptiennes et le Crédit agricole*, Paris, Imprimerie de Vve Éthiou-Pérou, 1888, 122 pages.

79 – A.N. M.C., XXXV, 1444, 20 juillet 1882, dépôt de pièces de la *Société du Crédit agricole* ; Arch. de Paris D31U3 520 n° 1689, enregistrement du dépôt de pièces au greffe du Tribunal de commerce de la Seine du 31 juillet suivant.

La fondation du *Crédit agricole, Union des syndicats agricoles de France en 1886* : une tentative de renaissance avortée.

Le 11 mars 1886, après avoir observé les premiers effets de la loi du 24 mars 1884, ayant facilité la création d'un certain nombre de caisses de crédit à l'agriculture, des sociétés anonymes au capital variable[80], Soubeyran, s'appuyant sur sa *Banque d'escompte de Paris*, et quelques fidèles, fonda le *Crédit agricole, Union des syndicats agricoles de France*, une société anonyme pour une durée de 99 ans, au capital social de 5 millions de francs, dont 1 250 000 de francs versés. Le siège social initial fut établi dans les locaux de la *Banque d'escompte de Paris*[81]. Dans le préambule du rapport du conseil d'administration du 17 mai 1888, l'auteur expliqua plus précisément l'objet de la société :

> « La fondation de notre Société a eu pour but essentiel de contribuer au relèvement de l'Agriculture française, jadis si prospère, et depuis quelques années si gravement atteinte par de multiples fléaux. Les cultivateurs ont vu, d'une part, leur production diminuer sous l'action des diverses maladies cryptogamiques[82] qui désolent les campagnes, et, d'autre part, l'importation de denrées et du bétail étrangers augmenter dans des proportions anormales et amener une baisse considérable des prix sur tous les marchés agricoles. Doublement frappés par l'insuffisance de leurs récoltes et par la diminution des prix, ils luttent avec énergie, mais non toujours avec succès. Leurs plaintes légitimes ont appelé l'attention des pouvoirs publics et ont motivé l'adoption de quelques mesures législatives, utiles sans doute, malheureusement insuffisantes »[83] (p. 3).

La sous-capitalisation de cette société, puis la disparition de la *Banque d'escompte de Paris*, emportée par la crise de 1891-1892, scellèrent le sort de cet établissement de crédit qui vivota jusqu'à sa dissolution en 1901.

Conclusion

Après les errements sous la Restauration et la Monarchie de Juillet, les projets du Second Empire en matière de crédit agricole semblèrent être prometteurs. Au cours des premières années, la *Société de crédit agricole* connut une croissance

80 – André Gueslin, *op. cit.*, p. 119.
81 – A.N. M.C., LIX, 816, 11 mars 1886, dépôt des statuts du *Crédit agricole* ; A.N.M.T. 65AQ A 1070, dossier concernant *Crédit agricole, Union des Syndicats agricoles de France* (1886-1901). Sur les 10 000 actions, 9 435 furent souscrites par la *Banque d'Escompte de Paris*. Les administrateurs désignés figurèrent parmi les souscripteurs, notamment Charles Balezeaux, ancien inspecteur du *Crédit Foncier de France*, Émile Charles Clerc, directeur de la *Société des immeubles de France*, Arthur Ladislas Sienkiewicz, sous-directeur de la *Banque d'Escompte de Paris*. Malheureusement, seuls les premiers rapports du C.A., antérieurs à l'exercice de 1890, ont été conservés.
82 – Notamment le phylloxéra qui ravagea les vignes. Voir à ce sujet : Gilbert Garrier, *Le phylloxéra. Une guerre de trente ans, 1870-1900*, Paris, Albin Michel, 1989, 194 p.
83 – A.N.M.T. 65AQ A 1070, rapport du C.A. de l'assemblée générale ordinaire des actionnaires du 17 mai 1888, exercice du 20 mars 1886 au 31 décembre 1887.

rapide qui encouragea son conseil à ouvrir des agences, à créer des filiales et à favoriser la constitution de comptoirs. Ses objectifs furent rapidement détournés par le premier sous-gouverneur, agissant avec un blanc-seing du gouverneur. Cet établissement se lança dans des spéculations pour le moins hasardeuses tout en négligeant le contrôle de ses agences. Ses spéculations sur la Dette égyptienne lui furent fatales. Sa liquidation, finalement confiée à la *Banque d'escompte de Paris*, un établissement fondée par l'ancien sous-gouverneur indélicat, permit à ce dernier de créer un nouveau *Crédit agricole*, qui sous-capitalisé, était voué à l'effondrement. Après la disparition de sa maison-mère, en 1892, ce second *Crédit agricole* finit par disparaître dans une totale indifférence, laissant la place au développement des caisses régionales de crédit agricole.

LE CRÉDIT AGRICOLE DE LA CÔTE-D'OR
et sa permanente quête d'autonomie de 1914 à 1940

Jean Guillemin
Ancien cadre de direction du Crédit agricole, docteur en histoire

Au XIXe siècle, le souhait de favoriser le financement de la petite agriculture conduit à rechercher la proximité grâce à la constitution de caisses locales de crédit mutuel. La loi du 5 novembre 1894 donne un cadre à la création de ces sociétés ouvertes aux membres de syndicats agricoles. En 1896, à Pouilly-en-Auxois, Jules Gagey, président du syndicat comice de ce canton, médecin et conseiller général, utilise le premier en Côte-d'Or la nouvelle loi[1]. La loi du 31 mars 1899 ouvre de nouveaux moyens avec l'institution possible de caisses régionales de crédit agricole détenues, pour l'essentiel, par les caisses locales de crédit agricole et respectant le cadre très particulier de la loi de 1894. Le texte prévoit la mise à disposition d'avances peu onéreuses délivrées aux caisses régionales par les services du ministère de l'Agriculture auquel se substituent, à partir de 1920, l'Office puis la Caisse nationale de Crédit agricole (CNCA).

1 – Archives du Crédit agricole de Champagne Bourgogne (ACACB), registre des délibérations du conseil et des assemblées générales de la Caisse de Crédit agricole de Pouilly-en-Auxois.

Ces fonds permettent aux caisses régionales de financer les prêts consentis par les caisses locales de crédit agricole du département.

Ce ne sont pas des syndicats départementaux qui donnent naissance à la Caisse régionale de Crédit agricole de la Côte-d'Or (CRCO), mais le conseil général[2] avec l'appui des professeurs d'agriculture. Ceux-ci favorisent la création de caisses locales dont la présidence est très souvent confiée à un conseiller général comme par exemple à Genlis ou Pouilly-en-Auxois. La CRCO est constituée le 23 avril 1904 ; le conseil d'administration comprend alors neuf membres dont six conseillers généraux et le vice-président du conseil de préfecture ; la présidence est confiée au docteur Tainturier, conseiller général ; les trois membres de la commission de surveillance sont deux conseillers généraux et le professeur départemental d'agriculture.

Très rapidement, ce nouvel établissement domine le crédit à l'agriculture. Il semble très dépendant du conseil général et des interventions de l'Etat. Pourtant, il va plusieurs fois refuser de coopérer avec le premier et tenter de montrer son autonomie face au second. Dans ces conditions, comment expliquer cette capacité à refuser l'aide de si puissants partenaires en période de crise ?

2 – Archives départementales de la Côte-d'Or (ADCO) 1 Nd 59 Conseil général, 1903, T.2, 2ème session, procès-verbaux des délibérations du conseil général du 27/08, pp. 449 - 453.

ABSTRACT

Credit agricole in Côte-d'Or was created at the end of the 19th century as a result of initiatives from local actors, the regional council and the central government via important state funding. Initially, the authority of the new leadership appeared limited, nonetheless, they managed to break free from the regional council and stand aloof from the Caisse nationale de Crédit agricole – the entity acting on behalf of the central Government. By avoiding the financial difficulties farmer unions suffered during the interwar period, its foundations are healthy at the end of the 1930s. The key reason of this situation is due to the outstanding personality of its president, who surrounds himself with businessmen and administration officials. By using strict policies, it allows him to protect the mutual bank reinforce his authority and guarantee his autonomy.

RÉSUMÉ

Le Crédit agricole de la Côte-d'Or nait à la fin du XIXe siècle à la suite d'initiatives locales, de l'action décisive du conseil général et d'un appui massif de l'Etat. Le pouvoir des dirigeants de ce nouvel organisme paraît bien contraint, pourtant ils s'affranchissent de l'assemblée du département et se montrent distants de la Caisse nationale de Crédit agricole qui représente l'Etat. Echappant aux vicissitudes financières des organisations agricoles durant les crises de l'entre-deux-guerres, l'entreprise est saine à l'issue des années 1930. Elle le doit à la forte personnalité de son président fondateur qui s'entoure de responsables du monde des affaires et applique une politique particulièrement rigoureuse qui lui permet de protéger la mutuelle, d'affirmer sa compétence et d'assurer son autonomie.

JEL Classification: **D, D2, D7, G, G2, G3**
Key words: **Microeconomics, organizations, collective decision making, cooperation, financial crisis, financial institution, corporate governance**
Mots clés: **microéconomie, organisation, prise de décision collective, coopération, crise financière, institution financière, gouvernance d'entreprise**

1. Le conseil général omniprésent

Selon Jean Guicherd et Georges Jannin, avec ses 4 500 sociétaires, le Crédit agricole de la Côte-d'Or est la deuxième organisation professionnelle agricole du département en 1926[3]. La Caisse régionale est l'une des plus importantes de France en 1924[4].

Le conseil général reste très présent : les présidences ou vice-présidences de caisses locales sont souvent confiées à ses élus, comme par exemple à Pouilly-en-Auxois ou à Saint-Seine-l'Abbaye. Parfois même, le président de la caisse locale est, de façon systématique, le conseiller général du canton. C'est le cas pour Alexandre Misset lors de la fondation de la caisse locale d'Aignay-le-Duc en 1912[5] ; Louis Sullerot, nouveau conseiller général en 1913, lui succède[6] puis cède sa place à Emmanuel de Blic en 1937[7] lorsque celui-ci reprend son siège à l'assemblée départementale. Il est fort possible que cette forte présence dans les unités de base sociétaires de la Caisse régionale explique une bonne part de la composition de son conseil d'administration.

Durant les années qui suivent sa création, la Caisse régionale est installée dans les locaux de la préfecture ; pendant un temps le professeur départemental d'agriculture en assure la direction « bénévolement »[8], le conseil général accordant une aide pour le fonctionnement[9]. Certaines interventions sont conjointes avant le premier conflit mondial. En 1910, devant les difficultés de l'agriculture de la Côte-d'Or, le conseil général décide d'apporter son aide non avec une subvention directe aux cultivateurs mais par la création d'un fonds de garantie permettant aux caisses de consentir des crédits destinés à améliorer la trésorerie des exploitations et favorisant à la fois la démultiplication de son action et la promotion de la création de caisses locales[10].

L'omniprésence du conseil général se prolonge de 1914 à 1940. Durant cette période, parmi les 41 membres élus du conseil d'administration ou de la commission de surveillance de la Caisse régionale, quinze sont, à un moment ou à un autre, conseiller général, ce qui représente 37 %[11].

3 – GUICHERD Jean, JANNIN Georges, *L'agriculture de la Côte-d'Or en 1926*, Dijon, Office régional agricole de l'Est central et Office départemental agricole de la Côte-d'Or, 1926, p. 246

4 – ADCO 3 ETP 9 Inspection de la Banque de France de Dijon, rapport de Monsieur Prévot du 28/10/1924.

5 – ACACB Compte rendu (CR) de la séance de fondation de la Caisse locale (CL) d'Aignay-le-Duc du 01/12/1912.

6 – ACACB CR du conseil d'administration (CA) de la CL d'Aignay-le-Duc du 22/01/1914.

7 – ACACB CR du CA de la CL d'Aignay-le-Duc du 12/12/1937.

8 – ACACB CR du CA de la Caisse régionale de la Côte-d'Or (CRCO) du 21/05/1904.

9 – ACACB CR du CA de la CRCO du 2 décembre 1904.

10 – ADCO 1 Nd 66 Conseil général 1910, T. 2, 2ème session, procès-verbaux des délibérations, séance du 31 août 1910, pp. 438-460.

11 – ACACB CR des assemblées générales (AG) et des CA de la CRCO . ADCO délibérations du conseil général de 1914 à 1940 : 1 Nd art 70 à 96.

2. Le refus des propositions du conseil général

Pourtant la Caisse échappe progressivement au pouvoir du conseil général et entend choisir seule sa voie. En 1924, le conseil général de la Gironde crée un fonds de garantie permettant aux caisses de Crédit agricole de son département de prêter aux mutilés à hauteur de 100 % et non de 60 % de la valeur de la propriété qu'ils souhaitent acquérir[12]. Le ministère est très favorable à cette procédure qu'il qualifie « d'heureuse initiative »[13]. Le conseil général de la Côte-d'Or décide d'abord qu'il n'y a pas lieu d'intervenir, les demandes étant peu nombreuses et satisfaites[14]. Cependant, quelques temps après, certains de ses membres formulent le vœu que le département apporte sa garantie[15]. La commission des finances de cette assemblée, présidée par Ferdinand Mercusot, par ailleurs vice-président de la Caisse régionale, propose de rejeter ce texte en notant que toutes les demandes sont examinées avec attention et en soulignant que le département n'a pas à se substituer à « une association dont les prérogatives de prêts sont formelles »[16]. La discussion se poursuit et s'élargit et il apparaît que les caisses locales sont bien souvent à l'origine des refus d'interventions. M. Bobin, conseiller général, envisage alors que le département demande aux présidents de caisses locales de se montrer bienveillants. Georges Tainturier, président de la Caisse régionale et conseiller général, voit là la création d'un tribunal d'appel qui obligerait la Caisse régionale à prêter même contre l'avis des caisses locales ce qui, pour lui, n'est pas envisageable.

En 1932, sous la forte pression de la Banque de France, la Caisse doit prendre des mesures très strictes pour mettre fin au renouvellement excessif, dans les caisses locales, de crédits à court terme dont l'origine est due à la mévente des produits agricoles. La commission de l'agriculture de l'assemblée départementale propose qu'une étude soit menée afin d'éviter les conséquences de ces décisions pour la profession après les années difficiles de 1930 et 1931[17]. Mercusot, président de la Caisse, justifie la position prise par celle-ci, souligne qu'elle est régulièrement contrôlée et que ses dirigeants souhaitent qu'elle « soit parmi les organismes de crédit qui n'ont pas besoin d'être renfloués »[18]. Il montre ainsi que le Crédit agricole de Côte-d'Or donne la priorité à sa survie, qu'il souhaite l'assurer seul, même au prix d'une grande rigueur pour ses sociétaires.

12 – ADCO SM 8539, Crédit agricole, relations avec la préfecture, délibérations du conseil général de la Gironde de septembre 1923 et mai 1924, convention, datant d'octobre 1924, entre le préfet de ce département et les deux Caisses de Crédit agricole qui y ont leur siège.

13 – Archives de Crédit agricole SA (ACASA) Rapport sur les opérations faites par les caisses régionales de Crédit agricole mutuel présenté au président de la République, année 1925, p. 5.

14 – ADCO, 1 Nd 81 Conseil général 1925, 1ère session, procès-verbaux des délibérations, séance du 20/05/1925, pp. 225-226 ; ADCO, 1 Nd 81 Conseil général 1925, 2ème session, procès-verbaux des délibérations, séance du 25/09/1925, pp. 512-515.

15 – ADCO 1 Nd 82 Conseil général, 1ère session, procès-verbaux des délibérations, séance du 06/05/1926, pp. 386-394.

16 – *Ibid.* p. 387.

17 – ADCO 1 Nd 88 Conseil général, 1932, 1ère session, procès-verbaux des délibérations, séance du 19/05/1932, pp. 226 - 230.

18 – *Ibid.* p. 229.

En 1934, devant les difficultés rencontrées sur le marché des céréales, le ministre demande que le financement des stocks de blé soit favorisé et évoque la création d'un fonds de garantie du département. Le 2 mai 1934, au cours de la discussion qui aborde cette question au conseil général le président Tainturier déclare : « Nous sommes complètement indépendants de Paris. Nous sommes simplement incités par le ministère de l'Agriculture à essayer de trouver le moyen de prêter de l'argent aux cultivateurs qui ont des blés à vendre. »[19] S'adressant au conseil général il ajoute : « Votre Caisse vient vous dire très loyalement, je n'ai pas besoin de votre garantie ni de l'argent des contribuables. »[20] L'examen des débats montre que Tainturier paraît être seul à maîtriser les sujets traités et bénéficie d'une grande autorité morale et de compétence.

Dans une lettre du 25 juillet 1936 adressée au préfet, le ministère de l'Agriculture veut favoriser le financement de la trésorerie des viticulteurs, évoque à nouveau la création d'un fonds de garantie par le conseil général et adresse même un modèle pouvant servir de base à une délibération[21]. En novembre 1936, le conseil général écarte cette proposition en constatant que les demandes sont normalement satisfaites par les caisses de Crédit agricole[22]. Toutes ces prises de positions s'expliquent par la qualité reconnue de la gestion de l'entreprise alors que certaines initiatives, notamment de la profession agricole, échouent.

3. Le Crédit agricole de la Côte-d'Or échappe aux difficultés des organisations professionnelles agricoles

L'entre-deux-guerres voit se réaliser un certain nombre de mouvements dans le monde bancaire de la région. La petite Banque Bertillon de Dijon doit cesser ses activités en mars 1936, bien que cela n'entraîne pas de réactions financières en chaîne dans le département l'émoi est très sensible notamment au conseil général[23].

Une partie du monde agricole en lien avec les organisations syndicales est également confrontée à la crise financière. La Banque agricole française de Reims est créée en 1928 par la Fédération de Champagne, l'Union de Chiers et Meuse, l'Union lorraine et le Syndicat de défense paysanne de la Côte-d'Or. Ce dernier devient un soutien du parti agraire, il est dirigé par Georges Roux, qui siège au conseil d'administration de la banque. La Banque de Reims est une société anonyme dont les statuts prévoient une nette domination du monde

19 – ADCO 1 Nd 91 Conseil général 1934, 1ère session, séance du 2 mai 1934, p. 180.

20 – *Ibid.* p. 181.

21 – ADCO SM 1304/20 Caisses de crédit agricole. Instructions relatives aux prêts à consentir en faveur des agriculteurs et des viticulteurs 1932-1936.

22 – *Ibid.*

23 – ADCO 1 Nd 92 Conseil général 1936, tome 1, 1ère session, procès-verbaux des délibérations, séance du 14/05/1936, P 236.

agricole[24]. Des erreurs et des malversations conduisent à sa liquidation en 1931. Parmi les souscripteurs au capital de la banque figurent en Côte-d'Or 89 particuliers, la Cave générale des grands vins, la Cave coopérative de Brochon et le Syndicat de défense paysanne[25]. Dans le groupe des particuliers, on note par exemple la présence de Joseph Clair-Daü, membre de la Chambre syndicale de l'Union des syndicats agricoles et viticoles du Centre-Est et vice-président de la Caisse centrale de crédit rural du Centre-Est[26].

Une autre structure financière s'est également développée autour des organisations syndicales. Au début des années 1920 est fondée la Caisse agricole de dépôts et de prêts du Centre-Est (CADPCE) qui s'inscrit dans le cadre de la loi de 1920 mais refuse d'utiliser les avances de la CNCA. Elle est très proche du syndicalisme agricole : en 1931, six des neuf membres de son conseil d'administration sont membres de la Chambre syndicale de l'Union des syndicats agricoles et viticoles du Centre-Est[27]. Dès 1926, la Caisse adhère au service national de compensation de trésorerie organisé par la Rue d'Athènes, le cœur des organisations syndicales agricoles conservatrices de France, et destiné aux caisses « libres », c'est-à-dire refusant les concours de la CNCA[28].

La Caisse régionale de Crédit agricole de la Côte-d'Or est plus puissante que la CADPCE, qui vient néanmoins la concurrencer, surtout dans la collecte des dépôts[29]. La chute de la Banque agricole française de Reims puis l'accumulation de créances douteuses provoquent en 1931 un retrait rapide des dépôts dans l'ensemble financier de la rue d'Athènes. La liquidation est alors inévitable. Or la CADPCE est, comme cela a été vu, liée à ce groupe. De la même façon que pour Reims, c'est l'incompétence et l'absence de contrôle qui ont conduit à cette situation. La CADPCE perd ainsi un outil financier et les conflits intersyndicaux deviennent plus acerbes, le Syndicat de défense paysanne mettant en doute les capacités financières de l'Union du Centre-Est[30]. Le krach de la Rue d'Athènes contribue sans doute à réduire le poids du groupe syndical du

24 – ADCO U XIII Cd 23 Justice de paix, dépôt des actes période 1929-1930, statuts de la Banque agricole française de Reims, articles 6, 18 et 40 des statuts du 28/08/1928.

25 – ADCO U XIII Cd 24 Dépôt le 19/11/1929 d'une délibération du conseil d'administration de la Banque agricole française du 12/10/1929 devant Me Jolivet notaire à Reims et liste des souscripteurs à l'augmentation de capital décidée lors de cette réunion.

26 – ADCO 3 ETP 56 Archives de la Banque de France, extrait des procès-verbaux de C.A. et d'A.G. pour la composition du conseil de la CADPCE ; SM 9180 Composition de la Chambre syndicale de l'Union du Centre-Est des syndicats agricoles et viticoles à la suite de l'A.G. du syndicat du 21/04/1930 certifiée conforme par le président et jointe à une lettre du maire de Dijon datée du 11/06/1930 adressée à la préfecture; U XIII CD 26 Justice de paix de Dijon Nord dépôts d'actes de sociétés 1931, 1933, 1935-1946, Caisse centrale de Crédit rural du Centre-Est (le document remis au tribunal de paix de Dijon Nord précise qu'il s'agit de la composition du conseil au 01/02/1931).

27 – *Ibid.*.

28 – GUESLIN André, *Histoire des crédits agricoles*, Paris, Economica, 1984, tome 1, *L'envol des caisses mutuelles* ; tome. 2, *Vers la banque universelle*, p. 320.

29 – Comptes déposés au tribunal de paix de Dijon Nord pour la CADPCE (ADCO U XIII Cd 26 Justice de paix de Dijon Nord. Dépôts d'actes). Pour la CRCO Compte rendu de l'AG du 14/02/1931.

30 – BRETON Roger, « Le syndicalisme agricole uni du Centre-Est de 1884 à 1944 », *Mémoires de l'Académie des sciences, arts et belles-lettres de Dijon*, t. CXXIII, années 1976-1978, pp. 348-350

Centre-Est, le nombre d'agriculteurs qu'il rassemble s'élevant à 15 500 à la veille de la Seconde Guerre mondiale contre 30 000 en 1926[31].

La Caisse régionale a toujours été assez éloignée des organisations syndicales départementales comme le montrent les évènements de 1934. Le 1er septembre, un banquet réunit bon nombre de responsables agricoles et les orateurs qui se succèdent critiquent vigoureusement le gouvernement. Parmi eux figurent Georges Roux, leader du Syndicat de défense paysanne déjà rencontré, en particulier dans l'affaire de la Banque agricole de Reims, et Pierre Mathé. Ce dernier est un important exploitant agricole, vice-président du Syndicat de défense paysanne, conseiller général et l'un des dirigeants du Parti agraire et paysan français. Proche d'Henri Dorgères, leader paysan d'extrême-droite, il n'hésite pas à conduire des manifestations violentes et mène en particulier l'invasion de la préfecture de Chartres en 1933[32]. Parmi les convives figurent également le docteur Jeannin, président de la Coopérative de Pouilly-en-Auxois et administrateur de la caisse locale, ainsi que Rouget, membre de la Chambre d'agriculture, président de la Caisse locale d'Is-sur-Tille et administrateur de la Caisse régionale[33]. Un jour après cette réunion, Mathé prend la tête d'un groupe de manifestants qui s'opposent à la vente aux enchères de biens d'un débiteur de la Caisse régionale[34]. La présence au banquet de représentants de la profession, et en particulier d'administrateurs du Crédit agricole, peut apparaître comme un soutien à la démarche de Mathé qui est à l'opposé de la politique de rigueur adoptée par le conseil de la Caisse. Le directeur de celle-ci, Gustave Douhaire, rapporte ces faits au conseil et lui demande une position claire. Celui-ci décide d'être sévère à l'égard des débiteurs dont « la mentalité et les agissements sont susceptibles » de créer « de gros ennuis » aux caisses locales, et d'exclure Mathé après remboursement des sommes qu'il doit. Il décide aussi de demander l'assistance de la garde mobile lors de chaque vente aux enchères[35]. La Caisse régionale marque ainsi clairement son indépendance à l'égard des structures syndicales et politiques particulièrement actives dans les années 1930. Toutes les caisses régionales de Crédit agricole n'échappent pas cependant à ces difficultés.

4. Des faiblesses au sein même du Crédit agricole

Face à la crise, la plupart des caisses régionales prennent des mesures assez semblables à celles qu'adopte la Côte-d'Or. Certaines commettent cependant des erreurs de gestion. La Gironde prête hors département et pour des objets

31 – *Ibid.* p. 360

32 – PAXTON Robert, *Le temps des Chemises vertes, révoltes paysannes et fascisme rural 1929-1939*, Paris, Seuil, 1996, pp. 66-67 et p. 208.

33 – Bibliothèque municipale de Dijon (BMD) MIC 1 *Le Bien Public* du 02/09/1934, p. 1 ; BMD MIC 7 *Le Progrès de la Côte-d'Or* du 02/09/1934, p. 2

34 – BMD MIC 7 *Le Progrès de la Côte-d'Or* du 04/09/1934, p. 3

35 – ACACB CR du CA de la CRCO du 27/10/1934.

sans rapport avec l'agriculture, elle ne doit sa survie qu'à l'intervention de la CNCA. Certaines caisses, le Vaucluse et le Loir-et-Cher par exemple, développent la collecte de fonds mais les immobilisent et rencontrent de graves difficultés avec la chute des valeurs qu'entraîne la crise. Parfois, les caisses sont au bord du krach, comme celle de Chartres qui accumule les créances immobilisées et ne peut faire face au risque de liquidité que grâce à l'appui du groupe central et à une politique de réduction très sévère des engagements.

Pour maîtriser ces situations, la réglementation nationale du Crédit agricole se renforce. Est imposée la transmission systématique des dépôts reçu par une caisse à la caisse d'échelon supérieur afin d'éviter des utilisations hasardeuses par des dirigeants locaux et d'assurer une trésorerie plus souple à l'ensemble des caisses[36]. L'appellation « caisse régionale de Crédit agricole mutuel » est désormais limitée aux caisses recevant des avances de l'État et soumises à son contrôle[37], ce dernier étant exercé par l'administration des Finances, l'administration de l'Agriculture et la CNCA[38]. Enfin, le refus d'observer les prescriptions légales peut entraîner la perte de la raison sociale et du statut des caisses[39].

L'inventaire des difficultés dans et hors du Crédit agricole permet de comprendre le texte figurant dans le compte rendu de l'assemblée générale de la CRCO du 13 février 1932 :

> Peu d'établissements de crédit, en cette période de méfiance, ont vu leurs dépôts augmenter, bien au contraire. La confiance que ne cessent de nous témoigner nos déposants anciens et nouveaux est une preuve de la bonne gestion des caisses de Crédit agricole contrôlées. Nos clients savent apprécier les garanties que seul un contrôle effectif est à même de leur assurer. Ils n'ignorent pas, non plus, que toutes les opérations hasardeuses nous sont interdites et que les fonds qu'ils veulent bien nous confier sont absolument en sécurité. À aucun moment la Caisse régionale n'a eu à faire face à des retraits massifs comme certaines banques en ont connus. Le fait se serait-il produit qu'il ne nous eut pas gêné, notre portefeuille d'effets immédiatement réescomptables dépassant de beaucoup le chiffre de nos dépôts[40].

5. Malgré la crise, une situation finalement saine en Côte-d'Or

La crise a un impact sur la Caisse régionale[41]. La part des renouvellements de concours à court terme sur l'ensemble des mises en place de ce type de prêts passe de 60 % en 1927 à 91 % en 1932 ; cette situation inquiétante révèle la

36 – Décrets du 04/04/1929 et du 31/08/1937.
37 – Décret du 28/09/1935
38 – Décret du 30/10/1935
39 – Décret du 31/08/1937
40 – ACACB CR de l'AG de la CRCO du 13/02/1932.
41 – L'ensemble des chiffres cités dans ce texte sont issus des CA et AG de la CRCO.

grande difficulté pour les agriculteurs à rembourser leurs prêts de trésorerie. La même année, la Banque de France, constatant que le renouvellement de certains effets conduit à dépasser la durée limite de neuf mois admise pour les crédits saisonniers, décide de ne plus accepter de papier provenant de certaines caisses locales[42].

A. Une politique de vigilance

Tainturier obtient alors un financement de la CNCA qui exige que des mesures très énergiques soient prises afin de revenir à des ratios plus normaux[43]. Le conseil renforce la rigueur administrative et demande aux caisses locales de « n'accorder un prêt qu'autant que le remboursement de celui-ci ne présente aucun aléa. Toute demande ne présentant pas une garantie absolue aussi bien de l'emprunteur que de la caution devra être rigoureusement rejetée »[44].

Ce travail est efficace et, en 1938, le taux de renouvellement des prêts à court terme revient au niveau de 67 % qui est proche de la normale. Pour les prêts à moyen et long terme, alors qu'en 1930 tous les emprunteurs sont à jour, les retards de remboursement sur l'encours se situent à 8,25 % en 1934, 13,75 % en 1936 et reviennent à 8,34 % en 1938.

Le conseil de la Caisse de la Côte-d'Or rétablit la situation grâce à des restrictions sur les accords de crédits, à des efforts sur le recouvrement des créances, à une politique rigoureuse avec les caisses locales trop négligentes et enfin à une augmentation des capitaux propres. Elle n'utilise d'ailleurs pas l'avance exceptionnelle que la CNCA avait accepté de lui accorder en 1932 pour faire face au retrait de la Banque de France sur les billets. Au final, le produit net bancaire est multiplié par 2,3 en francs constants entre 1920 et 1940 ; la capacité d'autofinancement représente plus de 5 % des capitaux propres en 1940 et le rapport des capitaux propres sur l'encours de crédits atteint 22 %[45]. Le Crédit agricole de la Côte-d'Or sort donc de la crise des années 1930 dans une situation saine ce qui n'est pas si fréquent dans cette période qui voit notamment 670 banques faire faillite en France entre 1929 et 1937[46].

42 – ADCO 3 ETP 9 Lettre du gouverneur de la Banque de France datée du 11/03/1932. ACACB CR de la réunion du CA de la CRCO du 23/01/1932.

43 – ACACBCR des réunions du CA de la CRCO du 23/01/1932 et du 13/02/1932.

44 – ACACBCR du CA de la CRCO du 23/04/1932.

45 – Ces chiffres sont calculés à partir des CR de CA et AG de la CRCO de 1920 à 1940.

46 – LESCURE Michel, « Le rôle des intermédiaires financiers dans le financement des entreprises industrielles en France dans l'entre-deux-guerres : une approche par les bilans des entreprises » in MARGUERAT Philippe, TISSOT Laurent, FROIDEVAUX Yves [dir.], *Banques et entreprises industrielles en Europe de l'Ouest, XIXe-XXe siècles : aspects nationaux et régionaux, actes du colloque de l'Institut d'histoire de l'université de Neuchâtel, «Le financement bancaire de l'entreprise», 27-28 octobre 1997*, Neuchâtel, université de Neuchâtel (Suisse), 2000, p. 104.

B. Les mesures adoptées

Si les mesures prises sont multiples, il est possible néanmoins d'en donner quelques exemples. En cas de retards prolongés sur des concours à court ou moyen terme, des financements hypothécaires doivent être mis en place. Les prêts à moyen terme de plus de 30 000 francs doivent être garantis par hypothèque. La dette totale d'un emprunteur sur billets ne doit pas excéder 30 000 francs sauf pour les coopératives, les syndicats et les emboucheurs. La Caisse régionale poursuit elle-même les emprunteurs dont les caisses locales se désintéressent ; la ristourne accordée aux caisses locales est suspendue tant que la situation n'est pas redevenue normale, quant à la gratification des secrétaires de caisses locales, elle tient compte de la qualité de leur suivi des opérations. Il faut dire que les procédures bancaires ne sont pas toujours respectées par les caisses locales.

En 1931, la Banque de France observe que certaines signatures de cautions sont fausses. En 1932, elle note que la surface des cautions n'est pas toujours suffisante pour permettre le remboursement éventuel du crédit qu'elles garantissent[47]. Tenant compte de ces constats, la CRCO décide de ne plus accepter en caution une personne ayant par ailleurs souscrit un emprunt dans les caisses[48]. L'ensemble de ces mesures entraîne une chute des encours de crédit à court terme de 15 % en un an et de 30 % en deux ans. Ces décisions sont difficiles à appliquer alors que l'accumulation de stocks dans les exploitations crée des insuffisances de trésorerie.

Dès le début de 1932 le conseil général réagit et demande que les mesures prises soient moins draconiennes. Mercusot précise alors que les problèmes rencontrés résultent « de l'imprévoyance ou de la négligence de quelques caisses locales » qui ont laissé la situation se dégrader depuis plusieurs années et il ajoute :

> On nous a reproché notre rigueur, soit, mais pouvions nous faire autrement ? et ne pas rappeler aux caisses locales que dans leur intérêt même il était nécessaire de ne pas laisser trainer des dettes qui auraient dû être réglées depuis des années et dont elles sont responsables. Et peut-on oublier que, ce faisant, nous défendions les uns et les autres non seulement l'intérêt des emprunteurs mais aussi l'intérêt de nos actionnaires et de nos déposants ?[49]

La politique suivie par Tainturier et Mercusot pourrait se résumer ainsi : par une gestion rigoureuse nous assurons l'indépendance de la mutuelle et donc son avenir ce qui est le meilleur service à rendre à l'agriculture. La mise en cause de certaines caisses locales montre que, parfois, elles n'ont pas les

47 – ACACB CR du CA de la CRCO du 23/04/1932.

48 – ACACB CR du CA de la CRCO du 24/12/1932.

49 – ADCO 1 Nd 88 Conseil général 1932, 1ère session, procès-verbaux des délibérations, séance du 19/05/1932, p. 227-228.

compétences ou l'indépendance nécessaire à un exercice convenable de leur mission. Afin de surmonter cet obstacle, la Caisse régionale a, pour sa part, constitué une équipe dirigeante bien familiarisée avec le monde des affaires.

6. Des spécialistes au pouvoir

De 1914 à 1940, tous les présidents et vice-présidents du conseil d'administration de la Caisse régionale appartiennent au secteur administratif, aux professions libérales ou au négoce, aucun n'est un véritable agriculteur. De 1920 à 1924, la commission chargée d'étudier les demandes de prêts ne comprend qu'un seul membre des professions agricole, André Laligant, viticulteur et ce pour les seuls exercices 1920 et 1921. Cette commission cesse son activité à partir de 1925 et réapparaît sous forme d'un comité d'escompte en 1935. De cette date jusqu'en 1940, ses membres sont exclusivement issus des professions familiarisées avec les domaines administratifs et financiers. C'est notamment le cas de Pierre Glaize, ancien directeur de la Banque de France à Dijon.

De 1914 à 1940, le conseil de la Caisse régionale maintient presque en permanence à sa tête Tainturier. Sur cette période, la Caisse ne connaît que trois présidents, Honoré Barigault en 1922, Mercusot en 1927, 1932 et 1937, Tainturier pour tous les autres exercices, soit 22 sur 26. L'absence momentanée de ce dernier résulte de l'application des statuts prévoyant que tous les membres sortants du conseil ne sont rééligibles qu'après une année[50]. Un administrateur sortant peut être membre de la commission de surveillance et c'est toujours le cas de Tainturier sur cette période. Il est probable que nul ne se hasarde à contester l'autorité de ce médecin qui a créé la Caisse, qui est président de la commission départementale, responsable de plusieurs organismes économiques ou sociaux et président du principal quotidien du département[51]. L'ensemble de ces rôles résulte d'une compétence reconnue qui permet à Tainturier de conduire avec rigueur la Caisse à travers la crise tout en l'éloignant du conseil général. La solidité de la position de la mutuelle à la fin des années 1930 renforce encore ce pouvoir appuyé sur une équipe non agricole d'hommes d'entreprise ou d'administration.

7. Afficher son autonomie à l'égard de tous

La Caisse se veut également indépendante à l'égard d'autres pouvoirs et notamment, au moins sur la forme, celui de la CNCA. Le conseil d'administration est bien intégré dans les instances départementales avec des élus du conseil général de tendance radicale modérée comme l'est la majorité du département.

50 – ACACB Statuts du 23/04/1904 et du 11/02/1922 de la CRCO, article 37.

51 – Il s'agit des sociétés de secours mutuel, d'habitation à bon marché, des œuvres universitaires et du quotidien *Le Progrès de la Côte-d'Or*.

Seul Pierre Jossot est porteur d'un mandat politique national, mais l'exercice de ses fonctions au sein de la CRCO est antérieur à son accession au Sénat. Cette absence des élus politiques nationaux peut venir du hasard ou d'une volonté de mettre à l'écart certains responsables. La situation de la Côte-d'Or semble cette fois plutôt atypique si l'on en croit les travaux d'André Gueslin qui affirme : « Il est difficile de quantifier, mais il est certain que rares sont les Caisses qui n'ont pas eu, au moins quelques années, un parlementaire dans leur conseil d'administration et souvent à la présidence. »[52] Pourquoi ne pas voir dans cette situation le jeu du président Tainturier ou au moins les conséquences de son influence ?

L'autonomie de la Caisse régionale se manifeste de façon plus symbolique, mais significative, lors de ses assemblées générales. Les élus nationaux, députés et sénateurs, le préfet, le président du conseil général ne sont pas invités. Seul le directeur de la Banque de France participe à la réunion. Plus étonnant encore, jamais la direction de la CNCA n'est présente, pas même pour le 25e anniversaire de la Caisse régionale, alors que c'est fréquemment le cas dans les autres caisses. Ces absences sont d'autant plus surprenantes que, comme nous l'avons vu, le contrôle de la CNCA sur les caisses est présenté comme un atout pour la sécurité des déposants et sociétaires[53]. Il est vrai aussi que les dirigeants de Côte-d'Or affirment qu'ils sont « indépendants de Paris »[54].

Conclusion

En Côte-d'Or, le Crédit agricole est créé grâce à une intervention décisive des conseillers généraux qui occupent une place majeure dans ses instances dirigeantes au plan local ou départemental. Il utilise les possibilités offertes par les lois de 1899 et de 1920 donnant accès à des ressources peu onéreuses grâce à l'intervention de l'État puis de la CNCA. Ayant pour base le principe mutualiste, il est issu du monde agricole. Il doit donc son existence à trois très puissants partenaires dont il serait naturel qu'il soit dépendant. Or, au cours de la période allant de 1914 à 1940, il affirme vivement son autonomie à l'égard de tous. La personnalité de son président-fondateur est essentielle dans cette évolution. Responsable éminent du conseil général et de la région, sa compétence est reconnue, il s'entoure d'une équipe familiarisée avec le monde des affaires et de l'administration. Tout en refusant les aides de l'assemblée départementale, il permet à la Caisse d'assurer seule sa survie pendant la crise alors que bon nombre d'organisations défaillent notamment autour du syndicalisme agricole et du crédit « libre ».

52 – GUESLIN André, *Histoire des Crédits agricoles: l'envol des caisses mutuelles (1910-1960)*, *op. cit.*, p. 168.

53 – ADCO 1 Nd 88 Conseil général 1932, 1ère session, procès-verbaux des délibérations, séance du 19/05/1932 pp.227-228

54 – ADCO 1 Nd 91 Conseil général 1934, 1ère session, séance du 02/05/1934, p. 180.

Ce résultat est obtenu grâce à une grande rigueur de gestion et démontre que, malgré le poids de partenaires puissants, les caisses régionales peuvent, sous certaines conditions, manifester leur indépendance et contredire ainsi les arguments des caisses de crédit mutuel « libres » qui refusent les concours de la CNCA. Dans le cas de la Côte-d'Or, il faut cependant constater un décrochage au cours de ces années lorsqu'on la compare à ses semblables[55]. Classée huitième en 1921 parmi les caisses régionales pour les encours à court terme, elle n'est que 32e en 1936 ; pour les encours de prêts à long terme, elle n'est que 77e en 1936. Dans le domaine des dépôts, alors qu'elle est au 16e ou 17e rang au début des années 1930, elle n'occupe plus que la 33e place en 1937 : son encours est alors inférieur à celui de la caisse moyenne ce qui est loin d'être le cas auparavant[56].

Ces reculs de la CRCO résultent de décisions prises par les dirigeants et conduisent à s'interroger sur leur pertinence. Alors que les agriculteurs sont absents des principaux postes de responsabilité, ces choix n'ont-ils pas gêné la profession au cours de la crise des années 1930 ? Le président Tainturier répondrait probablement que, en 1940, son établissement est en bonne santé financière. Ayant affirmé son autonomie, il est capable d'apporter à l'agriculture le service qu'elle peut en attendre sans être soumis à des orientations politiques ou syndicales parfois hasardeuses. Cette politique d'entreprise tient à la personnalité de ce président-fondateur et à son équipe ; mais n'est-ce pas alors un point de vulnérabilité ?

55 – ACASA Rapports au président de la République sur les opérations faites par les Caisses de Crédit agricole mutuel pendant les années 1920 et 1921 et sur l'application de la loi du 5 août 1920, extrait du *Journal officiel de la République française* du 08/02/1923, annexe pp. 84 à 110 ; et du rapport de 1936, *Journal officiel de la République française* du 06/01/1938, Annexe p. 18-47.

56 – ACASA Rapports au président de la République sur les opérations faites par les Caisses de Crédit agricole mutuel

LA CAISSE RÉGIONALE DE CRÉDIT AGRICOLE DU SUD-EST 1945-1971

Caisse nationale et caisses régionales durant les Trente Glorieuses

Dominique Barjot
Professeur émérite d'histoire économique contemporaine, UMR 8596 Centre Roland Mousnier, Sorbonne Université et Académie des Sciences d'Outre-Mer

Introduction

La période des Trente Glorieuses a vu un développement spectaculaire du Crédit agricole, dont l'histoire a été bien étudiée par André Gueslin dans une thèse de doctorat d'État qui a fait date[1], puis résumée, peu de temps après, dans un ouvrage de synthèse à la fois brillant et commode[2]. Il y a confirmé le rôle majeur joué, après 1945, par le Crédit agricole Mutuel, dans la modernisation

1 – André Gueslin, *Histoire des Crédits Agricoles*, Paris, Economica, 1984, 2 vol. Tome I : *L'envol des Caisses mutuelles (1910-1960)*, 955 p. et tome II : *Vers la banque universelle ? (depuis 1960),)*, 463 p.
2 – André Gueslin, *Le Crédit agricole*, Paris, La Découverte, 1985.

de l'agriculture[3], lui fournissant ainsi les clés d'une insertion réussie au sein du Marché commun[4]. De fait, au début des années 1970, le Crédit agricole Mutuel (CAM) constitue une puissance financière imposante. En 1971, par le montant de son bilan, le CAM se place, en France, immédiatement après la Caisse des Dépôts et Consignations et avant toutes les autres banques inscrites auprès du Conseil National du Crédit :

3 – Dominique Barjot, « Le Crédit agricole, un acteur majeur de la modernisation de l'agriculture française (1948-1973) », dans Bertrand Blancheton, François-Charles Mougel et Françoise Taliano des Garets (dir.), *Pour une histoire globale des réseaux de pouvoir. Mélanges en l'honneur d'Hubert Bonin*, Bruxelles, P.L.E. Peter Lang, 2017, p. 112-135 ; "Crédit agricole. One of the Main Actors of the Modernization of French Agriculture (1948-1973)", in "Economic and Social Developments and the Role of the Government", *Paris-Sorbonne and Sungkyunkwan Annual Seminar*, Seoul, Sungkyunkwan University, 2010, p. 146-170.

4 – Dominique Barjot, « chapitre 8. Les politiques communautaires », dans Dominique Barjot, (dir.), *Penser et construire l'Europe (1919-1992)*, Paris, Éditions SEDES, 2007, p. 174-206.

ABSTRACT

The "Glorious Thirties" period saw a spectacular expansion of Crédit agricole, which became the largest registered bank in France in 1971. This remarkable position was the result of a timely commercial strategy, but also of an original organization based on the combination of private law cooperative companies, resulting from private initiative, and a national public institution (Caisse Nationale de Crédit agricole), itself supported by an agrarian and modernizing State. The specific role of the Regional Banks deserves to be highlighted: for example, through the example of the CRCA Sud-Est, the second largest in France and one of the oldest. A comparative study between the CRCA Sud-Est and the Crédit agricole mutuel as a whole shows that the latter has increasingly developed into a common law bank, particularly since 1952-53, under the double pressure of the medium-term equipment needs of agriculture, the agricultural and food industries, particularly cooperatives, and the equipment needs of the rural world. Fully involved in this dynamic, the CRCA Sud-Est played a leading role in its region, despite growing internal competition within Crédit agricole.

RÉSUMÉ

La période des trente glorieuses a vu un développement spectaculaire du Crédit agricole, devenue, en France, la plus importante banque inscrite en 1971. Cette position remarquable résulte d'une stratégie commerciale opportune, mais aussi d'une organisation originale, fondée sur le regroupement de sociétés coopératives de droit privé, issues de l'initiative privée, et d'un établissement public national, la Caisse Nationale de Crédit agricole, elle-même portée par un État agrarien et modernisateur. Le rôle spécifique des caisses régionales mérite d'être mis en lumière : ainsi à travers l'exemple de la CRCA Sud-Est, la seconde plus importante de France et l'une des plus anciennes. D'une étude comparée entre celle-ci et l'ensemble du Crédit agricole mutuel, il ressort que ce dernier a évolué de plus en plus vers une banque de droit commun, notamment à partir de 1952-53, sous la double pression des besoins en moyen terme d'équipement de l'agriculture, des industries agricoles et alimentaires, notamment coopératives, et des besoins en équipement du monde rural. Pleinement impliquée dans cette dynamique, la CRCA Sud-Est a joué, dans sa région, un rôle moteur, nonobstant une concurrence interne grandissante au sein du Crédit agricole.

JEL Classification: **G21, G23, N54, N84, P13, Q14**
Key words: **Crédit agricole mutuel, medium-term equipment loans, cooperative societies, public and semi-public financial institutions, agricultural and rural investments, savings collection**
Mots clés: **Crédit agricole mutuel, prêts à moyen terme d'équipement, sociétés coopératives, institutions financières publiques et semi-publiques, investissements agricole et ruraux, collecte des épargnes**

TABLEAU 1 **POIDS RESPECTIFS DES BANQUES FRANÇAISES INSCRITES MESURÉ PAR L'IMPORTANCE DE LEUR BILAN** (en milliards de francs au 31 décembre 1971)

1	Caisse des Dépôts et Consignations (CDC)	149
2	Crédit agricole mutuel (CAM)	110
3	Banque Nationale de Paris (BNP)	76
4	Crédit Lyonnais (CL)	71
5	Société Générale (SG)	60
6	Comptoir Industriel et Commercial (CIC)	27
7	Banques Populaires	19

Source : Entreprise

Cette place remarquable du Crédit agricole, même si elle a pu faire débat[5], résulte d'une expansion soutenue dans l'après-guerre, mais traduit aussi, d'une certaine manière, l'originalité de l'organisation propre au Crédit agricole mutuel[6]. En effet, vers 1970-72, la structure du Crédit agricole regroupe en un même ensemble des sociétés coopératives de droit privé, les caisses locales et régionales, et une personne morale de droit public, la Caisse Nationale de Crédit agricole (CNCA), d'où une organisation décentralisée qui est la suivante : à la base, 2972 caisses locales, à circonscription en général cantonale ; à l'échelon intermédiaire, 94 caisses régionales (CRCA), dont 3 situées dans les départements d'Outre-Mer, à circonscription en général départementale ; au sommet, la Caisse nationale, établissement public doté de l'autonomie financière[7]. Les caisses régionales disposent aussi d'un organisme professionnel et syndical, la Fédération Nationale du Crédit agricole (FNCA).

Le rôle de l'échelon intermédiaire mérite d'être éclairé[8]. Comme les caisses locales, les caisses régionales sont des sociétés civiles faisant acte de commerce, des sociétés de personnes à capital et personnel variable ainsi que des sociétés coopératives, gérées par des administrateurs agissant à titre gratuit et élus parmi leurs sociétaires (individuels, personnes morales de droit privé, personnes morales de droit public, pouvant relever à la fois des deux et possiblement agréées, ayant fait l'objet d'un agrément particulier de la CNCA ou propriétaires d'immeubles à usage principal d'habitation situés dans des communes rurales). La défense des intérêts des caisses régionales est assurée par la FNCA, association type loi de 1901, dont l'administration est assurée par un comité central de trente-six membres, dont vingt-deux présidents et quatorze directeurs de CRCA élus par l'assemblée générale annuelle à laquelle sont

5 – Par exemple : Jean-Claude Gaudibert, *Le dernier empire français. Le Crédit agricole*, Paris, Seghers, 1978.

6 – Dominique Barjot, *Le Crédit agricole mutuel (1945-1972) et son rôle dans le financement de l'agriculture française*, Dijon, Université de Dijon, 1974, p. 131-137. Voir aussi : Jean Philippe, *Les Mots du mutualisme*, Paris, Éditions Cairn, 2009.

7 – En 1972 d'après, « Caisse Nationale de Crédit agricole », *Notice SEF*, n° 3089, décembre 1972, Paris, DAFSA.

8 – Georges Laplace, *Le Crédit agricole mutuel, Institutions et sociétaires*, Jurisclasseur commercial annexes, fascicule 50 A, 1973, p. 11-32.

convoqués et votent deux représentants de chaque caisse régionale[9]. À ce titre, elle propose deux représentants du Crédit agricole au Conseil économique et social (aujourd'hui Conseil économique, social et environnemental), participe à la Confédération Nationale de la Mutualité, de la Coopération et du Crédit agricole (CNMCCA) et au Conseil de l'Agriculture (CAF). Enfin, elle participe auprès de la CNCA à la définition de la politique générale de l'Institution.

L'objet de la présente recherche est de confronter ce que l'on sait du Crédit agricole mutuel en général et ce que révèlent les archives d'une Caisse régionale de Crédit agricole (CRCA)[10] ainsi que les interviews d'un certain nombre de ses dirigeants[11]. Cette recherche consiste en deux étapes : analyse des conditions de l'essor formidable du Crédit agricole mutuel entre 1945 et 1971[12], puis premiers jalons d'une étude historique de la seconde plus importante CRCA après celle de l'Ile-de-France, la Caisse régionale de Crédit agricole du Sud-Est, dont l'essor a été ancré en région et devenue aujourd'hui Crédit agricole Centre-Est (2001)[13], aux termes d'importantes restructurations postérieures à notre période.

APRÈS LA SECONDE GUERRE MONDIALE, UN ESSOR RAPIDE DU CRÉDIT AGRICOLE

Le Crédit agricole mutuel connaît, entre 1949 et 1972, une formidable expansion[14]. Pourtant, la mise en place, en France, d'un système rationnel de crédit à l'agriculture a été tardive[15]. En dépit de quelques tentatives, en particulier sous le Second Empire (Crédit agricole en 1860[16]), c'est seulement vers 1885 que naissent, de l'initiative privée, les premières caisses de crédit mutuel à l'agriculture. Émules des caisses allemandes fondées dans les années 1850 par des hommes tels que Friedrich-Wilhelm Raiffeisen (1818-1888)[17], Hermann Schulze-Delitzsch (1808-1883)[18], elles doivent beaucoup à des pionniers comme

9 – *Ibidem.*

10 – Ces archives, alors non classées, ont été consultées, au cours des années 1973 et 1974 dans la cadre de la préparation du mémoire de maîtrise précité : Dominique Barjot, *Le Crédit agricole mutuel (1945-1972) et son rôle dans le financement de l'agriculture française, op. cit.* Elles pu être complétées par des sondages dans celles de la FNCA.

11 – Interviews de MM. Le Conte, ancien directeur général, en poste jusqu'au début des années 1960, Muxi, sous-directeur en charge des questions juridiques, qui nous a confié une partie de ses archives personnelles, Lavirotte , attaché de direction, et Mme Borally, secrétaire de direction.

12 – En 1973-1974, la CNCA nous avait remis en mains propres la totalité de ses rapports d'activité de 1945 à 1973.

13 – www.ca-centrest.fr

14 – Dominique Barjot, *Le Crédit agricole mutuel (1945-1972) et son rôle dans le financement de l'agriculture française*, Dijon, Université de Dijon, 1974, *op. cit.*, *passim.*

15 – André Gueslin, « Les banques de l'économie sociale : perspective historique », *Revue d'économie financière*, n° 63, 2002, p. 21-43.

16 – Jean-Pierre Allinne, *Banquiers et bâtisseurs. Un siècle de Crédit Foncier de France, 1852-1940*, Paris, Éditions du CNRS, 1983.

17 – Homme politique et économiste allemand, fondateur d'un mouvement de banques coopératives et de coopération agricole, maire de Weyerbusch (Rhénanie-Palatinat) de 1845 à 1848, père d'Amélie Raiffeisen, réformatrice sociale. Voir Jean-Marie Says, *Raiffeisen, Biographie*, Strasbourg, Éditions Coprur, 2012.

18 – Juriste allemand promoteur du crédit populaire en Allemagne. Voir « Schulze-Delitzsch Franz-Hermann », dans *Dictionary of Political Economy*, 1908, tome 3, p. 365-366.

Louis Milcent (1846-1918), fondateur de la Société de crédit mutuel agricole de l'arrondissement de Poligny[19] ou Louis Durand (1859-1916), qui, en 1890, lance les Caisses Rurales et Ouvrières[20]. Toutefois, bien que les initiatives se développent, il manque une unité entre les différentes caisses. C'est pourquoi l'État intervient, en 1894[21].

Mise en place du Crédit agricole mutuel

Trois étapes se sont succédé, qui conduisent à la mise en place, dans les années 1960-1970, d'une puissante institution[22].

La naissance des caisses locales et régionales (1894-1919)

Le texte décisif est la loi du 5 novembre 1894, initié par des hommes politiques et économistes menés par Jules Méline (1838-1925)[23] et Léon Say (1826-1896), petit-fils de l'économiste Jean-Baptiste Say et plusieurs fois ministre des Finances[24]. L'intention du législateur est de faire découler le Crédit Mutuel du syndicalisme agricole, alors en pleine progression depuis 1884. Cette loi de 1894 autorise la constitution, entre les membres des syndicats agricoles, de caisses locales de Crédit agricole mutuel, afin de faciliter et de garantir les opérations concernant la production effectuées par leurs membres. Ces caisses locales disposent d'un capital social, mais l'étendue et les conditions de la responsabilités des sociétaires sont définies librement par leurs statuts.

Une seconde loi, en date du 17 novembre 1897, cherche à pallier le manque de capitaux d'origine agricole[25]. Alors président du Conseil, J. Méline fait ajouter une clause dans la convention renouvelant le privilège d'émission de la Banque de France, ratifiée par la loi précédemment mentionnée. Selon cette clause, l'institut d'émission s'engage à verser, par l'intermédiaire de l'État, une avance définitive de 40 millions de francs ainsi qu'une redevance annuelle de 2 millions de francs au moins. Due une fois encore à l'impulsion de J. Méline, et portée par Alber Viger, la loi du 31 mars 1899 donne aux caisses locales la

19 – Mathieu Bréjon de Lavergnée, *Le Temps des cornetttes*, Paris, Fayard, 2018 ; Pascale Moulevrier, *Le mutualisme bancaire : le Crédit mutuel de l'Église au marché*, Rennes, PUR, 2015.

20 – *Pierre-Joseph Thomas (vicaire de La Grigonnais ou l'histoire des caisses rurales de crédit mutuel*, Nantes, Fédération du Crédit Mutuel de Loire-Atlantique et du Centre-Ouest, 1984.

21 – André Gueslin, *Les origine du Crédit agricole*, Nancy, Presses Universitaires de Nancy, 1977.

22 – André Gueslin, « Les banques de l'économie sociale : perspective historique », *Revue d'économie financière*, n° 63, 2002, art. cité ; Dominique Barjot, *Le Crédit agricole mutuel (1945-1972) et son rôle dans le financement de l'agriculture française*, Dijon, Université de Dijon, 1974, *op. cit.*, p. 117-131.

23 – Pierre Barral, *Les Agrariens français de Méline à Pisani*, Paris, FNSP, 1968.

24 – Jean Garrigues, *Léon Say et le Centre gauche 1871-1896. La grande bourgeoisie libérale dans les débuts de la Troisième République*, thèse de doctorat, dir. P. Vigier, Université Paris X-Nanterre, 1993, 3 vol ; Paul-Jacques Lehmann, *Léon Say ou le libéralisme animé*, Paris, Belles-Lettres, 2010.

25 – *Loi du 17 novembre 1897, Législation résultant de la prorogation du privilège de la Banque de France*, Paris, Hachette Livre BNF, 1988.

possibilité de se regrouper au sein de Caisses Régionales de Crédit agricole[26]. Ces CRCA doivent recevoir de l'État, sur le produit de la dotation initiale et de redevances annuelles, versées par la Banque de France, des avances gratuites. Elles doivent ensuite mettre leurs fonds à la disposition des caisses locales, au fur et à mesure des besoins.

Ces textes fondamentaux sont complétées par d'autres mesures jugées nécessaires. La loi du 25 décembre 1900 porte le montant des avances de l'État au quadruple du capital versé en espèces (au lieu d'une fois au départ)[27]. De plus, deux lois visent à élargir la gamme des prêts offerts par le Crédit agricole mutuel. Celle du 29 décembre 1906 instaure les prêts à long terme aux coopératives agricoles pour lesquelles une avance est consentie par le Crédit agricole mutuel sur le budget de l'État. Plus tard, celle du 19 mars 1920 étend le bénéfice du crédit à long terme aux fermiers, métayers et salariés pour leur permettre d'accéder plus aisément à la petite propriété[28].

Dès lors, l'activité du Crédit agricole mutuel s'amplifie. En effet, certaines caisses refusent de se conformer aux dispositions de la loi du 31 mars 1899[29]. Elles considèrent que le contrôle de l'État porte atteinte à leur indépendance et que l'aide des pouvoirs publics à un seul organisme régional est inconciliable avec les impératifs de la véritable mutualité. Seules celles qui acceptent les nouvelles règles forment le Crédit agricole mutuel. En dépit de cette scission, le nombre de caisses locales et régionales et celui des sociétaires continuent de s'accroître : celui de caisse régionales passe ainsi de 27 en 1901, à 69 en 1904, 74 en 1907 et 97 en 1912[30]. Quant aux avances de l'État aux caisses régionales, de 684 000 francs en 1900, elles s'élèvent jusqu'à 12 millions de francs en 1912[31].

À la veille de la Première Guerre mondiale, si les institutions semblent fonctionner de façon correcte, la nécessité de coiffer la pyramide du Crédit agricole mutuel apparaît de plus en plus nécessaire : en 1912, selon Armand Bizaguet, 185 552 coopérants adhérent à 3 946 caisses locales ; celles-ci disposent de 12 millions de francs versés par l'État cette année-là et ont effectué pour 135 millions de francs de prêts en cours soit 11 % de plus qu'en 1911[32]. Quant aux 97 caisses régionales, elles ont plus de 85 millions de francs de fonds de roulement, dont 60 avancés par l'État ; leurs opérations s'élèvent à 162 millions de francs, soit 24,6 % d'augmentation par rapport à l'année précédente.

26 – Joseph Delachenal, *Les caisses régionales de crédit agricole mutuel (commentaire de la loi du 31 mars 1899)*, Paris, A. Rousseau, 1902.

27 – Étude sur le Crédit agricole en France : Commentaire de la Loi du 5 novembre 1994, relative à la création de Sociétés de Crédit agricole, de la Loi du 13 mars 1899, sur les Caisses Régionales de Crédit agricole mutuel, et de la Loi du 25 décembre 1900 sur la Quotité des Avances, Paris, A. Rousseau, Classic Reprint Series, 2017.

28 – Documents parlementaires, Sénat (compte-rendu de la séance du senat.fr/comptes-rendus-seances/3eme/pdf/documents_parlementaires/1920/ DD1920_0107_0205-pdf)

29 – André Gueslin, *Le Crédit Mutuel. De la caisse rurale à la banque sociale De la Banque Rurale à la Banque sociale*, Strasbourg, CPRUR, 1982. Voir aussi : François Besnard, « Le Crédit agricole et la banque libre (Caisses mutuelles de 1894-1899) », *Revue d'économie politique*, vol. 19, N° 8/9 1905, p. 748-766.

30 – Armand Bizaguet, « Sur les origines du Crédit mutuel », dans *Le Crédit Mutuel*, Paris, Institut d'études bancaires, Dunod, 1967, p. 183 et suivantes.

31 – Jacques Mayoux, « Le Crédit agricole mutuel », dans *Le Crédit mutuel, op. cit.*, p. 221-260.

32 – Armand Bizaguet, « Sur les origines du Crédit mutuel », art. cité.

La Grande Guerre appauvrit le dispositif, mais ne l'anéantit pas : des lois du 6 octobre 1916, des 9 avril et 28 octobre 1918, du 21 juin 1919 accroissent le montant de ces avances publiques[33]. Au 31 décembre 1919, ce montant des avances publiques atteint 124 millions de francs sur lesquels 22 millions ont été remboursés. À cette date, le Crédit agricole mutuel comprend 4 500 caisses locales affiliées à 97 caisses régionales, soit 240 000 sociétaires. Certes le total des opérations d'escompte effectuées par ces mêmes caisses régionales ont beaucoup diminué (79 millions de francs en 1919 contre 208 en 1913), mais elles disposent encore de 27 millions de francs de capital social et de 20 millions de francs de réserves. En fait, le plus grand défi réside dans l'absence d'une structure de coordination.

La création de la Caisse Nationale de Crédit agricole : une impulsion limitée ?

L'entre-deux-guerres voit deux séries d'innovations. La première résulte de la loi organique du 5 août 1920. Complétée par le décret du 9 février 1921, cette loi constitue la charte du Crédit agricole mutuel (voir le document présenté dans ce même numéro[34]). Cette loi instaure un Office National du Crédit agricole[35]. Cet établissement public doté de l'autonomie financière est en charge de la gestion et du contrôle de l'emploi des fonds publics ainsi que de la surveillance des caisses qui lui sont rattachées. Toutefois aucun des deux textes ne spécifie s'il s'agit d'un établissement public administratif ou à caractère industriel et commercial. À sa tête se trouve une commission plénière, composée pour les deux-cinquièmes de délégués des caisses régionales et, pour les trois autres, de hauts fonctionnaires et parlementaires, ayant pour tâche d'élire en son sein un conseil d'administration. Réalisant une première codification des textes relatifs au Crédit agricole, la loi de 1920 organise le crédit à moyen terme, d'abord sur dix ans, puis sur quinze, afin de permettre aux agriculteurs de constituer, d'augmenter ou de renouveler leur capital d'exploitation. Elle précise aussi les conditions dans lesquelles les caisses régionales peuvent recevoir des dépôts de fonds de toute personne, même non sociétaire, avec ou sans intérêts. Il faudra cependant attendre 1935 pour que certaines caisses régionales organisent de manière efficace le drainage des fonds du public. Il est vrai qu'une loi du 19 décembre 1926 habilite la Caisse nationale à accepter aussi des dépôts de fonds[36].

33 – *Les banques dans la Grande Guerre. Archives inédites*, Exposition des Archives nationales tenue du 20 janvier au 10 février 2015 au ministère de l'Économie, des Finances et de l'Industrie, Paris, IGPDE, *passim*. Voir aussi Pascal Pénot, « État des sources sur la Première Guerre mondiale conservées par le département des Archives historiques de Crédit agricole SA », dans Fabien Cardoni (dir.), *Les banques françaises dans la Grande Guerre*, Paris, IGPDE, 2016, p. 243-246.

34 – Pascal Pénot, « La loi du 5août 1920 créant l'Office national du Crédit agricole », dans Revue française d'histoire économique, N° 13, 1-2020 (*vide infra* dans ce même numéro), p.

35 – « Loi du 9 août 1920, L'Office national de Crédit agricole, institué par la loi du 5 août 1920 prend le nom de la Caisse Nationale de Crédit agricole », *JORF* du 10 août 1926, p. 9004.

36 – Jean-Marie Thiveaud, « Les évolutions du système bancaire français de l'entre-deux-guerres à nos jours : spécialisation, déspécialisation, concentration, concurrence », *Revue d'économie financière*, n° 39, 1977, p. 27-74

Second axe d'innovations, les activités du Crédit agricole mutuel s'étendent. En effet, les emplois se diversifient : prêts aux particuliers, aux communes, aux syndicats de communes pour l'électrification des campagnes, l'amélioration de l'habitat, la voierie rurale et les adductions d'eau. De plus, le rôle du Crédit agricole mutuel s'accroît en matière de financement des récoltes de céréales avec la création, le 15 août 1936, de l'Office national interprofessionnel du blé[37]. Ce développement des emplois impose un accroissement correspondant des ressources. Parce que la part des capitaux privés demeure faible, la dotation de l'État révèle son insuffisance face à l'abondance des demandes justifiées de prêts à long et moyen terme. Une succession de lois fournit de nouveaux crédits à l'Office, puis à la Caisse nationale, spécifiquement pour l'attribution de prêts à caractère social : la loi du 2 août 1923 crée des avances pour la financement des prêts à l'électrification des campagnes[38]. L'État devient donc directeur et soutien du Crédit agricole mutuel. Son aide se renforce beaucoup : du 15 avril 1921 au premier novembre 1922, l'Office national consent pour 168 millions de francs d'avances contre 124 pour l'ensemble des années 1900 à 1919. Même à prix constants, l'écart reste important.

En 1937, le Crédit agricole cherche à répondre à la carence des banques privées, qui, à cette époque, prêtent surtout à court terme, alors que l'exploitation agricole a beaucoup besoin de prêts à moyen et long terme[39]. S'explique ainsi la prépondérance du secteur semi-public. En 1937, la plupart des caisses locales et régionales sont soumises à l'autorité de la CNCA. Celle-ci réunit, au 31 décembre de la même année, 5 978 caisses locales et 588 988 sociétaires (contre 470 646 en 1930)[40]. En face se trouve une minorité de caisses purement privées relevant souvent d'organismes tels que la Société des agriculteurs de France, qui regroupe alors 1 400 caisses locales et 60 000 sociétaires[41], l'Union centrale de Nantes, qui en réunit respectivement 2 000 et 170 000, la Banque fédérative et la Banque rurale d'Alsace[42].

À la veille de la Seconde Guerre mondiale, les caisses demeurent encore incapables de fournir par elles-mêmes les crédits nécessaires à la modernisation de l'agriculture : elles dépendent toujours d'un État par ailleurs confronté à des contraintes budgétaires très lourdes. Pendant le Second conflit mondial, la Crédit agricole mutuel collecte un volume important de disponibilités, une situation qui révèle d'abord l'impossibilité pour les agriculteurs d'investir

(voir en part. p. 42).

37 – Alain Chatriot, *La politique du blé. Crises et régulation d'un marché dans la France de l'entre-deux-guerres*, Paris, 2016, *passim*.

38 – Arnaud Berthonnet, « L'électrification rurale ou le développement de la « fée électricité » au cœur des campagnes françaises dans le premier XXe siècle », *Histoire & Sociétés rurales*, 2003, vol. 19, p. 193-219.

39 – Charles Bettelheim, *Bilan de l'économie française. 1919-1946*, Paris, PUF, 1947.

40 – Chiffres fournis par Jacques Mayoux, « Le Crédit agricole mutuel », art. cité, *passim*.

41 – Serge Cordellier et Roger Le Guern, « Organisations professionnelles agricoles : histoire et pouvoirs, *Pour*, 2008, 1.2, n° 196-197, p. 64-79.

42 – André Gueslin, *Le Crédit Mutuel. De la caisse rurale à la banque sociale*, *op. cit.*

comme ils le devraient[43]. Deux dates sont alors à noter : le décret de codification du 29 avril 1940, qui remet en ordre tous les textes concernant le Crédit agricole, et la convention du 31 janvier 1942. Passée entre le secrétaire d'État à l'Économie et aux Finances et le président de la CNCA, elle autorise la Caisse nationale à placer, avec la garantie de l'État, des bons à cinq ans. Ces bons, émis de façon permanente, constituent une ressource à moyen terme pour le financement de prêts eux-mêmes à moyen terme. En 1944, alors que la France est progressivement libérée, le Crédit agricole mutuel s'engage dans la voie d'un accroissement de ses ressources.

La percée du Crédit agricole mutuel (1945-1971)

Après la Seconde Guerre mondiale, le Crédit agricole mutuel s'affirme comme une institution financière majeure[44], grâce notamment à une diversification de ses emplois comme de ses ressources[45]. Ses objectifs deviennent désormais beaucoup plus ambitieux. De 1945 à 1949, la priorité est de reconstituer rapidement le potentiel de production du pays. Le CAM en devient l'un des instruments, d'où les mesures suivantes :

- l'ordonnance du 17 octobre 1944[46] permet l'attribution aux agriculteurs, artisans ruraux et groupements agricoles (coopératives) de prêts au taux très faible de 1,5 %, afin qu'ils reconstituent leur capital d'exploitation et, ce, avant même l'application de la législation sur les dommages de guerre ;
- l'ordonnance du 20 octobre 1945[47] étend aux anciens prisonniers de guerre la possibilité d'emprunter à ce taux très faible ;
- la loi du 24 mai 1946[48] institue des prêts spéciaux aux jeunes agriculteurs pour leur première installation (taux d'intérêt de 2%).

En 1949, le niveau de production agricole de 1938 une fois rattrapé, la priorité devient de combler le retard français en matière d'investissement agricole, en particulier dans le cadre des Plans de modernisation et d'équipement[49]. Au Crédit agricole incombe la tâche de répartir le plus gros des crédits d'équipe-

43 – Michel Cépède, *Agriculture et alimentation en France durant la Deuxième Guerre mondiale*, Paris, Genin, 1961 ; Lucien Gachon, « L'évolution de l'agriculture française depuis 1940 », *Revue économique*, vol. 6, n° 1, 1955, p. 35-55.

44 – André Gueslin, « Crédit agricole et agriculture en France au XXe siècle », dans Philippe Chalmin et André Gueslin, « Un siècle d'histoire française agricole », *Économie rurale*, n° 184-186, 1988, p. 107-115.

45 – Jacques Mayoux, « Le Crédit agricole mutuel », art. cité, *passim* ; Christian Bosséno, Pierre Gernemont, « Ressources-Opérations de Crédit », *Jurisclasseur commercial-annexes-Banques*, fascicule 56 B. 1969.

46 – Ordonnance du 17 octobre 1944, Comité juridique auprès du Comité français de libération nationale, *JORF* du 18 octobre 1944, p. 977.

47 – Ordonnance n°45-2467 du 20 octobre 1945, Les décrets d'ouverture de crédits prévus par l'ordonnance du 08 décembre 1944 pouvant être pris par le Conseil des ministres, en cas d'urgence reconnue par lui, *JORF* du 24 octobre 1945, p. 6807.

48 – Loi du 24 mai 1946, *JORF* du 24 mai 1946, Gallica.bnf. fr

49 – Philippe Mioche, *Le Plan Monnet, genèse et élaboration 1941-1947*, Paris, Publications de La Sorbonne, 1987 ; Henri Rousso (dir.), *De Monnet à Massé. Enjeux politiques et objectifs économiques dans le cadre des quatre premiers Plans (1946-1965)*, Paris, Éditions du CNRS, 1986.

ment agricoles, même si le Crédit national[50] et le Crédit hôtelier commercial et industriel[51] financent les industries agricoles et alimentaires autres que les coopératives et si le Crédit foncier[52] assume une partie du financement des collectivités publiques. Il s'ensuit trois conséquences : une forte expansion du crédit à moyen et long terme, l'intégration des textes régissant le Crédit agricole au sein du Code rural de 1955[53] et la création, dès 1945, de la Fédération nationale du Crédit agricole[54]. Celle-ci, on l'a dit, défend les intérêts généraux du Crédit agricole et étudie les problèmes des caisses régionales et locales.

Cette expansion des emplois s'accompagne d'un développement des ressources. En premier lieu, le Crédit agricole acquiert une autonomie de plus en plus grande par rapport à l'État. Dès 1942, la CNCA lance les premières émissions permanentes (bons), puis, en 1950, les premières émissions périodiques (emprunts obligataires). Toutefois, les ressources d'origine publique dominent encore longtemps. En effet, en 1948, le Trésor public est relayé par le Fonds de Modernisation et d'Équipement (FME), dans le cadre du Plan de modernisation et d'équipement[55]. Le FME se voit remplacé, dès 1953, par le Fonds de construction, d'équipement rural et d'expansion économique, devenu Fonds de Développement Économique et Social (FDES) en 1955[56]. En 1959, les prêts du FDES représentent encore un tiers des prêts à moyen et long terme non mobilisables consentis par le CAM, le financement de l'essentiel de ces prêts étant couvert par le montant des emprunts. Au tournant des années 1970, les avances du FDES ont été fortement réduites[57], mais un crédit global fourni par l'État autorise des bonifications d'intérêt. Le Crédit agricole peut donc prêter à des taux privilégiés un argent collecté au taux du marché.

Même si le Crédit agricole mutuel trouve de manière grandissante la plus grande partie de ses ressources auprès du public, jusqu'à la réforme du 18 décembre 1967, il reste dans une étroite dépendance vis-à-vis du Trésor. Auparavant les ressources collectées étaient versées sur un compte spécial auprès du Trésor, qui, en contrepartie, se chargeait des frais d'intérêts et du service des amortissements des émissions lancées par la CNCA. À partir du décret du 18 décembre 1967, le CAM dispose de la totalité des ressources collectées. La CNCA en particulier gère à la fois les excédents de ressources

50 – Patrice Baubeau, « Chapitre 5 - Le Crédit National dans l'évolution des circuits de financement », dans Serge Berstein et Pierre Milza (dir.), *L'année 1947*, Paris, Presses de Sciences Po, p. 127-145.

51 – Stéphane Fraenkel et Ray F. Junius, « Chapitre 4 - Les périodes-clés de l'hôtellerie », dans Stéphane Fraenkel et Ray F. Junius, *Industrie de l'accueil. Environnement et Management*, Bruxelles, De Boeck, p. 69-133.

52 – Sabine Effosse et Isabelle Gaillard, « L'Europe et le crédit à la consommation », *Entreprise et Histoire*, 2010, n° 59, p. 5-11.

53 – « Le Crédit agricole », *Code rural*, Livre V, Décret de codification, n° 55.433 du 16 avril 1955.

54 – Gérard Dion, « Crédit agricole : du mutualisme à l'internationalisation », *Pour*, 2008/1-2, n° 196-197, p. 179-188.

55 – Décret n° 48-1597 du premier octobre 1948, puis conventions qui l'ont suivi, notamment celle du 17 mars 1950 entre le ministre des Finances et des Affaires économiques et le directeur général de la CNCA. Voir aussi Michel Phlipponeau, « Le deuxième plan de modernisation et d'équipement et l'avenir de l'économie française », *L'Information géographique*, Année 1955, 19-1, p. 20-28.

56 – Pierre Bauchet, « Une nouvelle planification », *Revue économique*, 1966, 17-2, p. 161-178.

57 – Henry Rousso, *La Planification en crise (1965-1985)*, Paris, Paris, Éditions du CNRS, 1987.

des CRCA autres que leurs fonds propres et les capitaux fournis par l'ensemble de ses émissions dans le public ; enfin, elle accède sans limites au marché monétaire. Cette plus grande autonomie financière, s'inscrit dans le cadre d'une politique de débudgétisation, qui réduit le rôle du FDES ou d'autres organismes financiers tels que la Caisse des dépôts et consignations dans le financement de l'agriculture française.

Le Crédit agricole mutuel se comporte donc de plus en plus comme une banque ordinaire dans la collecte de ses ressources[58]. Cette évolution se traduit par une diminution progressive des avantages spécifiques du CAM. Ainsi, depuis la convention du 13 octobre 1953 entre le ministère des Finances et la CNCA, le CAM a la possibilité d'émettre des bons à intérêts progressif, lesquels sont supprimés le 22 octobre 1964[59]. De même, en ce qui concerne la rémunération des dépôts, les avantages du CAM disparaissent. Depuis le 1er juillet 1967, la rétribution des dépôts à vue est interdite. De plus, le régime fiscal des intérêts versés pour les autres types de dépôts relève du droit commun. Enfin, un texte général permet à la CNCA d'effectuer ses opérations selon les règles en usage dans les banques[60]. Cependant, le CAM dispose encore, en 1971-1972, de certains avantages spécifiques et permanents, ainsi que diverses exonérations fiscales[61], mais les opérations du CAM sont soumises au régime fiscal de droit commun.

Cette transformation amène le Crédit agricole mutuel à adopter services et réglementations communs à l'ensemble des banques. Quelques exemples le montrent :

- En 1966, la CNCA obtient de pouvoir ouvrir des comptes sur livret, puis de gérer des comptes d'épargne-logement pour toute personne, qu'elle envisage ou non de devenir sociétaire du CAM[62] ; elle obtient, la même année, de proposer à sa clientèle, des possibilités d'épargne à long terme.

- Le CAM, comme les banques inscrites, est alors soumis au régime des réserves obligatoires, entré en vigueur le 21 janvier 1967[63]. La constitution des réserves se réalise au niveau de la CNCA, qui est responsable, face à la Banque de France, des réserves obligatoires pour l'ensemble du CAM.

58 – André Gueslin, *Le Crédit agricole*, Paris, La Découverte, *op. cit., passim*.

59 – Christian Bosséno, Pierre Genermont, *Ressources- Opérations de crédit, op. cit.*, p. 5.

60 – Décret n) 53-981 du 30 septembre 1953, *JORF* du 1er octobre 1953, repris à l'art. 415 du Code rural.

61 – Georges Laplace, « Crédit agricole mutuel, institutions et sociétaires », *Jurisclasseur commercial annexes-Banque*, Fascicule 56 A. 1969, p. 1-32 (voir en part. p. 6).

62 – Christian Bosséno-Genermont, *op. cit.*, p. 5.

63 – Jean-Pierre Patat, « Chapitre 12 - La monnaie et le financement », dans Jean-Pierre Pagé (dir.), *Profil économique de la France au seuil des années 80*, Paris, La Documentation Française, p. 345-348.

Le Crédit agricole mutuel : une expansion soutenue

Un examen de la comptabilité du Crédit agricole mutuel révèle l'ampleur de la performance réalisée par le groupe[64]. Ici l'étude se fonde pour l'essentiel sur l'examen des bilans annuels présentés par la CNCA de 1945 à 1971. Toutefois, la série n'est pas homogène : de 1945 à 1965, nous disposons des bilans à la fois des CRCA et de la CNCA ; entre 1966 et 1971, sont disponibles des bilans annuels consolidés pour l'ensemble du groupe. À partir de ces bilans ont été pris en considération les éléments suivants :

- à l'actif, l'ensemble des prêts à court, moyen et long terme[65] ;
- au passif, à la fois les ressources d'origine privées (ressources propres[66], ressources provenant du marché financier, ou épargne[67], ressources monétaires et quasi-monétaires[68] et les ressources d'origine publique et semi-publique[69].

Cette étude comptable implique un examen des ressources, puis des emplois, avant de déboucher sur la mise en évidence de l'émergence d'un groupe Crédit agricole.

Les ressources : surtout et de plus en plus d'origine privée

L'examen des ressources s'organise en trois étapes : évolution de la masse globale des ressources et de ses composantes, d'origine privée d'une part, publique de l'autre ; évolution des seules ressources d'origine privée et de leur répartition ; évolution des seules ressources d'origine publique ou semi-publique et de leur structure.

1°/ Évolution de la masse globale des ressources
Quatre dates-clés ont été retenues entre lesquelles il est possible de mesurer l'ampleur des rythmes de la croissance : 1945, date des premières séries disponibles ; 1950, année où la production agricole française a récupéré ses niveaux d'avant-guerre ; 1960 ; 1971, année terminale des séries chiffrées.

64 – Dominique Barjot, *Le Crédit agricole mutuel (1945-1972) et son rôle dans le financement de l'agriculture française*, *op. cit*, p. 178-234.

65 – Incorpore les prêts de caractéristiques spéciales. Il s'agit de prêts permettant, à partir des avances du FDES, de créer des équipements nouveaux concourant à la réalisation du Plan de modernisation et d'équipement.

66 – Capital social des CRCA, réserves, provisions et, à partir de 1961, fonds de dotation.

67 – Couvre à la fois les émissions permanentes de bons et les emprunts périodiques à long terme.

68 – C'est-à-dire épargne semi-liquide (ou dépôts à terme) et épargne liquide (comptes et plans d'épargne-logement, comptes sur livret).

69 – C'est-à-dire avances de l'État, pour l'essentiel par l'intermédiaire du FDES, et réescompte. Jusqu'en 1961, ces ressources incluent le fonds de dotation de l'État.

TABLEAU 2 **TAUX DE CROISSANCE ANNUELS MOYENS DES RESSOURCES DU CAM**
(en %, d'après encours au 31 décembre de l'année considérée et en francs constant 1970[70])

	1945-1950	1950-1960	1960-1971
Ressources totales	+ 17,7	+ 13,2	+ 10,4
Ressources privées	+ 13,0	+ 15,7	+ 15,9
Ressources publiques	+ 24,8	+ 9,3	- 8,3

Source : CNCA

Il en ressort que le montant total des ressources s'est fortement accru, mais surtout au bénéfice des ressources d'origine privée, avec une progressive décélération en fin de période. Par ailleurs, si de 1945 à 1950, ce sont les ressources d'origine publique et semi-publique qui ont le rôle moteur, dans les années 1950 à 1960, les ressources d'origine privée connaissent une nette accélération, dépassant, par leur rythme d'accroissement, celui, pourtant soutenu, des ressources d'origine publique et semi-publique. Durant la troisième période, entre 1960 et 1971, le rôle moteur des ressources privées s'amplifie, tandis que régressent fortement celles publiques et semi-publiques.

Une étude plus fine, année par année, montre que quatre phases se succèdent. De 1945 à 1954, ce sont les ressources d'origine publique et semi-publique qui progressent le plus, avec une rupture vers 1952-53, marquée par l'accélération de la croissance des ressources privées et la décélération de celles publiques. Entre 1954 et 1962, les ressources privées prennent le relai, non sans ralentissements (1955-58). De 1962 à 1966, le développement de celles-ci s'accélère tandis que stagnent les ressources publiques et semi-publiques. Enfin, les années 1966 à 1971 voient un ralentissement général, qui profite aux ressources privées, alors que celles publiques et semi-publiques connaissent une contraction marquée. En définitive, il apparaît que l'expansion de la masse globale des ressources incombe pour l'essentiel au financement privé (97 % du total des ressources en 1971 contre 68 % en 1960 et 55 % en 1950). En outre, les années 1952-1953 marquent un tournant, au profit des ressources d'origine privée, désormais en expansion toujours plus rapide.

70 – Pour la période 1945-1950, le déflateur est l'indice général des prix de gros, dit indice des 126 articles base 100 en 1938. Voir Emmanuel Chadeau, *Annuaire statistique de l'économie nationale aux XIXe et XXe siècles*, Vol.1 - *L'économie nationale aux XIXe et XXe siècles*, Presses de l'École normale supérieure (PENS), 1988, p. 214-215 et 224, pour les années 1950 à 1971. Pour les années 1950 à 1971, les indices des prix sont ceux des comptes nationaux, indice des prix à la production intérieure brute 1949-1959 base 100 en 1956, base 1956 du Système de Comptabilité Nationale (SCN) et indice des prix du produit intérieur brut total 1959-1971, base 100 en 1970, base 1971 du Système Élargi de Comptabilité nationale (SECN) entre lesquels un raccordement a été opéré pour ces années 1959-1960. Sur ces deux derniers indices, voir : *Le Mouvement économique en France 1949-1970, Séries longues macroéconomiques*, Paris, INSEE, mai 1981, p. 202.

2°/ Évolution des ressources d'origine privée

Au sein des ressources d'origine privée, l'évolution de leurs différentes composantes n'a pas été homogène :

TABLEAU 3 **TAUX DE CROISSANCE ANNUELS MOYENS DES RESSOURCES PRIVÉES DU CAM**
(en %, d'après encours au 31 décembre de l'année considérée en millions de francs constants[71])

	1945-1950	**1950-1960**	**1960-1970**
Ressources d'origine privée	+ 13,0	+ 15,7	+ 15,9
Fonds propres	- 4,5	+ 21,4	+ 17,5
Épargne	- 15,1	+ 26,5	+ 17,4
Dépôts	+ 30,7	+ 11,1	+ 14,2

Source : CNCA

Si la croissance des ressources privées totales a été plutôt régulière, il n'en n'a pas été de même pour leurs différentes composantes. Les fonds propres connaissent en effet une forte érosion entre 1945 et 1950, progressent rapidement dans les années 1950 et maintiennent une progression soutenue au cours de la période 1960-1971. Pour l'épargne, l'évolution est parallèle, mais avec un effondrement spectaculaire de 1945 à 1950 et une accélération plus marquée entre 1950 et 1960, le parallélisme avec les fonds propres semblant très net au cours de la dernière période. En revanche, pour les dépôts, l'explosion des années 1945 à 1950, ne se confirme pas ensuite, faisant place à une progression certes non négligeable, plus lente que pour les autres ressources, nonobstant un rééquilibrage de1960 à 1971.

Sur l'ensemble de la période 1945-1971, les fonds propres ont représenté une proportion relativement stable des ressources privées (7 % en 1971 pour 8 % en 1945, 3 % en 1950, 6 % en 1960), alors que l'épargne a connu de fortes fluctuations (50 % en 1971 pour 58 % en 1945, mais 10 % en 1949 et 42 % en 1960). Quant aux dépôts, après une hausse très forte de 1945 à 1948-49 (34 à 87 %), ils tombent à 52 % du total en 1960 et à 43 % en 1971. En définitive, la croissance des ressources privées a été rapide et elle a été assurée, pour l'essentiel, par le développement des dépôts et, plus encore, de l'épargne.

3°/ Évolution des ressources d'origine publique et semi-publique

Les ressources d'origine publique comportent, entre 1945 et 1971, trois composantes principales : jusqu'en 1961, le fonds de dotation du Crédit agricole ; les avances de l'État, pour l'essentiel fournies par le FME, puis le FDES ; enfin, le réescompte auprès de l'institut d'émission. Ces deux derniers postes ont évolué comme suit :

71 – Voir note précédente.

TABLEAU 4 **TAUX DE CROISSANCE ANNUELS MOYENS DES RESSOURCES PUBLIQUES DU CAM**
(en %, d'après encours au 31 décembre de l'année considérée en millions de francs constants[72])

	1945-1950	1950-1960	1960-1970
Ressources d'origine publique	+ 24,8	+ 9,3	- 3,9
Avances de l'État	+ 30,6	+ 9,3	- 8,8
Réescompte	+ 45,7	+ 6,6	

Source : CNCA

Si, dans les années 1945 à 1950, l'élément le plus dynamique est le réescompte, son ralentissement est fort, plus que pour les avances de l'État. Trois périodes semblent donc avoir marqué l'évolution des ressources d'origine publique ou semi-publique : de 1945 à 1952, une phase d'expansion soutenue ; entre 1952 et 1962, un fléchissement très net, les réduisant à une simple fonction d'appoint ; les années 1962 à 1971, où ces ressources ne jouent plus qu'un rôle marginal. Une telle évolution implique à l'évidence un examen de l'évolution des emplois bancaires (ou de l'actif du bilan).

Les emplois : priorité aux prêts à moyen terme d'équipement

Deux problèmes majeurs se posent donc : quelle a été l'évolution de la masse totale des emplois (non comprises les immobilisations nettes et les autres valeurs immobilisées) ainsi que de ses composantes à court[73], moyen[74] et long terme[75] ? Quels enseignements ressortent d'une comparaison de la progression comparée des emplois et des ressources ?

1°/ Évolution de la structure des prêts Crédit agricole

Les prêts représentant l'essentiel de l'actif du bilan du Crédit agricole mutuel, il est pertinent de se borner ici à l'examen de l'évolution des prêts en cours au 31 décembre de chaque année. En francs constants, l'évolution a été la suivante :

TABLEAU 5 **TAUX DE CROISSANCE ANNUELS MOYENS DES PRÊTS EN COURS TOTAL, À COURT, À MOYEN ET À LONG TERME** (en %, encours au 31 décembre de l'année considérée et francs constants[76])

	1945-1950	**1950-1960**	**1960-1970**
Total des prêts	+ 24,7	+ 12,7	+ 12,4
Prêts à court terme	+ 32,6	+ 5,4	+ 8,9
Prêts à moyen terme	+ 14,8	+ 19,2	+ 15,9
Prêts à long terme et de caractéristiques spéciales	+ 33,9	+ 21,8	+ 9,2

Source : CNCA

72 – *Idem.*
73 – Prêts à moins d'un an.
74 – Prêts d'une durée allant de un an à sept ans.
75 – Prêts d'une durée supérieure à sept ans. Ils incluent les prêts de caractéristiques spéciales.
76 – Voir note 69.

Le développement du total des prêts a été très rapide entre 1945 et 1950, notamment en raison de l'explosion des prêts à court terme et de ceux à long terme. Il s'agit sans doute d'un effet de rattrapage, après l'inactivité des années de guerre. Ensuite, ils connaissent une augmentation régulière entre 1950 et 1971. Celle-ci recouvre cependant des disparités marquées : faible augmentation des prêts à court terme, malgré un regain de dynamisme dans les années 1960 ; croissance forte et soutenue des prêts à moyen terme ; progression très forte des prêts à long terme entre 1950 et 1960, puis augmentation à peine supérieure à celle de la totalité des prêts entre 1960 et 1971.

D'une étude année par année, il ressort les constatations suivantes :

1/ concernant l'évolution du total des prêts l'opposition entre deux phases : expansion forte de 1945 à 1952, puis soutenue de 1953 à 1971, avec des ralentissements marqués en 1956-57, 1961-62 et 1968-70 ;

2/ pour les prêts à court terme, de très fortes fluctuations, d'où la distinction entre quatre périodes : 1945-52, expansion très forte, malgré un léger ralentissement en 1950-51 ; 1952-56, quasi-stagnation ; 1956-63, reprise de l'expansion, en dépit de freinages en 1957-58, 1960-61 et 1962-63 ; croissance plus modérée et régulière de 1963 à 1971 ;

3/ pour les prêts à moyen terme, la conjoncture présente des similitudes évidentes avec celle de l'ensemble des prêts : expansion soutenue de 1945 à 1951, mais inférieure à celle des autres familles de prêts ; essor remarquablement soutenue de 1951 à 1971, mais plus marquée à partir de 1957, date à partir de laquelle le prêt à moyen terme d'équipement s'impose aux autres types de prêts ;

4/ pour ceux à long terme et de caractéristiques spéciales, à une expansion exceptionnellement rapide, mais dans une large mesure explicable par leur faible niveau de départ, de 1949 à 1951, succède une seconde période de décélération marquée, de 1951 à 1962, puis une troisième, entre 1962 et 1971, d'expansion modérée et soutenue. En définitive, le fait dominant réside bien dans le développement considérable des prêts à moyen terme d'équipement, dont la part en pourcentage de l'encours global des prêts passe de 34 % en 1945 et même de 20 % en 1949 à 39 % en 1960 et 58 % en 1971. Il est clair que le Crédit agricole mutuel à joué un rôle absolument déterminant dans le financement de l'équipement en matériel des exploitations agricoles françaises[77].

2°/ Évolution comparée des ressources et des emplois

En longue période, de 1945 à 1971, la progression des prêts accordés a été un peu plus rapide que celle des ressources collectées : 15 % en moyenne par an contre + 14,3 %, à chaque fois en francs constants[78]. Toutefois l'évolution n'a pas été la même suivant les époques :

77 – Dominique Barjot, « Le Crédit agricole, un acteur majeur de la modernisation de l'agriculture française (1948-1973) », art. cité.

78 – Voir note 69.

TABLEAU 6 **TAUX DE CROISSANCE ANNUELS MOYENS DU TOTAL DES PRÊTS EN COURS ET DE L'ENSEMBLE DES RESSOURCES COLLECTÉES** (en %, à partir de données en francs constants)

	1945-1950	1950-1960	1960-1970
Total de l'encours des ressources	+ 17,7	+ 13,2	+ 10,4
Total de l'encours des prêts	+ 24,2	+ 12,7	+ 12,4

Source : CNCA

Quant au taux de couverture des emplois par les ressources, il révèle que, sur l'ensemble de la période, l'en-cours des prêts a toujours été largement couvert par celui des ressources. Toutefois, dans le temps, ce taux de couverture a connu des variations marquées. Deux phases se sont succédé. De 1945 à 1957, le taux de couverture est affecté par d'importantes fluctuations en 1945-46, du fait de l'afflux des épargnes d'agriculteurs accumulées pendant la guerre, par une baisse profonde de 1946 à 1953, imputable à une insuffisance d'épargne des particuliers, notamment agriculteurs, par un redressement en 1954-55, par suite de l'augmentation des ressources d'origine privée. Les années 1957 à 1971 sont caractérisées au contraire par une assez grande stabilité. Elle résulte de l'apparition progressive de nouvelles catégories de ressources permettant à chaque fois de répondre à un rapide développement des emplois. Ainsi, en 1966, la CNCA obtient de pouvoir ouvrir des comptes sur livret, puis de gérer des comptes d'épargne-logement. En 1969, sont mis au point les plans d'épargne-logement. Enfin, en 1971, interviennent les décrets d'extension de la compétence du Crédit agricole mutuel.

Émergence d'un groupe Crédit agricole

La diversification croissante de ses activités financières pousse le Crédit agricole mutuel à créer, avec la participation d'autres établissements de crédit, diverses filiales spécialisées regroupées autour de trois grandes fonctions : la collecte de l'épargne, la distribution de crédit aux entreprises et la gestion administrative[79].

1°/ Première fonction : collecte de l'épargne

La collecte de l'épargne est la plus ancienne fonction à avoir été filialisée. Dès janvier 1962 est fondée la Société pour le financement et le développement de l'économie agricole, associant au CAM et aux organisations professionnelles les principaux établissements financiers. En 1968, elle est remplacée par la SEGESPAR ou Société pour l'Expansion et la Gestion de l'Épargne, chargée de promouvoir de nouveaux produits, notamment dans le domaine boursier, et d'offrir des services adaptés aux sociétaires[80]. 1969 voit la constitution d'Épargne Unie, sous forme de société d'investissement à capital variable,

79 – Dominique Barjot, *Le Crédit agricole mutuel (1945-1972) et son rôle dans le financement de l'agriculture française, op. cit.**, p. 164-168.
80 – Caisse Nationale, *Notice SEF 1972, op. cit.*

afin de gérer un portefeuille de valeurs mobilières variées. En 1970, est fondée Uniplan, société de gestion de fonds communs de placement, avec la participation des CRCA et de l'Union des caisses centrales de la Mutualité agricole[81]. Se rattachent à ce même ensemble de filiales, deux autres sociétés ayant pour but de permettre aux CRCA d'accroître encore leur collecte. Il s'agit de Voyage Conseil (1971), ayant offrant aux clients de l'institution tous les services d'une agence de voyage et visant à la promotion des structures d'accueil en zones rurales. SORAVIE (1971) est, quant à elle, une société d'assurances proposant aux clients des contrats d'assurance-vie.

2°/ Deuxième fonction : distribution du crédit aux entreprises
La seconde grande activité des filiales réside dans la distribution du crédit des entreprises. En 1967, se constitue la société Union d'études et d'investissement (UI). Il s'agit d'une société anonyme au statut d'établissement financier qui a pour objectif des prises de participation, accompagnées parfois d'octroi de crédit, dans les entreprises du secteur des industries agricoles et alimentaires ainsi que dans celles rattachées, de façon directe ou indirecte, aux activités agricoles, rurale et maritime. En 1970, apparaît Unicredit (Union de crédit pour le développement régional). Elle consent des crédits à court , moyen et long terme aux entreprises industrielles et commerciales ou de services du secteur agricole et alimentaire, sans la contrainte d'y prendre une participation comme UI[82]. Sous certaines conditions, elle peut apporter son concours aux entreprises d'autres secteurs économiques, si créatrices d'emplois en zones rurales. Un an auparavant sont nées deux sociétés de crédit-bail : Unimat (Union financière de location de matériel) et Unicomi (Union immobilière de crédit pour le commerce et l'industrie), spécialisée dans le financement des immeubles à usage industriel et commercial. L'une et l'autre interviennent aussi bien au service des sociétaires que des non-sociétaires, en particulier des PME[83]. En 1971, s'y ajoute Agritel, société de financement des télécommunications. Inscrite sur la liste du banques de crédit à long et moyen terme, elle finance, en crédit-bail et au profit des PTT, des équipements de télécommunications en milieu rural[84].

3°/ Troisième fonction : gestion administrative du groupe Crédit agricole
La troisième fonction des filiales consiste en la gestion administrative du groupe. La plus ancienne, fondée en 1967, est SINCRO (Société d'organisation, de conseil en informatique et de recherche opérationnelle). Elle exerce trois activités : dans le secteur agricole, appui technique aux CRCA et aux industries agricoles et alimentaires[85] ; dans le secteur non agricole, études de marketing,

81 – Ou Union d'épargne et de placement en valeurs mobilières, *Notice SEF, ibid.*

82 – Elle est presqu'entièrement contrôlée par UI.

83 – Contrôlées par UI et la CNCA, ces deux filiales sont des établissements financiers.

84 – *CNCA, Rapport annuel 1972*, p. 59.

85 – Surtout le secteur coopératif.

de formation et planification ; à l'étranger, surtout en Afrique, assistance en informatique et gestion informatisée. En 1971, se constitue la Sogequip (Société de gestion et d'équipement pour le développement de l'économie agricole et rurale). Chargée de recruter le personnel de l'institution, elle gère le personnel et les immeubles mis à la disposition du groupe et sert de holding de tête pour les filiales relevant de la troisième fonction. D'elle dépend le FIRE (Fonds d'Innovation, de Recherches et d'Études), créé lui aussi en 1971, sous le statut d'association type loi de 1901, en vue de favoriser, au sein du Crédit agricole, l'étude et la réalisation, au plus bas coût, de projets en commun.

UN ESSOR ANCRÉ EN RÉGION : L'EXEMPLE DE LA CRCA SUD-EST

L'essor du Crédit agricole mutuel, durant les années 1950 et 1960, s'appuie de manière très large sur les quelques 94 caisses régionales de l'époque. De taille très inégales, certaines atteignent une authentique dimension régionale, comme la Caisse de l'Ile-de-France ou celle du Sud-Est, ici étudiée[86].

La Caisse régionale du Sud-Est

Implantée dans les départements de l'Ain, de l'Ardèche, de la Drôme, de l'Isère, de la Loire, de la Haute-Loire, du Rhône, de la Saône-et-Loire, de la Savoie et de la Haute-Savoie, son histoire est inséparable de celle de l'Union du Sud-Est[87].

Une origine syndicale : l'Union du Sud-Est

Le 5 mai 1888, au siège de La Vinicole lyonnaise, les représentants de onze syndicats d'agriculteurs fondent l'Union du Sud-Est[88]. Très vite, de nombreux autres groupements et coopératives, en tous vingt-sept syndicats, viennent se joindre à cette Union, définitivement constituée le 15 octobre 1888. Elle étend alors, dès ce moment, sa circonscription sur les dix départements précités et est animée par un bureau de douze membres. Dès la première assemblée générale est décidée la création de trois services :

1/ Un office central permanent d'achats et de ventes, qui, en 1893, donne naissance à la Coopérative agricole du Sud-Est

86 – Dominique Barjot, *Le Crédit agricole mutuel et son rôle dans la modernisation de l'agriculture française depuis 1945*, *op.cit.*, p. 302-336.Sur la CRCA du Sud-Est, voir notamment : Jean-Michel Brenier, *Les quatre racines du Crédit agricole Centre-Est*, Lyon, 1999

87 – Jacques Fauvet, Henri Mendras (dir.), *Les paysans et la politique dans la France contemporaine*, Paris, Presses de Sciences Po, 1958.

88 – Pierre Chamard, « Les voix agricoles de la société civile. L'exemple de l'Union du Sud-Est des syndicats agricoles (1888-1914) », dans Jay Rowell, Anne-Marie Saint-Gille, *La Société organisée aux XIXe et XXe siècles. Perspectives allemandes et françaises*, Villeneuve d'Ascq, Presses universitaires du Septentrion, 2010, p. 159-171

2/ Un bulletin mensuel d'offres et de demandes, qui se transforme en un journal, *L'Agriculteur du Sud-Est*, bientôt complété par un almanach ;

3/ Un comité contentieux, actuel service juridique et fiscal.

L'expansion de l'Union du Sud-Est se poursuit jusqu'en 1940[89]. Quelques chiffres en marquent les étapes : en 1908, elle groupe 428 syndicats et son bulletin est tiré à 43 000 exemplaires, l'almanach à 183 000 ; en 1912, elle réunit 469 syndicats et 60 000 adhérents ; en 1938, elle concerne plus de 2 000 syndicats et 195 000 exploitants et adhérents. L'Union suscite par ailleurs la création de nombreux services et organisations. L'année 1889 voit la fondation de l'Union des producteurs et consommateurs visant à donner à l'agriculture « d'autres débouchés que le marché local »[90]. En 1895, l'Union organise, par contrat collectif, avec une compagnie d'assurance, la garantie contre les accidents des salariés et exploitants. Quatre ans plus tard, en 1899, naissent le Crédit agricole du Sud-Est, l'Enseignement agricole et la Société mutuelle de retraite du personnel. Apparaissent ensuite, en 1903, la Caisse régionale d'assurance contre l'incendie, puis, en 1906, la Caisse bétail. L'année 1913 est celle de la création de l'enseignement agricole par correspondance, de la Caisse d'Économie et de Crédit agricole, caisse relevant du secteur mutuel libre[91].

Le rythme des créations reprend entre les deux guerres[92]. En 1923, la mutualité accidents s'organise sur le modèle de la régionale incendie. S'y ajoutent par la suite, la Caisse régionale d'allocations familiales (1924), puis la Caisse chirurgicale (1935). La période 1940-1945 est dominée, quant à elle par deux faits majeurs[93]. Le premier survient le 2 décembre 1940 : à la suite de la loi instituant le syndicalisme unique, les 2500 syndicats de l'Union se transforment en syndicats corporatifs. Surtout, à la Libération, l'Union du Sud-Est est mise sous séquestre, parce que suspectée de collaboration. En effet, en septembre 1944, le Congrès des comités de libération de la région Rhône-Alpes exige la liquidation de toutes les organisations agricoles relevant de l'Union. Si, dès le 15 de ce même mois, l'Union échappe à la liquidation, elle est placée néanmoins sous séquestre. Celui-ci n'est levé que le 18 avril 1945. Ayant retrouvé sa liberté, l'Union laisse alors ses membres libres de participer aux élections professionnelles, qui donnent le jour aux fédérations départementales, tout en réaffirmant sa nature « d'organisation à vocation générale »[94].

L'Union reprend alors son expansion et sa diversification[95]. Deux organisations nouvelles voient le jour : le service des bâtiments ruraux (1952) et le secrétariat agricole régional pour l'aménagement du territoire (1961). En 1971, elle compte environ 200 000 adhérents. À la même date, elle regroupe diverses organisations : la Caisse régionale de Crédit agricole, la Caisse d'économie et

89 – Chronologie de l'Union du Sud-Est, dans Archives de la CRCA Sud-Est, consultées en 1974.

90 – *Ibidem.*

91 – Dominique Barjot, *Le Crédit agricole mutuel et son rôle…, op.cit.*, p. 251-254.

92 – Chronologie de l'Union du Sud-Est, archives citées.

93 – *Ibidem.*

94 – Cité, *ibidem.*

95 – *Ibidem.*

de Crédit agricole mutuel de l'Union du Sud-Est (*vide supra*), la Caisse régionale de réassurances mutuelles agricoles (accidents, incendie, bétail et grêle), la Caisse médico-chirurgical du Sud-Est, la Caisse agricole d'approvisionnement du Sud-Est, la Coopérative des blés et céréales de l'Union du Sud-Est. En outre, elle a toujours pour objet de « servir de centre permanent de relations et de coordination pour les organisations adhérentes ou les sociétaires, à travers le journal *L'Agriculteur du Sud-Est*, l'enseignement agricole, ses services juridiques et économiques ou son service des bâtiments ruraux » et « d'encourager la création d'organisations agricoles nouvelles en vue de faciliter la défense des exploitations familiales »[96].

Constitution d'une importante caisse régionale

Dans les années 1890, des hommes tels que l'avocat lyonnais Louis Durand (*vide supra*) fondent des caisses rurales de type Raiffeisen. Or, le 4 novembre 1894 survient la loi Méline autorisant les membres des syndicats agricoles à constituer entre eux des caisses de Crédit agricole distinctes des syndicats. Pourtant, c'est dès le 19 juin de la même année, avant même le vote de la loi, qu'a été créée la première caisse locale, à Belleville (-sur-Saône), par Émile Duport, président de l'Union du Sud-Est[97]. À la suite de la loi du 31 mars 1899 organisant les caisses régionales, est fondée le 29 juin de cette année même, à l'initiative d'É. Duport, la Caisse régionale de Crédit agricole du Sud-Est, l'une des plus anciennes de France[98]. La présidence en est confiée à Pierre-Louis-Émile Burelle, président de la Société régionale de viticulture de Lyon[99], et la présidence d'honneur échoit à Édouard Eynard (1837-1931), député du Rhône[100]. La CRCA Sud-Est regroupe alors des caisses locales type 1894 et des caisses à responsabilité limitée créées par L. Durand, soit vingt-deux caisses au total :

96 – Cité, *ibidem*.

97 – Pierre Chamard, « Les voix agricoles de la société civile. L'exemple de l'Union du Sud-Est des Syndicats Agricole (1888-1914) », art. cité., *passim*. Voir aussi Christian Bosséno, *Crédit agricole, un siècle au présent*, Paris, éditions Hervas, 1994, p. 167.

98 – *Ibidem*, p. 161. Voir Charles André, *La Banque des quatre saisons, Histoire du Crédit agricole et du Crédit agricole du Sud-Est*, Lyon, Editions lyonnaises d'art et d'histoire, 376 p. Sur la fondation, p. 185 et suivantes ; Chronologie de la Caisse régionale de Crédit agricole du Sud-Est, archives de la CRCA, consultée en 1974.

99 – Né à Moulins le 26 novembre 1848, il est ingénieur, ancien élève de l'École des Mines de Paris, agronome et viticulteur. Sur lui, voir Claudius Roux, « Additions à l'histoire des sciences naturelles et médicales en Bourbonnais », *Annales de la Société Linnéenne de Lyon*, Année 1912, tome LIX, p. 2.

100 – « Édouard Eynard », dans Jean Jolly (dir.), *Dictionnaire des parlementaires français (1889-1940)*, Paris, PUF, 1960, p. 1081 ; Édouard Eynard, le fondateur du musée. 1890-1990 : centenaire du Musée des tissus, Lyon, Musée historique des tissus, 1990.

TABLEAU 7 **CAISSES LOCALES FONDATRICES DE LA CAISSE RÉGIONALE DE CRÉDIT AGRICOLE DU SUD-EST EN 1899**

Département	Commune
Rhône	L'Arbresle, Belleville, Le Bois d'Oingt, Saint-Genis-Laval, Haut-Beaujolais, Saint-Joseph-en-Beaujolais
Ain	Gressin, Rochefort
Drôme	Allex, Suze
Isère	Beaulieu, Chatenay, Montferrat, Notre-Dame-de-Osier, Saint-Pierre-de-Bressieux, Canton de Roussillon, Canton de Viriville
Saône-et-Loire	Chalon, Curtil-sous-Burnaud, Romenay
Savoie	Valmoinier
Haute-Savoie	Fessy-Lully

Source : Archive CRCA Sud-Est.

Le capital souscrit, modeste, est de 24 000 francs. Quant au comité de direction, il comprend alors onze administrateurs. L'année de la fondation de la CRCA Sud-Est, huit autres caisses se constituent : celles de l'Est à Nancy, de Gray et de la Haute-Saône, d'Épinal, de la Marne et de l'Aisne, de la Beauce et du Perche, de la Charente, du Pas-de-Calais et des Alpes-Maritimes[101].

Jusqu'en 1914, la progression demeure lente. En effet les caisses locales sont alors peu nombreuses, les prêts peu entrés dans les mœurs et les avances de l'État très réduites : 24 000 francs en 1900 et 1901, 50 000 en 1902, 34 800 en 1903[102]. Il faut trouver de nouvelles ressources : la Caisse d'épargne de Lyon procède à des avances et différentes œuvres se font ouvrir des comptes de dépôts. L'organisation se précise : le 15 décembre 1904 est créé un service d'inspection visant à contrôler le fonctionnement des caisses locales. En 1908, la Caisse régionale innove en proposant aux syndicats la pratique de prêts en ouverture de compte-courant, qui ne sera officiellement autorisée que... le 24 septembre 1948. En novembre 1912, il est décidé de consentir des prêts, à montants amortissables par annuités, de trois ans, puis bientôt, de cinq ans. Leur montant maximum s'élève de 1 000 francs en 1912, à 3 000 en 1913, 5 000 en 1917 et 8 000 en 1919 (en francs constants, le montant est néanmoins inférieur à celui de 1913). Ce n'est qu'en octobre 1916 que la pratique est admise de façon officielle. Par ailleurs, entre 1900 et 1908, douze autres caisses régionales se constituent dans la circonscription du Sud-Est : en 1900, la Caisse de Nyons (qui fusionnera plus tard avec celle de la Drôme) ; en 1904, celles de Saône-et-Loire, Roannaise et Forézienne (dans la Loire), du Dauphiné et de la Drôme ; en 1906, les Caisses de l'Ardèche, du Rhône et de la Haute-Savoie ; en 1907 enfin, celles de la Haute-Loire, de l'Ain et de la Savoie.

101 – André Gueslin, *Les origines du Crédit agricole*, Nancy, Presses Universitaires de Nancy, 1977, p. 162, 229 et 231.

102 – Chronologie de la Caisse régionale de Crédit agricole du Sud-Est, arch. citées.

Après la parenthèse du premier conflit mondial, la Caisse reprend son développement de l'entre-deux-guerres[103]. Le 5 août 1920 est votée la loi codifiant la législation antérieure sur le Crédit agricole mutuel et créant l'Office national (*vide supra*) administré par un conseil de sept membres, sous le contrôle d'une commission plénière de trente membres, dont Xavier de Fontgalland, président de la CRCA Sud-Est et de l'Union du Sud-Est, est l'un des premiers membres[104]. Entre 1920 et 1940, le Crédit agricole mutuel connaît une expansion rapide, qui nécessite de la part de l'État des avances spéciales accordées à plusieurs reprises à la CNCA. De plus les lois des 4 avril 1929, 28 septembre 1935, 30 octobre 1935 et du 3 août 1937 renforcent le contrôle de la CNCA sur les CRCA. Durant la Seconde Guerre mondiale, de nombreux employés et tous les cadres sont mobilisés. Le personnel restant est transporté à Parcieux, dans l'Ain. Durant l'Occupation, la CRCA, qui a réintégré Lyon, effectue peu de prêts, mais bénéficie de nombreux remboursements.

À partir de 1946, la croissance de la Caisse régionale de Crédit agricole du Sud-Est s'accélère comme le montrent les chiffres suivants :

TABLEAU 8 **LA CROISSANCE DE LA CRCA SUD-EST EN QUELQUES CHIFFRES DE 1946 À 1972**

	1946	**1962**	**1972**
Nombre de sociétaires	11 000	33 000	52 700
Nombre de déposants	40 000	62 000	198 000
Nombre d'agences extérieures	14		
Nombre de bureaux permanents		60	148
Nombre de bureaux périodiques		213	215
Nombre d'employés et cadres	51	376	1 175

Source : CRCA Sud-Est.

Durant ces années, un certain nombre d'évènements majeurs ponctuent le développement de la Caisse[105] :

1/ Dès 1945, à l'invitation de la CNCA, la CRCA du Sud-Est organise des bureaux à l'extérieur (Annecy, Annonay, Bourg, Louhans) et des bureaux auxiliaires sont créés dans le Rhône, l'Ain, l'Ardèche, la Drôme, la Haute-Loire, la Savoie et la Saône-et-Loire.

2/ Le 27 août 1962, paraît le décret sur le chevauchement territorial. Selon les dispositions de ce décret, les CRCA qui exercent leur activité dans le même département, doivent passer un accord entre elles excluant tout chevauchement ou, à défaut d'accord, la délimitation de leurs circonscriptions sera faite par arrêté ministériel.

3/ Le 9 avril 1963, le capital social de la CRCA est porté de 3 à 10 millions de francs en raison de l'augmentation continue des prêts.

103 – *Ibidem.*

104 – Charles André, *La Banque des quatre saisons…*, *op.cit.*, p. 241-242.

105 – Chronologie de la Caisse régionale de Crédit agricole du Sud-Est, archives citées.

4/ En 1966, le problème du chevauchement revient à l'ordre du jour. Le président de la CRCA du Sud-Est entame des pourparlers pour le régler. De plus, pour la première fois, l'accroissement continu des prêts s'accompagne d'un ralentissement dans la collecte des dépôts.

5/ En 1968, la CRCA délègue aux caisses locales la décision d'attribution de certains prêts et crée un service formation.

La CRCA Sud-Est : une activité de financement soutenue (1949-1971)

La montée en puissance de la Caisse régionale ressort bien de son activité de financement. À cet égard il est nécessaire d'étudier à la fois l'évolution des prêts réalisés dans l'année de 1949 à 1971, puis celle de l'encours de ceux consentis par la CRCA durant la même période.

L'évolution des prêts réalisés dans l'année : poids du court terme, rôle moteur du moyen terme

Entre 1949 et 1971, la croissance des prêts réalisés dans l'année a été très rapide :

TABLEAU 9 **TAUX DE CROISSANCE ANNUELS MOYENS DES PRÊTS RÉALISÉS DANS L'ANNÉE PAR LA CRCA SUD-EST DE 1949 À 1971** (en %, à partir de données en francs constants[106])

	1949-1971	1949-1960	1960-1971
Total des prêts	+10,8	+7,8	+13,9
Prêts à court terme	+9,1	+4,3	+13,3
Prêts à moyen terme	+16,8	+18,1	+15,5
Prêts à long terme	+11,4	+11,9	+11,0

Source : CRCA Sud-Est.

En longue période, sans surprise, ce sont les prêts à moyen terme d'équipement qui l'emportent, avec un différentiel considérable de + 6 % par an en moyenne sur le total des prêts. Pourtant, la progression de ces derniers est déjà très élevée, leur taux de croissance annuel moyen étant plus du double de celui de l'économie nationale dans son ensemble.

Les deux sous-périodes, 1949-1960 et 1960-1971 présentent cependant des caractéristiques contrastées :

1/ Entre 1949 et 1960, les disparités d'évolution apparaissent conséquentes en fonction des types de prêts. En une période où s'engage un grand mouvement de modernisation agricole, notamment en cheptel mort (tracteurs, moissonneuses, batteuses, etc.), les prêts à moyen terme explosent, ceux à long terme connaissent une forte progression, tandis que les prêts à court terme ne font

106 – Pour les déflateurs, voir note 69.

que suivre le rythme de la production agricole elle-même. Par l'importance de leur montant relatif, ils tirent à la baisse la croissance du total des prêts.

2/ De 1960 à 1971, les différences d'évolution se réduisent de manière sensible, tandis que la progression de l'ensemble des prêts s'accélère. Certes, les prêts à moyen terme et ceux à long terme connaissent une décélération limitée. Mais ces mêmes prêts à moyen terme demeurant le moteur de l'expansion, en dépit de l'accélération spectaculaire de ceux à court terme. Cette évolution est bien caractéristique de la situation générale des années 1960, durant lesquelles les structures de bilan se dégradent.

Il est vrai aussi que les prêts à court terme ont toujours représenté plus de 50 % des prêts réalisés dans l'année. D'une étude menée année par année, il ressort qu'entre 1949 et 1959, leur part a fortement reculé passant de 82,1 % du total à 49,1 %. Entre 1959 et 1971, au contraire, leur part s'est consolidée, le tassement des années 1959 à 1966 (48,1 %) ayant été compensé par la progression de fin de période (52,2 % du total des prêts en 1971). Pour le moyen terme, l'évolution est plus complexe. Quatre périodes se succèdent : bond en avant de 1949 à 1957 (de 10,6 % du total des prêts à 30,5 %), explicable par les besoins en matériels des agriculteurs ; tassement à la hausse de 1957 à 1963 (30,8 % du total des prêts à cette dernière date) ; nouvelle phase de croissance entre 1963 et 1967 (42,8 %), soutenue par l'effort d'investissement des ruraux en matière d'habitat ; recul relatif de 1967 à 1971 (39,5 % du total), malgré la reprise de 1971 (39,5 % contre 34,8 % en 1970). Quant aux prêts à long terme, en dépit de fluctuations brutales, comme en 1951-52, ils maintiennent leur position relative dans le long terme (7,4 % du total en 1949, 8,3 % en 1971).

L'évolution de l'encours des prêts consentis dans l'année : prépondérance des prêts à moyen et long termes

De manière incontestable, les années 1949 à 1971 ont vu une poussée remarquable des crédits à moyen et long terme :

TABLEAU 10 **TAUX DE CROISSANCE ANNUELS MOYENS DE L'ENCOURS DE PRÊTS CONSENTIS PAR LA CRCA SUD-EST ET DE SES COMPOSANTES DE 1949 À 1971**
(en %, à partir de données en francs constants[107])

	1949-1971	1949-1960	1960-1971
Total des prêts	+15,9	+17,3	+14,7
Prêts à court terme	+ 9,2	+ 6,9	+11,5
Prêts à moyen et long terme	+18,1	+21,2	+15,1

Source : CRCA Sud-Est.

Au cours des années 1949-60, de grandes divergences apparaissent dans les rythmes à l'avantage des prêts à long et moyen terme. En revanche, durant la

107 – Voir note 51.

période suivante, l'accélération de la croissance de l'encours des prêts à court terme aboutit à un resserrement des rythmes, sans que, pour autant, les prêts à moyen et long terme cessent d'être l'élément moteur.

Ces observations ne sont pas infirmées par un examen année par année. En effet, l'opposition de deux périodes se retrouve avec une inflexion marquée autour de 1957 plutôt que de 1960. La première de ces périodes correspond aux années 1949-57. Durant celles-ci, l'essor des prêts à long et moyen terme est beaucoup plus rapide que celui des prêts à court terme, d'où le recul de ces derniers en pourcentage des encours (44,2 % en 1949, mais 12,6 % en 1957). Entre 1957 et 1971, les croissances respectives se sont beaucoup rapprochées par leur rythme, d'où un recul relatif, mais faible, de la part des prêts à court terme (10 % en 1971, mais 12,6 % en 1957).

Une mesure du poids de la CRCA Sud-Est : son rôle dans le financement des investissements agricoles par le Crédit agricole

Afin de mesurer le poids réel de la CRCA Sud-Est au sein du Crédit agricole mutuel, il peut être pertinent de procéder à une comparaison entre d'une part, pour la CRCA Sud-Est, la série des encours des prêts à moyen et long terme et, pour la Caisse Nationale, celle des encours des prêts à moyen et long terme, fournis, pour les départements de la zone couverte, par la CRCA[108].

De 1961 à 1970, une croissance moins forte de la CRCA Sud-Est que de l'ensemble du Crédit agricole

Dans les années 1961-1970 pour lesquelles des statistiques régionales sont disponibles pour l'ensemble du Crédit agricole mutuel, il apparaît que la Caisse régionale de Crédit agricole du Sud-Est a connu, en matière de prêts à long et moyen terme[109], une moindre croissance que l'ensemble des caisses régionales présentes dans le dix départements où cette même CRCA Sud-Est est implantée :

108 – Il n'existe pas de séries d'investissements régionaux agricoles pour la période des années 1960. Nous ne disposons en effet que de la série Équipement agricole et rural. Dépenses d'investissement engagées avec la participation du budget de l'État, Source : *Annuaires statistiques agricoles de 1961 à 1971*. D'autre part, la limitation aux seules prêts à long et moyen termes n'a pas d'incidence majeure sur les conclusions tirées ici.

109 – Prêts de caractéristiques spéciales, prêts aux rapatriés d'Algérie et aux SAFER non compris pour les années 1963-1968.

TABLEAU 11 **TAUX DE CROISSANCE ANNUELS MOYENS DES PRÊTS À LONG ET MOYEN TERME ACCORDÉS PAR LE CRÉDIT AGRICOLE MUTUEL ET PAR LA SEULE CRCA SUD-EST** dans les dix départements de sa circonscription pour le financement des investissements agricoles et ruraux de 1961 à 1970[110]

	1961-1970	1961-1965	1965-1970
Prêts du Crédit agricole mutuel	+14,1	+30,9	+ 2,0
Prêts de la seule CRCA Sud-Est	+ 8,3	+17,4	+ 2,3

Source : CNCA et CRCA Sud-Est.

De ce tableau, il ressort aussi que la croissance de l'encours des prêts s'est beaucoup ralentie entre 1965 et 1970, par comparaison avec la période antérieure. Si l'accroissement de cet encours a été plus fort pour l'ensemble des caisses agissant sur les dix départements que pour la seule CRCA Sud-Est, le différentiel de croissance est beaucoup plus net que durant la seconde période, où la progression est parallèle, avec même un petit avantage à la CRCA Sud-Est. Sa position relative s'est donc redressée en faveur de celle-ci, peut-être en partie du fait des accords conclus en matière de chevauchements. Ces observations semblent confortées par une analyse menée année par année.

La CRCA Sud-Est : recul, puis redressement

De fait il y a bien un déclin de la part de la CRCA Sud-Est dans le financement des investissements agricoles des dix départements de sa circonscription :

TABLEAU 12 **PART DE LA CRCA SUD-EST DANS LE FINANCEMENT DES INVESTISSEMENTS AGRICOLES** dans les dix départements de sa circonscription (en % du total)

Années	Prêts du CAM à moyens et long terme	Part de la CRCA Sud-Est	Part des autres CRCA
1961	100	33,0	67,0
1962	100	30,4	69,6
1963	100	17,9	82,1
1964	100	18,5	81,5
1965	100	19,2	80,8
1966	100	19,5	80,5
1967	100	19,4	80,6
1968	100	16,0	84,0
1969	100	19,0	81,0
1970	100	19,2	80,8

Source : CNCA et CRCA Sud-Est.

110 – Pour le choix du déflateur, voir note 51.

Il en ressort que la CRCA Sud-Est a connu un recul spectaculaire entre 1962 et 1963, époque du premier décret de chevauchement, à l'évidence défavorable aux intérêts de la Caisse du Sud-Est. Un premier rattrapage, modeste, s'est produit entre 1964 et 1966. Un nouveau recul survient en 1966-67, probablement consécutif au second décret de chevauchement de 1966, avant un nouveau rattrapage, limité, de 1968 à 1970.

Sans doute la CRCA Sud-Est a-t-elle souffert d'une expansion plus ancienne que celle de ses concurrentes, d'où les reculs de 1961-63 et 1966-67, suivis à chaque fois d'un rattrapage, et, à partir de 1969, d'une stabilisation des positions. Il convient aussi de prendre en compte des disparités sensibles d'implantation départementale et interrégionale : la CRCA Sud-Est a eu sans doute beaucoup de mal à progresser dans les départements où elle était insuffisamment implantée (Loire, Ardèche, Savoie) ; au contraire, elle a bien résisté dans les départements où elle était en situation compétitive (Ain, Haute-Savoie, Haute-Loire, Isère, voire Saône-et-Loire) et, plus encore, dans le Rhône, où elle était en position dominante. Mais, pour le vérifier, il conviendrait de conduire une enquête département par département.

Conclusion

Le Crédit agricole mutuel a été déjà remarquablement étudié par André Gueslin, dont il est hors de question ici de prétendre remettre en cause les analyses et les conclusions. De plus, au terme de cette étude, bien des questions demeurent ouvertes et non résolues. Il reste encore beaucoup à faire pour analyser l'implantation et les activités locales et régionales du Crédit agricole mutuel. Néanmoins, en l'état, trois grandes conclusions se dégagent :

1/ Le Crédit agricole mutuel a connu une réussite exceptionnelle après la Seconde Guerre mondiale[111]. Le problème du Crédit agricole, on le sait, s'est posé tout au long du XIXe siècle. Nonobstant quelques tentatives avortées de la part de l'État, c'est de l'initiative privée qu'est né le Crédit agricole. Malgré tout, jusqu'en 1945, il n'a pu se développer qu'avec l'aide de ce même État, sans pouvoir répondre pour autant aux besoins de financement de l'agriculture française. Depuis cette date, l'évolution de la législation suggère deux périodes :

- jusqu'aux années 1960, le CAM est devenu l'instrument privilégié de l'État pour relever, puis moderniser l'agriculture française, dans le cadre notamment des Plans de modernisation et d'équipement ;
- puis, dans les années 1960, s'amorce un tournant, amplifié à partir de 1966, et conduisant à faire du Crédit agricole une banque comme une autre.

111 – Dominique Barjot, « Le Crédit agricole, un acteur majeur de la modernisation de l'agriculture française (1948-1973) », art. cité.

2/ Les années 1952-1953 ont marqué un tournant décisif. Jusqu'à cette date, le Crédit agricole n'a pu se développer qu'avec le soutien de l'État, qui a donné l'impulsion nécessaire à son expansion depuis la Libération. En effet, en 1953, les ressources d'origine publique et semi-publique constituaient encore 52 % de l'ensemble des ressources d'origine publique et semi-publique. À partir de cette date, l'essentiel du financement des activités du Crédit agricole est assurée par les ressources d'origine privée ; dès 1954, le rapport entre les deux grandes catégories de ressources se renverse , les ressources d'origine privée constituent alors 54 % de l'ensemble des ressources. Dès lors, la part revenant au financement privé ne cesse d'augmenter jusqu'à atteindre 87 % en 1971.

C'est ce succès de l'organisme dans la collecte de fonds privés qui permet à l'État le désengagement progressif qu'il souhaitait, dans les années 1960. Par contrecoup, l'acquisition d'une plus grande autonomie par le CAM l'amène à uniformiser de manière progressive ses pratiques avec ses concurrentes (BNP, Crédit lyonnais) en matière de collecte des ressources d'origine privée et le développement d'un groupe Crédit agricole. S'agissant de l'emploi de ces ressources, le fait majeur réside dans l'expansion formidable des prêts à moyen terme d'équipement mobilisables, passés de 22 % du total des emplois en 1953 à 58 % en 1971. Ainsi, le CAM a apporté une contribution importante à la modernisation des entreprises agricoles, mais peut-être au détriment partiel des crédits allant à l'équipement collectif rural (eau courante, téléphone) et aux prêts fonciers, contribuant ainsi à la hausse du prix des terres dans les années 1950 et 1960[112].

3/ Les Caisses régionales de Crédit agricole mutuel ont joué un rôle déterminant dans l'essor du CAM, mais chacune selon leur mode propre : ainsi la CRCA du Sud-Est. De son étude, pour la période 1949 à 1971, ressortent les points suivants :

- La région Sud-Est a été l'une de celles où le CAM s'est développé le plus précocement. En outre, la Caisse du Sud-Est a tenu souvent un rôle de pionnier, par exemple avec la mise en place du prêt par ouverture de crédit en compte courant.
- Au niveau de cette caisse se vérifient les constatations faites au niveau national. En premier lieu, dans l'expansion des crédits à l'agriculture et au monde rural, les prêts à moyen terme ont tenu une place croissante et de plus en plus décisive. Il s'ensuit que la CRCA Sud-Est a tenu un rôle de plus en plus grand dans l'équipement de l'agriculture régionale[113]. De plus, s'y retrouvent les deux phases d'accélération constatées au niveau national (1955-57 et 1963-67). Il y a tout lieu de penser que les causes en sont identiques : de 1954 à 1957, effort d'équipement en matériels pour les entreprises individuelles agricoles ; de 1963 à 1967, effort d'amélioration de l'habitat rural. En second lieu, la reprise de

112 – Pierre Greiner, « Le prix réel des terres a plus que doublé en vingt ans », *Économie et Statistique*, n° 24, juin 1971, p. 3-11.

113 – Compte tenu de la part incombant aux prêts collectifs (aux environs de 20 % pour la moyenne française).

l'expansion des prêts à court terme semble avoir été plus précoce qu'au niveau national. Peut-être s'agit-il du résultat d'une surchauffe perceptible dans la demande de prêts à moyen terme et de la préférence de plus en plus marquée du public pour les placements liquides. En effet, les prêts à court terme réalisés dans l'année sont passés de 82,1 % du total des prêts en 1949 à 55 % en 1956, mais de 55 % en 1956 à 62,3 % en 1963, atteignant encore 55,9 % de total.

- Sur la période 1961 à 1970, un peu courte cependant pour être tout à fait significative, la CRCA Sud-Est semble avoir été moins dynamique que ses concurrentes, pour l'ensemble des prêts à long et moyen terme[114]. Cela peut être due à une expansion amorcée de façon plus précoce que pour ses concurrentes qui, en 1961, partaient d'un niveau souvent bas. La stabilisation des positions contrastée en fin de période laisse à penser que les différences de croissance au profit des caisses régionales concurrentes s'explique avant tout par un phénomène de rattrapage. Ensuite ces différences de croissance tiennent, pour l'essentiel, aux deux ralentissements de 1961-63 et 1966-68. En sus de l'application des décrets sur le chevauchement (*vide supra*), ils tiennent à l'insuffisance de capital social dont la caisse a souffert, au moins jusqu'en 1963 (*vide supra*). Enfin, les chiffres d'ensemble de la CRCA Sud-Est incluent des départements où elle est faiblement implantée et où, par suite, la progression de ses activités est plus difficile. On le voit, il reste beaucoup à faire en matière d'étude de l'impact régional des CRCA.

114 – Il s'agit cette fois des prêts en cours au 31 décembre de l'année considérée.

LA CAISSE RÉGIONALE DE CRÉDIT AGRICOLE D'ÎLE-DE-FRANCE :

Une Caisse régionale à la conquête d'un territoire urbain 1945-1991

Nicolas Gueugneau
Archives historiques de Crédit Agricole SA

La Caisse régionale d'Île-de-France est une Caisse régionale à la fois classique et spéciale. Classique car elle relève du même statut juridique, applique la même règlementation en matière de compétences et supporte les mêmes contrôles bancaires, règlementaires et financiers que toutes les Caisses régionales ; mais aussi spéciale par son implantation en région parisienne, en milieu urbain avec Paris comme étendard[1].

Introduction

Le modèle pyramidal du Crédit agricole avec le développement des caisses locales, puis des caisses régionales et enfin de la Caisse nationale de Crédit agricole est désormais bien connu[2].Le Crédit agricole a été un acteur majeur

1 – Lucien Douroux, *Un voyage inattendu*, Paris, Éditions du Cherche Midi, 2016, p. 140.

2 – La loi du 5 novembre 1894 autorise la constitution entre les membres de syndicats agricoles de caisses locales de Crédit agricole mutuel. La loi du 31 mars 1899 donne aux caisses locales la possibilité de se grouper

de la modernisation de l'agriculture française et a n'a pas peu contribué à l'essor de nombreuses régions. En sa qualité d'échelon intermédiaire, la Caisse régionale d'Île-de-France mérite une analyse toute particulière du fait de sa situation géographique et stratégique. Ses contours géographiques cernent le département de Paris, englobent ceux de la petite couronne avec les Hauts-de-Seine, le Val-de-Marne et la Seine-Saint-Denis et réunissent ceux de la grande couronne avec les départements du Val-d'Oise, des Yvelines et de l'Essonne, exception faite du département de la Seine-et-Marne relevant de la Caisse régionale de Brie-Picardie.

De façon générale, le développement de la Caisse régionale d'Île-de-France est initialement lié à celui du Crédit agricole[3] et à l'histoire économique et financière des banques. La décennie 1945-1955 annonce l'entrée de la région parisienne dans l'ère de développement et de prospérité inaugurant les Trente Glorieuses. Durant toute cette période, l'agriculture d'Île-de-France garde une très forte vitalité, malgré une tension permanente avec le développement urbain qui accapare les territoires. Ainsi que l'explique la direction de la Caisse régionale à cette époque, la zone de compétence territoriale de la Caisse régionale recouvre l'une des régions agricoles les plus riches du pays, se faisant forte d'une agriculture variée comprenant de grandes exploitations

au sein de caisses régionales de Crédit agricole mutuel. La loi du 5 août 1920 instaure l'Office national du Crédit agricole, devenu en 1926 la Caisse nationale de Crédit agricole, organe central.

3 – André Gueslin, *Le Crédit agricole*, Paris, La Découverte, 1985.

ABSTRACT

Credit agricole has been a major player in the modernization of French agriculture and has contributed to the development of many regions. As an intermediate level, the Ile-de-France Regional Fund deserves a very special analysis due to its geographic and strategic location. The decade 1945-1955 heralds the entry of the Paris region into the era of development and prosperity inaugurating the Glorious Thirty period. During this whole period, the agriculture of Île-de-France kept a very strong vitality, in spite of a permanent tension with the urban development which monopolized the territories. Thus, the whole challenge of the development of the Ile-de-France Regional Fund is taking shape, which must in a subtle way, organize and set out to conquer the territory, by combining the maintenance of agricultural areas and urban sprawl.

RÉSUMÉ

Le Crédit agricole a été un acteur majeur de la modernisation de l'agriculture française et a n'a pas peu contribué à l'essor de nombreuses régions. En sa qualité d'échelon intermédiaire la Caisse régionale de l'Île-de-France mérite une analyse toute particulière du fait de sa situation géographique et stratégique. La décennie 1945-1955 annonce l'entrée de la région parisienne dans l'ère de développement et de prospérité inaugurant les Trente Glorieuses. Durant toute cette période, l'agriculture d'Île-de-France garde une très forte vitalité, malgré une tension permanente avec le développement urbain qui accapare les territoires. Ainsi, se dessine tout l'enjeu du développement de la Caisse régionale d'Île-de-France, qui doit de manière subtile, s'organiser et partir à la conquête du territoire, en alliant maintien des zones agricoles et mitage urbain.

JEL Classification: **D2, D7, G2, G3, N5, P13, Q1**

Key words: **Crédit agricole mutuel, economic development, networking, conquest of the territory, cooperative model, savings collection, marketing**

Mots clés: **Crédit agricole mutuel, développement économique, maillage, conquête du territoire, modèle coopératif, collecte d'épargne, marketing**

de blé, de maïs, ou encore la culture de la betterave[4]. D'autres secteurs comme les activités maraîchères, l'arboriculture ou bien l'horticulture croissent de manière significative tout en voyant le nombre des exploitations diminuer. Hier banquier des agriculteurs et des particuliers, le Crédit agricole d'Île-de-France devient aussi celui des professionnels et des entreprises[5]. Ainsi, se dessine tout l'enjeu de son développement, qui doit de manière subtile, s'organiser et partir à la conquête du territoire, en alliant maintien des zones agricoles et mitage urbain.

Un riche corpus de sources permet de s'interroger sur le développement de la Caisse régionale d'Île-de-France telles que les plaquettes d'assemblées générales et les statuts[6] complétés par des procès-verbaux du conseil d'administration[7]. Il est à noter pour les seules années 1953-1954, un véritable début des investissements agricoles et l'esquisse de mesures en faveur des amortissements. À cela s'ajoutent les archives orales de personnalités[8]ou bien les mémoires publiées de dirigeants comme Jacques Bost[9] et Lucien Douroux[10], tous deux anciens directeurs généraux de la Caisse régionale. L'opportunité d'étudier l'histoire de la Caisse régionale d'Ile-de-France est également rendue possible par l'apport des dossiers tenus à jour par l'ancienne Caisse nationale de Crédit agricole[11] et l'exploitation de sa série des dossiers constitutifs[12]. À cela doivent s'ajoutent des études globales propres à la Caisse régionale d'Île-de-France et de Paris réalisées en interne et notamment le livre du centenaire *1902-2002. D'un siècle à l'autre : de la coopérative de crédit à la banque de plein exercice*, regroupant une série de photographies, de documents papiers et de graphiques.

Ces sources permettent d'envisager dans quelle mesure la Caisse régionale d'Île-de-France a su se développer sur le modèle coopératif classique, dans un univers essentiellement urbain, tout en mettant en valeur les spécificités liées à

4 – Lucien Douroux, *op. cit.*, p.151.

5 – Alain Borderie, *Crédit agricole d'Ile-de-France, 1902-2002, D'un siècle à l'autre : de la coopérative de crédit à la banque de plein exercice*, Paris, Le Cherche Midi, 2002, p. 71-75.

6 – Les Archives historiques de Crédit Agricole SA disposent d'une série incomplète de rapports annuels de Caisses régionales et de ses statuts, fonction de ce que détenait les services internes de la Caisse nationale de Crédit agricole.

7 – Ces archives sont conservées par la Caisse régionale d'Ile-de-France.

8 – Un entretien de Jacques Haffner, ancien directeur marketing puis directeur général adjoint de la Caisse régionale d'Île-de-France, a été réalisé les 7 et 14 juin 2019 par Bruno Charrier et Jean Guillemin, de l'Association des anciens cadres de direction de Crédit agricole SA.

9 – Jacques Bost (1899-1994) a été directeur général de la Caisse régionale d'Île-de-France et de Paris de 1954 à 1966. Il est l'auteur de *Soixante-dix années de Crédit agricole en Île -de-France. Histoire de la Caisse régionale de Crédit agricole mutuel de d'Île-de-France de 1901 à 1971*, Paris, 1973.

10 – Lucien Douroux (1933-2018) a été successivement directeur général de la Caisse régionale *d'Île*-de-France de 1976 à 1993, secrétaire général de la Fédération nationale de Crédit agricole de 1982 à 1990 puis directeur général de la Caisse nationale de Crédit agricole de 1993 à 1999.

11 – Les archives historiques de la Caisse nationale de Crédit agricole sont actuellement conservées par le service des Archives historiques de Crédit agricole SA.

12 – Cette série des dossiers constitutifs des caisses régionales de Crédit agricole a été constituée par le service juridique de la Caisse nationale de Crédit agricole et sera présentée plus en détail dans le développement de cet article.

cet environnement particulier, avec la recherche constante de se hisser parmi les premières caisses régionales de Crédit agricole.

Trois parties tentent d'y apporter réponse. En appréciant le réseau et le maillage de la Caisse régionale d'Île-de-France et de Paris (I), il s'agit de mesurer l'expansion d'une caisse régionale urbaine (II) qui repose sur la mobilisation de plusieurs moyens et l'affirmation de ses particularités pour devenir leader des caisses régionales (III).

I - Réseau et maillage de la Caisse régionale d'Île-de-France et de Paris

1 - La genèse de deux caisses régionales ancêtres

Tout d'abord, il est intéressant de définir les contours géographiques et les origines de la Caisse régionale d'Île-de-France. Le service des Archives historiques de Crédit agricole SA conserve à ce titre les dossiers constitutifs des caisses régionales de Crédit agricole, série issue de la documentation juridique de la Caisse nationale de Crédit agricole[13]. Ces archives renferment notamment les statuts, les règlements intérieurs, les rapports d'assemblées générales, les bilans sur une période s'étalant de la création des caisses régionales jusqu'à la fin de la Seconde Guerre mondiale en moyenne. À travers ces sources, il apparaît qu'au commencement, ce n'est pas une mais deux Caisses régionales ancêtres de l'actuelle Caisse régionale d'Île-de-France qui sont nées au tout début du XXe siècle.

La Caisse régionale d'Île-de-France est fondée le 22 décembre 1901. Maurice Dufourmantelle, président de la caisse locale de Villiers-le-Bel, en est le premier président. Louis Tardy[14] alors fonctionnaire au ministère de l'Agriculture, assiste à l'Assemblée générale constitutive et devient à titre bénévole le premier directeur général de la Caisse régionale[15]. À l'origine, la circonscription de celle-ci s'étend sur les départements de la Seine, de la Seine-et-Oise, de l'Oise et une partie de l'Aisne et est créée à l'initiative de seize caisses locales, de trois syndicats agricoles et trente-six sociétaires.

13 – Ce fonds, coté dans la série 312 AH, résulte de l'arrêté du 19 mai 1921, qui fixe les pièces que les caisses régionales de Crédit agricole devaient fournir à la Caisse nationale afin de pouvoir bénéficier des avances de l'État. Cet arrêté précise les pièces à fournir par les mêmes institutions en vue du contrôle de leurs opérations. Il est pris à la suite du décret portant règlement d'administration publique en date du 9 février 1921 et déterminant les conditions d'application de la loi du 5 août 1920 sur le crédit mutuel et la coopération agricole, et, en particulier, les articles 24 et 74 de ce décret. Conscient de l'importance et de la valeur des dossiers constitutifs pour le projet, le service des Archives historiques a fait procéder à la numérisation de ses fonds par un prestataire. Ainsi, ont été numérisés des rapports annuels d'assemblées générales de la CNCA ainsi que les statuts des caisses régionales.

14 – Louis Tardy (1875-1961) a été notamment le premier directeur général de la Caisse régionale d'Île-de-France et de Paris de 1901 à 1904, puis directeur général de l'Office national du Crédit agricole puis de la Caisse nationale de Crédit agricole de 1921 à 1937, président d'honneur de la Caisse régionale d'Île-de-France et de Paris dès 1928 ou encore président de la Fédération nationale de Crédit agricole de 1945 à 1961.

15 – 312 AH 42, Archives historiques de Crédit Agricole SA, fonds Crédit agricole.

La Caisse régionale de Seine-et-Oise (anciennement Caisse d'Étampes) est quant à elle fondée le 26 novembre 1904 sous la présidence d'Émile Lesage, polytechnicien et ancien agriculteur. Le premier directeur en est Léon Trouvé, ancien agriculteur également[16]. Elle compte en outre neuf sociétaires individuels et trois caisses locales : Étampes, Etréchy et Chalo-Saint-Mars. En 1910, elle change de raison sociale pour s'appeler Caisse régionale de Crédit agricole mutuel du département de Seine-et-Oise et des arrondissements de Melun et de Fontainebleau.

Ainsi, les origines de l'actuelle Caisse régionale d'Île-de-France sont plurielles : jusqu'en 1968 coexistent en bonne intelligence deux caisses régionales, celle d'Île-de-France et de Paris ainsi que celle de Seine-et-Oise et cela malgré un chevauchement territorial géré par les deux directions[17]. Toutefois, les Trente Glorieuses entrainent une modernisation sans précédent de l'agriculture, l'essor de l'industrialisation ainsi que le développement des services. C'est dans ce contexte que le rapprochement de ces deux ensembles bancaires s'esquisse.

2 - La fusion de 1968

À la fin des années 1950, les caisses locales multiplient les rapprochements[18]. Le mouvement de réduction du nombre de caisses touche à son tour la Caisse régionale de d'Île-de-France, épargnée jusqu'alors.

La Caisse régionale de Seine-et-Oise, du fait de sa situation géographique et la nature de sa clientèle, se trouve confrontée aux problèmes que rencontrent les céréaliers et les sucreries au début des années 1960. Elle se montre à l'écoute de ses sociétaires. Ainsi, le contexte particulier des années 1960 renforce l'idée que la présence sur un même territoire de deux caisses régionales ne pouvait pas perdurer. Sous la pression de la Caisse nationale de Crédit agricole, soucieuse de renforcer et de mutualiser les moyens techniques et financiers, les Caisses régionales de l'Île-de-France et de la Seine-et-Oise entament des négociations pour procéder à un rapprochement.

La Caisse régionale d'Île-de-France et de Paris, sous sa forme actuelle, résulte de la fusion en mars 1968[19] de la Caisse régionale de l'Île-de-France à Paris et de la Caisse régionale de Seine-et-Oise à Étampes[20]. Ce regroupement fait

16 – 312 AH 43, Archives historiques de Crédit Agricole SA, fonds Crédit agricole.

17 – Les rapports annuels de la Caisse régionale d'Île-de-France et de Paris indiquent qu'une convention est négociée avec celle de Seine-et-Oise en 1942, aboutissant le 23 janvier 1946 à la signature d'un protocole d'accord et de partage de circonscriptions entre les deux caisses régionales.

18 – Les archives font état par exemple en 1958 de la fusion des Caisses locales de Bessancourt et de Taverny, à l'instar de celles des maraîchers de Montrouge de la région parisienne et de celle de la région d'Aubervilliers. Autre exemple en 1959 avec les six caisses locales de la région de Montlhéry qui se rassemblent pour ne former qu'une seule Caisse locale.

19 – La convention de fusion réunissant les sociétaires individuels et collectifs des deux Caisses régionales est adoptée lors de l'assemblée générale extraordinaire du 7 février 1968, puis la fusion-absorption est ratifiée le 25 mars 1968 lors d'une assemblée générale ordinaire réunie extraordinairement.

20 – Il est à noter toutefois que cette fusion-absorption sera complétée dans la décennie suivante par une organisation en « échelons régionaux », ainsi qu'il est expliqué plus bas.

suite à une vague successive de concentrations dans un contexte d'économies de coûts et de mutualisation des moyens qui touche alors la France[21]. S'ensuit l'élection des administrateurs, conservant nombre de sociétaires des caisses locales de la circonscription d'Étampes, anciennement de la Caisse régionale de Seine-et-Oise, dont son ancien président Maurice Gaucher[22] et ses deux vice-présidents Robert Delalande[23] et Pierre Miger. Hier banquier des agriculteurs et des particuliers, le Crédit agricole devient aussi celui des professionnels et des entreprises. Les deux caisses régionales fusionnent ensemble avec le dessein de devenir la banque de tous les Franciliens.

3 - Les échelons régionaux

Le particularisme des directions régionales découle de la fusion-absorption de 1968, Paris absorbant Étampes, avec l'apparition d'un nouveau mode d'organisation en échelons régionaux. Les échelons régionaux devenus directions régionales, au nombre de quatre, soulèvent un certain nombre d'interrogations. Tout d'abord, quelles sont les relations entre l'échelon régional et la Caisse régionale ou encore quel est le domaine d'intervention de ces échelons ? Combien d'agences doivent y être créées et pour quels effectifs ? Quelles sont les caractéristiques de la Caisse régionale de Paris alors que son champ de compétence est longtemps limité et ne s'élargit que progressivement ? Quel est le poids du financement et de la promotion immobilière ainsi que le recours aux filiales ? Il est à noter que le premier échelon régional résultant de l'ancien territoire de l'ancienne Caisse régionale de la Seine-et-Oise, a obtenu dès la fusion-absorption de mars 1968, une certaine autonomie dans les domaines des crédits, de la gestion et de l'animation de son réseau commercial. Il démarre avec un effectif de 150 personnes et le comité régional est composé d'anciens administrateurs de la Caisse régionale de Seine-et-Oise. Cet échelon apporte rapidement satisfaction et certains aménagements en termes de moyens, d'organisation de services, dont l'informatique, y sont opérés dès 1973.

La particularité de ce territoire engendrant ce maillage inhabituel ainsi que les bons résultats générés par l'échelon régional d'Étampes, conduisent dès 1974 à la mise en place de nouveaux échelons régionaux, constituant un véritable instrument de décentralisation[24]. Ils sont au nombre de trois et répartis de la manière suivante : Cergy-Pontoise, Versailles et Paris. Malgré l'inquiétude des

21 – Ce phénomène débute avant même la Seconde Guerre mondiale avec la fusion de caisses locales jugées alors trop nombreuses. Dans une logique de gestion de coûts, la Caisse régionale fusionnée de d'Île-de-France et de Paris espérait développer encore ses activités de prêts et gagner de nouvelles parts de marchés.

22 – Maurice Gaucher fut notamment président de la Caisse régionale de Seine-et-Oise de 1964 à 1968, puis premier président de l'échelon régional d'Étampes de 1968 à 1980 ainsi que vice-président de la Caisse régionale d'Île-de-France de 1968 à 1980.

23 – Robert Delalande a exercé les fonctions de président de la caisse régionale d'Île-de-France et de Paris de 1977 à 1988.

24 – Les archives notent que Maurice Lecardonnel, alors directeur général, mandate Michel Regelsperger pour animer un groupe de travail, chargé de réfléchir à l'extension du modèle de l'échelon régional d'Étampes sur l'ensemble du territoire de la Caisse régionale.

caisses locales de perdre en relation avec le siège, le conseil d'administration consent à ratifier ce découpage en quatre circonscriptions, complété par la création de quatre comités régionaux. Cette organisation a pour intérêt de faciliter l'instruction des prêts et la mise en place des crédits. À cet effet, quatre comités régionaux sont créés. Leur présidence revient à un administrateur de la Caisse régionale représentant une caisse locale de leur circonscription. Sur délégation du conseil d'administration, ces comités statuent sur les demandes de prêts présentées par les caisses locales et s'intéressent à différents sujets dont le fonctionnement des agences. Ainsi, avec l'instruction des crédits, les échelons régionaux ont pour autre mission de participer à l'exécution commerciale sur le terrain[25]. Cette unité géographique à vocation commerciale reçoit un soutien logistique du siège.

> Ainsi, la Caisse régionale d'Île-de-France est mieux armée pour faire face à son développement [...], l'objectif étant d'accroître sensiblement notre implantation dans la région, tout en assurant à nos sociétaires et à nos clients une qualité de service croissante.[26]

La Caisse régionale a su faire de son maillage géographique un atout. Son organisation en échelons régionaux[27] lui permet désormais de répondre aux défis, notamment en matière de marketing qui attendent cette caisse régionale urbaine et d'exécuter sa politique commerciale sur le terrain.

II - Une caisse régionale urbaine

1 - Un modèle coopératif classique au service de l'agriculture

> Mutualiser les moyens : c'est l'idée révolutionnaire des maraîchers de Taverny, dans le Val d'Oise. Ils créent, en 1899, la toute première caisse locale du Crédit agricole en Île-de-France dans le dessein d'abolir l'usure. Les paysans peuvent désormais accéder au progrès technique, renouveler le matériel et les engrais, sans se passer la corde au cou. Cette histoire coopérative, c'est celle d'une banque mutualiste toujours en mouvement, celle du Crédit agricole d'Île-de-France.[28]

Dès 1902, la Caisse régionale d'Île-de-France et de Paris engage ses premières opérations de prêts destinées à ses sociétaires individuels pour l'acquisition

25 – Alain Borderie, *op. cit.*, p. 119-121.

26 – Extrait du discours de Lecardonnel, directeur général, lors de l'assemblée générale de la Caisse régionale le 12 avril 1975.

27 – Il est à noter que cette organisation, désormais en directions régionales, est toujours d'actualité au sein de la Caisse régionale et fait preuve d'originalité par rapport aux autres Caisses régionales. En effet, cette forme de décentralisation, unique dans l'institution, va inspirer d'autres Caisses régionales.

28 – Alain Borderie, *op. cit.*, p.12-23.

de bétail ou de chevaux[29]. Elle développe ainsi un modèle coopératif classique au service de l'agriculture. Les premières années d'après-guerre constituent une période de reconstruction propice aux transformations économiques et sociales. Les Caisses régionales de Crédit agricole d'Ile-de-France et de Seine-et-Oise sont au service de l'agriculture et se mobilisent par le biais de leurs équipes pour accompagner le mouvement de la modernisation de l'agriculture et notamment sa mécanisation. Durant cette période, les deux Caisses régionales ancêtres de la Caisse actuelle d'Île-de-France et de Paris procèdent à des ouvertures de bureaux en zones rurales. Le Crédit agricole, doté du monopole des prêts d'équipements et des prêts fonciers bonifiés, devient un outil central d'accession à la terre et de modernisation des exploitations. Ainsi, la vocation première de la Caisse régionale reste le prêt aux agriculteurs qui, dans un contexte de reconstruction, doivent investir pour se moderniser. Cela s'effectue en trois temps, à savoir les prêts à court terme, puis les prêts à moyen terme et à long terme aux jeunes agriculteurs et enfin les prêts à caractéristiques spéciales. En effet, l'agriculture est classée par les Pouvoirs publics dans le Plan de modernisation et d'équipement des activités économiques parmi les secteurs prioritaires. Et, dès le début des années 1960, le développement des prêts aux agriculteurs et aux collectivités se confirme. La Caisse régionale de d'Île-de-France développe ses activités auprès de ses sociétaires sur fond de changement politique à la suite de la mise en place du Marché commun tout en réaffirmant la priorité à accorder aux agriculteurs. Lors de l'assemblée générale du 3 mars 1963, André Cramois, alors président de la Caisse régionale de d'Île-de-France déclare que cette dernière a un double caractère, celui d'une caisse régionale traditionnelle pour ses sociétaires et celui d'un établissement au service des organisations nationales de l'agriculture.

À ce titre, la Caisse régionale de d'Île-de-France joue pleinement son rôle mutualiste[30]. Pour ce faire, elle soutient par le biais d'actions sociales, des acteurs agricoles tels que les maraîchers et les horticulteurs dont les professions sont menacées par des expropriations dans des communes en voie d'urbanisation. Elle garde pour objectif constant de participer à l'évolution de l'agriculture en conciliant une transformation inéluctable avec le respect de l'homme qui doit être le bénéficiaire, et non la victime de ces transformations[31].

2 - Bancariser la région parisienne

Depuis la fin de la Seconde Guerre mondiale, la France est confrontée à un problème de surliquidité dans les campagnes. Dans ce contexte, la Caisse régionale d'Île-de-France et de Paris n'a de cesse de participer à la collecte des dépôts, ainsi que de disposer de nouvelles ressources. Cela s'effectue par

29 – 312 AH 87 et 89, Archives historiques de Crédit agricole SA, fonds Crédit agricole.

30 – Les rapports annuels de la Caisse régionale attestent de l'action de dirigeants, qui utilisent leurs discours pour sensibiliser les personnalités présentes lors de l'assemblée générale à ces problèmes.

31 – Assemblée générale de la Caisse régionale de Crédit agricole d'Île-de-France du 25 mars 1968. p. 77.

la croissance constatée des comptes de dépôts à vue (DAV)[32] toujours rémunérés, de l'augmentation régulière de la souscription de bons à cinq ans de la Caisse nationale de Crédit agricole, sans oublier les prêts. Jusqu'alors limité au financement de l'agriculture, le Crédit agricole est autorisé à financer, à partir de 1959, le logement de ses clients non-agriculteurs dans les villes de moins de 2000 habitants, considérées comme rurales : cette nouvelle clientèle est une ouverture pleine de promesses[33].

Cette Caisse régionale est atypique par les différences sociologiques des clients qui la composent. À partir de 1967, elle élargit la gamme de ses produits dans le but de satisfaire et de conquérir toujours plus de clientèle : désormais comptes sur livret (CSL), comptes épargne-logement (CEL) ou plan d'épargne-logement (PEL) sont proposés, ce qui a pour effet d'accroître de manière significative le nombre de déposants[34].

Un constat s'impose : la Caisse régionale d'Île-de-France et de Paris pratique tous types d'opérations bancaires. Les sources indiquent que, en 1975, elle conquiert de plus en plus de particuliers et pèse deux fois le poids moyen d'une caisse régionale dans le groupe Crédit agricole. Elle recourt également aux produits de la Caisse nationale de Crédit agricole. En effet, dès le début des années 1970, les PEL, bons d'épargne, emprunts obligataires et autres SICAV[35] rejoignent la gamme des produits et services proposés aux clients de la Caisse régionale.

3. Une proximité des instances nationales

Dès 1958 et l'instauration de la Ve République, la France renouvelle ses institutions et ouvre ses frontières, ses dirigeants instaurent une nouvelle politique agricole, incluant des mesures structurelles et une modernisation du marché. Ainsi, cette tendance générale et la situation géographique des deux Caisses régionales de l'époque favorisent les modifications de trajectoires à suivre en leur sein. En effet, la Caisse nationale de Crédit agricole engage des réflexions notamment sur la question des rapprochements. Jacques Mayoux[36], nommé à la tête de l'organe central en 1963, s'intéresse rapidement à ces deux Caisses régionales du territoire de d'Île-de-France, qui, depuis l'origine, partagent une même circonscription départementale. Les sources indiquent que ce dernier envoie des collaborateurs de l'Inspection générale dans les deux Caisses régionales afin de se renseigner et d'émettre des recommandations. Il est intéressant de noter que ces deux Caisses sont à chaque fois favorables à une

32 – Les rapports annuels de la Caisse régionale de d'Île-de-France indiquent une croissance importante des dépôts des particuliers multipliés par sept, et ceux des personnes morales par deux.

33 – Alain Borderie, *op. cit.*, p. 93.

34 – Assemblée générale de la Caisse régionale de Crédit agricole d'Île-de-France du 25 mars 1968. Ce dernier croît de 15 % entre 1966 et 1967.

35 – La SICAV *Épargne-Unie* est la première SICAV commercialisée par la CNCA et rencontre un grand succès auprès de la clientèle de la Caisse régionale d'Île-de-France.

36 – Jacques Mayoux (1924-2017) a été directeur général de la Caisse nationale de Crédit agricole de 1963 à 1975.

fusion. Ainsi, les dirigeants de la Caisse régionale de d'Île-de-France sont vite gagnés à cette idée au contraire de leurs homologues de la Caisse régionale de Seine-et-Oise, même si ces derniers reconnaissent l'écart de taille important entre les deux Caisses régionales qui n'a pas décru depuis la fin de la Seconde Guerre mondiale. En effet, la Caisse régionale d'Île-de-France et de Paris se place en tête des classements selon les critères de bilans ou les encours de prêts ; celle de Seine-et-Oise, *a contrario*, n'apparaît qu'au cinquantième rang : les rapports annuels indiquent par exemple que pour l'année 1966, la Caisse régionale d'Île-de-France et de Paris compte 37 bureaux permanents, 27 guichets périodiques, 41 caisses locales et se classe dans les premières en terme de bilan par opposition à la Caisse de Seine-et-Oise qui dispose de douze bureaux permanents, deux bureaux périodiques et se place 47e dans le classement des caisses régionales par rapport à leur bilan.

La Caisse régionale d'Île-de-France et de Paris a compté des collaborateurs qui sont passés à la Caisse nationale de Crédit agricole ainsi qu'à la Fédération nationale de Crédit agricole. Parmi eux, il est possible de citer Louis Tardy, André Cramois[37], Maurice Lecardonnel[38] ou encore Lucien Douroux[39]. Les fonctions sont parfois concomitantes comme pour Lecardonnel, qui est membre du bureau fédéral tout en étant directeur général de la Caisse régionale d'Île-de-France de 1972 à 1976[40]. De même, la proximité de La Fédération nationale de Crédit agricole, située rue de La Boétie, influe certaines décisions de la Caisse régionale parisienne. En effet, les archives font état d'une refonte de ses statuts, à l'image de statuts types rédigés par la FNCA[41].

Le Crédit agricole d'Île-de-France souhaitait améliorer l'image du Crédit agricole en région parisienne pour en faire une banque urbaine destinée à une clientèle un peu sophistiquée, mais sans devenir une banque qui serait elle-même sophistiquée[42]. Cette orientation est conduite par Lecardonnel[43]. Ancien inspecteur à la Caisse nationale, puis secrétaire administratif à la Fédération nationale, il propose une série de mesures inédites et déterminantes pour atteindre cet objectif, Douroux poursuivra les réflexions et les réformes engagées par son prédécesseur. En 1972, les 700 collaborateurs emménagent dans l'actuel siège de la Caisse régionale, au 26 quai de La Rapée à Paris. Un immeuble de quinze étages sur les bords de Seine, offrant une vue remarquable sur la ville de Paris et qui a pour principal atout de regrouper l'état-major de

37 – André Cramois (1900-1978) a été directeur général de la Caisse nationale de Crédit agricole de 1944 à 1963. Présidence de la Caisse régionale de l'Ile-de-France de 1963 à 1977, cette dernière devient la banque de référence des grandes coopératives.

38 – Lecardonnel (1918-1976) devient notamment directeur général de la Caisse régionale d'Île-de-France de 1966 à 1976, après avoir fait ses armes à la Caisse nationale puis à la Fédération nationale de Crédit agricole.

39 – Il est nommé directeur général de la Caisse régionale lors de la séance du conseil d'administration du 23 octobre 1975 et entre en fonction le 1er janvier 1976.

40 – Lecardonnel est membre du bureau fédéral de la Fédération nationale du 25 octobre 1972 au 23 octobre 1974 puis vice-président de la Fédération nationale du 23 octobre 1974 au 20 mars 1976.

41 – Assemblée générale extraordinaire du 7 mars 1965.

42 – Citation de Jacques Haffner lors de l'interview enregistrée par Bruno Charrier et Jean Guillemin. 17'06.

43 – Il prend ses fonctions de directeur général de la Caisse régionale d'Île-de-France le 1er avril 1962.

la Caisse régionale et ses services centraux, initialement éparpillés dans plusieurs sites de la capitale.

Toujours par sa situation, la Caisse régionale se trouve investie d'une mission nationale de restructuration des circuits de commercialisation de produits agricoles. De ce fait, elle participe à la création de deux sociétés de prise de participation dans des entreprises de ce secteur avec la SOFIDECA[44].

III. Les moyens mobilisés pour devenir leader des caisses régionales tout en affirmant ses particularités

Dès l'après-guerre, les dirigeants et élus de la Caisse régionale d'Île-de-France donnent le ton et affirment vouloir être la première de l'ensemble des caisses régionales.

1. Une nouvelle dynamique des moyens

Après avoir participé à la modernisation et à l'augmentation de la productivité de l'agriculture française, la Caisse régionale de d'Île-de-France ambitionne de devenir la première des caisses régionales. Et, pour relever ce nouveau défi, elle mobilise tous les moyens à sa disposition. Cette période s'accompagne d'un renforcement simultané des moyens immobiliers, informatiques, techniques et humains. De ce fait, une nouvelle organisation se met en place.

Elle s'établit d'abord par le renouvellement des équipes dirigeantes. Lecardonnel, puis l'ensemble de ses successeurs mobilisent les moyens nécessaires en tenant compte des spécificités liées aux territoires géographiques couverts par la Caisse régionale ainsi que des attentes de leurs clients. L'année 1976 marque l'arrivée des nouvelles technologies. La banque innove avec le télétraitement informatique des opérations bancaires et la mise en place des distributeurs automatiques de billets. De plus, pour répondre aux besoins spécifiques de sa clientèle, toujours plus nombreuse, la Caisse régionale de d'Île-de-France et de Paris crée des services spécialisés dans la conservation de titres et les opérations de financement international. Par ailleurs, dans un contexte de libéralisation des activités financières des années 1980, elle accède à l'indépendance financière et institutionnelle avec l'émission de ses Certificats coopératifs d'investissement (CCI), cotés à la Bourse de Paris.

Enfin, se pose la question de la gestion des ressources humaines, notamment pour les femmes et les hommes qui composent le réseau commercial. Un recrutement massif s'effectue progressivement, conséquence directe pour la Caisse régionale parisienne de se doter d'un personnel qualifié ainsi que d'une force de vente supplémentaire, en ouvrant de nouveaux bureaux et en incitant l'ensemble des agents commerciaux à se former. Pour attirer la clien-

44 – Il s'agit de la Société de financement et de développement de l'économie agricole.

tèle, les collaborateurs doivent être formés, pour être en mesure d'informer précisément les clients, notamment sur les prêts en milieu urbain. Des actions commerciales sont également à mettre en place.

2. Les ouvertures d'agences parisiennes

La Caisse régionale d'Île-de-France débute sa conquête de Paris : elle ouvre sa première agence parisienne dans le quartier des Halles en 1963 avec des horaires d'ouverture amples : de 7h à 18h. Une seconde agence est ouverte dans le quartier de la Villette. Avec cette double implantation il s'agit de répondre à un prolongement de l'agriculture aux Halles et à un prolongement de l'élevage aux abattoirs de la Villette.[45] En 1969, la Caisse régionale dispose de 71 agences, 12 bureaux périodiques et 41 points d'arrêt de camions-guichets. Ces chiffres croissent de manière significative en 1975 évoluant respectivement à 113, 15 et 38[46]. Cette tendance haussière se poursuit en s'accentuant, au grand dam de l'État et de fait de la Caisse nationale de Crédit agricole. En effet, à partir de la fin des années 1970, Douroux poursuit les démarches entreprises par son prédécesseur pour la création d'agences dans Paris intra-muros[47]. Les études alors menées par le service marketing de la Caisse régionale dans le cadre de la politique d'implantations et de créations d'agences ont relevé que la population se rendait dans des agences à proximité de son domicile (ce qui équivaut à environ 400 mètres)[48]. En raison de cette description et d'autres constats, il a été décidé d'une estimation du nombre d'agences nécessaires pour le plan d'implantation d'agences à venir sur le territoire francilien.

Le plan de développement des agences sur le territoire de la Caisse régionale connaît deux périodes exceptionnelles. Le gouvernement décide de l'interdiction du développement des agences, ce qui provoque l'ouverture précipitée de nombreux points de vente. D'abord, en 1978, des accords sont conclus entre la Caisse nationale et le gouvernement de Raymond Barre. Ces accords permettent des élargissements de compétences mais, en contrepartie, la fiscalisation progressive du Crédit agricole et l'interdiction d'ouverture d'agences en milieu urbain pendant une durée de trois ans. C'est pourquoi la direction générale de la Caisse régionale, avec Douroux à sa tête, en accord avec le conseil d'administration, décide de créer très rapidement 18 agences nouvelles, dont plus la moitié dans Paris intra-muros[49]. Ensuite, en 1982, sous le premier septennat de François Mitterrand, le ministre des Finances Jacques Delors estime que les banques ouvrent un trop grand nombre d'agences. Devant cette menace, Douroux et ses équipes engagent alors en quelques semaines

45 – Alain Borderie, *op. cit.*, p.98-99. Ces propos reviennent à André Muraz, chargé de l'ouverture des agences sur Paris, comme l'indique l'ouvrage du centenaire de la Caisse régionale d'Île-de-France et de Paris.

46 – Rapports annuels de la Caisse régionale d'Île-de-France.

47 – Douroux succède en 1976 à Lecardonnel.

48 – Entretien oral de Jacques Haffner effectué par Bruno Charrier et Jean Guillemin les 7 et 14 juin 2019.

49 – Lucien Douroux, *op. cit.*, p. 146.

seulement l'ouverture de près de trente agences nouvelles, étendant de manière significative la présence de la banque verte sur le territoire francilien, urbain et parisien[50]. Ces créations se font dans la précipitation par l'achat d'un grand nombre de pas de porte[51], avant l'interdiction par l'État de l'ouverture de nouvelles agences. Ces dernières deviennent au fur et à mesure des lieux de vente où sont promues les valeurs de la Caisse régionale. De fait, toutes les agences doivent être installées dans des locaux modernes et propres, suivre un même protocole de rangement et disposer d'affiches en vitrines. Cette organisation provient d'une politique de marketing globale qui est initiée dès 1974 au sein de la Caisse régionale.

3. Une politique de marketing sur-mesure

Désormais, la Caisse régionale d'Île-de-France, précurseur dans de nombreux domaines comme les moyens de paiement, les automates bancaires et son système informatique, est dotée d'une organisation efficace et d'un réseau d'agences et de collaborateurs adaptés aux particularités de son territoire. C'est pourquoi, il reste un dernier élément fondamental à mettre en place pour parachever cette conquête des clients : la publicité et l'introduction des campagnes publicitaires. À cet effet, un département du marketing est mis en place en 1974. Comment aborder le vaste marché parisien, urbain, pour le Crédit agricole et quels ont été les choix propres de la Caisse régionale d'Île-de-France et de Paris en matière de publicité ? Les options prises ont permis à la Caisse régionale d'affirmer son identité, au risque de se retrouver en décalage avec l'image générale du groupe Crédit agricole. Lapin, poule et canard ont été les mascottes publicitaires qui ont porté les messages du Crédit agricole d'Île-de-France dans le métro et sur les abribus.

Les débuts de la publicité ont lieu dès l'après-guerre, avec l'idée de donner de la Caisse régionale l'image d'un établissement de crédit le mieux adapté aux besoins des clients[52]. Mais c'est avec l'arrivée de Lecardonnel que la notion de marketing prend tout son sens. Ce dernier entend doter la Caisse régionale d'une véritable réflexion commerciale et disposer d'un service marketing qu'il souhaite fonctionnel et transversal. Jacques Haffner[53] est alors recruté comme directeur du marketing en 1974. En partant d'études du marché, les différents aspects de la politique commerciale sont adaptés par segments de clientèle, ce qui permet d'orienter de façon rationnelle l'action des équipes commerciales en cohérence avec les choix stratégiques de la Caisse régionale :

50 – *Ibidem*, p.147.

51 – Entretien oral de Jacques Haffner effectué par Bruno Charrier et Jean Guillemin les 7 et 14 juin 2019. Ce dernier raconte notamment l'anecdote d'une boutique de chaussures transformée rapidement en agence.

52 – Il s'agit d'une plaquette éditée par la Caisse régionale et constituée de quatre feuillets de couleur jaune et verte, avec au dos un médaillon où figurent le logo CA du Crédit agricole conçu en 1948, sur fond de carte de France, avec également cinq épis de blé et une grappe de raisin avec la mention CAM pour Crédit agricole mutuel.

53 – Jacques Haffner, recruté en 1974 comme directeur du marketing de la Caisse régionale d'Île-de-France, le reste jusqu'en 1980 ; il devient son directeur général-adjoint chargé du développement de 1987 à 1995.

de nouvelles notions telles le marketing producteur et le marketing distributeur, la segmentation clientèle ou encore les canaux de distribution font leur apparition dans le plan de développement de la conquête commerciale du territoire francilien et parisien. En parallèle, l'étude de l'image des banques et de celle de la Caisse régionale d'Île-de-France conduit à mettre en place une campagne de communication correspondant au contexte très particulier de la région parisienne. Enfin, l'ensemble est complété par des tableaux de bord permettant de suivre les parts de marché et la rentabilité par segment de clientèle, par produit et par agence[54].

De ce service naissent des campagnes publicitaires efficaces comme celle du *petit lapin*[55]. Mais c'est la campagne *le Tout-Paris au Crédit agricole* qui reste l'une des plus exceptionnelles, par son audace et sa réussite[56]. Tout le succès de cette campagne réside dans le fait d'avoir su habilement conjuguer les aspects et les valeurs rurales et traditionnelles du Crédit agricole avec les spécificités du monde urbain, en l'occurrence parisien. Des années après, nombre de clients se souviennent encore des affiches publicitaires tirées de cette campagne, sur lesquelles figuraient à la fois le petit lapin se promenant aux alentours des monuments de la capitale, ou encore une poule sur le toit de l'Opéra Garnier, sans oublier le canard qui traverse Paris dans une voiture. Pour reprendre les termes de Douroux, alors directeur général de la Caisse régionale, le service marketing a su intelligemment associer l'image encore rurale du Crédit agricole et un rien de snobisme parisien[57]. Ces campagnes inédites connaissent un succès sans précédent. Elles ont pour conséquence de susciter la curiosité de certaines caisses régionales, mais aussi l'agacement de la Caisse nationale, à qui revenait, jusqu'alors, l'organisation et la mise en place des campagnes publicitaires des produits et services du groupe[58]. En effet, la Caisse régionale d'Île-de-France cherche dès le milieu des années 1970 à développer une position très particulière sur le volet du marketing, rendant cette démarche unique dans le groupe Crédit agricole et ainsi exercer son métier de banquier sur la région Île-de-France.[59]

54 – Entretien oral de Jacques Haffner effectué par Bruno Charrier et Jean Guillemin les 7 et 14 juin 2019. 6'02.
55 – Lucien Douroux, *op. cit.*, p. 148. Il raconte la genèse de cette campagne publicitaire inédite, organisée par Anne-Marie Batifol et le publicitaire Jacques Séguéla.
56 – *Ibidem.*
57 – *Ibidem.*
58 – La Caisse nationale de Crédit agricole crée en 1967 son propre service publicité. Il réalise notamment les premiers spots publicitaires de Crédit agricole, qui peuvent être utilisés par les caisses régionales. De ce service central naît le slogan célèbre « le bon sens », qui est décliné tout au long des décennies suivantes et connaît donc un véritable succès.
59 – Entretien oral de Jacques Haffner effectué par Bruno Charrier et Jean Guillemin les 7 et 14 juin 2019. 5'46.

Conclusion

Originairement, la Caisse régionale d'Île-de-France était une banque à destination d'un très faible nombre de clients demeurant en région parisienne. Son image considérablement transformée, elle est devenue en quelques décennies une véritable banque dédiée aux citadins franciliens, capable de répondre aux besoins sophistiqués de sa clientèle. Cela se confirme dès 1991 lorsque le Crédit agricole d'Île-de-France est présent sur tous les marchés et sur tous les corps de métiers. Il ambitionne à présent de devenir la banque préférée des Franciliens pour accélérer son développement et les projets de développement de son territoire. Une évolution bien perceptible depuis le début de la décennie 2010 : en 2013, la Caisse régionale procède au redéploiement de son réseau d'agences. Avec le projet « Maille et maillage », les implantations des agences sont redéfinies en tenant compte des perspectives liées au Grand Paris, des évolutions technologiques et des nouveaux comportements des clients. Aujourd'hui, six conseillers minimum sont présents dans chaque agence pour offrir aux clients un service optimisé. Entre 2014 et 2017, un nouveau concept nommé « agence active » devient une réalité. En parallèle, la Caisse régionale propose de nouvelles applications mobiles à ses clients et anime ses 52 caisses locales[60].

Sur une histoire qui reste à écrire, son analyse pourrait être étayée par le recours à des sources complémentaires, notamment certaines séries conservées par les Archives historiques de Crédit agricole SA[61], de la Fédération nationale de Crédit agricole ou encore de la Caisse régionale elle-même. En effet, il pourrait être intéressant de poursuivre sous cet angle tout en s'interrogeant également sur les relations de la Caisse régionale d'Île-de-France à la fois avec l'organe central ainsi qu'avec certaines caisses régionales. Ce sont autant de pistes à développer et à explorer par les historiens, laissant donc le champ libre à de nombreux secteurs et à différents points de vue.

60 – Site Internet de la Caisse régionale de Crédit agricole d'Île-de-France (film en *motion design*). [https://ca-paris.com/qui-sommes-nous/histoire-ca-idf/]

61 – Les archives du service puis de la direction des Études financières du Crédit lyonnais par exemple constituent un corpus d'archives remarquables de plusieurs kilomètres linéaires de documents. Elles traitent d'études essentiellement de la situation financière d'États, de sociétés ou d'établissements bancaires.

LA CRÉATION DU CRÉDIT AGRICOLE PYRÉNÉES-GASCOGNE

Histoire d'une fusion 1992-2019

Laurent Jalabert

Professeur d'histoire contemporaine, Université de Pau et des Pays de l'Adour, E2S, ITEM (UR3002)

Le Crédit agricole Pyrénées-Gascogne (CAPG) est une « banque régionale de plein exercice » (BRPE) depuis 1992. Elle est issue de la fusion de trois caisses régionales, celles du Gers (née en 1904), des Pyrénées-Atlantiques (née en 1902) et des Hautes-Pyrénées (née en 1902). La naissance de la nouvelle entité régionale s'inscrit dans le processus de fusion des caisses régionales souhaité par les instances nationales en 1989. Le processus de fusion a été préparé dans ces trois départements à partir de 1990, mais il s'accélère brutalement en 1991 en raison de la situation instable de la Caisse du Gers. Presque trente ans plus tard, le CAPG est la première banque du territoire, détenant plus de 30 % des parts de marché, atteignant même les 40 % pour le marché des crédits. Comment s'est effectuée cette fusion ? Comment de trois banques régionales modestes, s'est construite une BRPE moteur d'un développement territorial ?

Le processus de fusion et la création du Crédit agricole Pyrénées-Gascogne (1989-1993)

Le processus de fusion des trois caisses régionales, Gers/Pyrénées-Atlantiques/Hautes-Pyrénées, qui débouche sur la formation du CAPG, est officiellement lancé par le protocole d'accord signé le 11 décembre 1990 entre les trois caisses régionales[1]. À cette date, les trois entités créent une « holding » ou « union » qui vise à préparer un plan de fusion. Ce document est signé après que les trois caisses aient chacune validé en 1989, lors d'assemblées générales extraordinaires, l'idée d'un rapprochement « irréversible »[2]. L'originalité de la CAPG est qu'elle épouse un territoire qui s'inscrit dans sa propre histoire : plus qu'une fusion recoupant les entités administratives régionales que la décentralisation des années 1982-86 vient de renforcer, le Crédit agricole fait le choix de préserver l'identité de ses territoires bancaires au regard des réalités économiques territoriales.

Les trois caisses s'affranchissent de la domination des deux métropoles régionales voisines (Bordeaux et Toulouse) et se glissent dans une dynamique qui recoupe le bassin de l'Adour, plus en prise avec les réalités socio-économiques de terrain. La nouvelle caisse sera donc à cheval sur deux régions

1 – Cet article s'est appuyé sur les fonds d'archive de la banque régionale, consulté au siège exécutif de Serres-Castet. Ces fonds ne sont pas cotés. Il reprend des éléments de l'ouvrage : Laurent Jalabert, *Histoire du Crédit agricole Pyrénées-Gascogne, 1902-2019*, Pau, Cairn, 2020. Trois documents/rapports datés de mars 1990, juin 1991 et mars 1991, rédigés par la direction de la Holding CAPG et transmis aux syndicats et aux Comités d'entreprise ont été repris pour rédiger cette partie. Ces documents sont présents dans les fonds de la Caisse, au siège.

2 – On trouve le double de ces dossiers préparatoires dans les Archives historiques de Crédit agricole SA conservées à Montrouge (*cf.* annexe, présentation des sources).

ABSTRACT

Resulting from the merger of three regional mutuals, Crédit agricole Pyrénées Gascogne (CAPG) has been a Regional Full Service Bank since 1992. It is part of the process of merging the Regional Mutuals desired by the national management of the Crédit agricole since 1989. Prepared since 1990, it accelerated sharply in 1991 due to the unstable situation of Credit Agricole in the Gers. Almost thirty years later, CAPG is the leading bank in the territory, holding more than 30 % of the market share, even reaching 40 % for the credit market. This article looks back at the birth of this bank and explains the reasons for its conquering development within its territory.

RÉSUMÉ

Issu de la fusion de trois caisses régionales, le Crédit agricole Pyrénées Gascogne (CAPG) est une banque régionale de plein exercice (BRPE) depuis 1992. Il s'inscrit dans le processus de fusion des caisses régionales souhaité par les instances nationales du Crédit agricole à partir de 1989. Préparée depuis 1990, la fusion s'accélère brutalement en 1991 en raison de la situation instable de la Caisse du Gers. Presque trente ans plus tard, la Caisse est la première banque du territoire, détenant plus de 30 % des parts de marché, atteignant même les 40 % pour le marché des crédits. Cet article revient sur la naissance de cette banque et explique les raisons de son développement conquérant au sein de son territoire.

JEL Classification : **G21, N54, N84, N94, P13, Q14**

Key words : **Crédit agricole, company culture, mutualism, merger, Pyrénées-Gascogne, conquest of the territory, cooperative model, Bankoa**

Mots clés : **Crédit agricole, culture d'entreprise, mutualisme, fusion, Pyrénées-Gascogne, conquête du territoire, modèle coopératif, Bankoa.**

administratives, Midi-Pyrénées et Aquitaine, avec quatre villes moyennes, complémentaires dans leurs fonctions territoriales : Pau, Bayonne, Auch et Tarbes au sein d'un territoire relativement dynamique, porté par les effets durables de l'implantation des sociétés liées à l'exploitation du gaz de Lacq (Société Nationale des Pétroles d'Aquitaine, Elf-Aquitaine, puis Total), les industries aéronautiques, les industries agro-alimentaires et le tourisme. Seule la zone de Tarbes sort sinistrée des années 1980 par une crise économique qui a impacté ses industries.

Un processus irréversible, consensuel, visant à renforcer une banque de proximité

Le protocole de fusion signé en décembre 1990 est donc une dynamique « irréversible » pour les sociétaires. Tous sont convaincus de la nécessité de la fusion si on reprend les discussions tant au sein des conseils d'administration que des assemblées générales. Chacun a bien conscience que les capacités d'action des entités départementales sont devenues trop étroites, notamment en terme d'élargissement du capital. Les sollicitations des usagers comme des entrepreneurs sont trop importantes pour que chaque caisse puisse individuellement les assumer et les risques en matière de crédits devenus plus nombreux, notamment dans le monde agricole. En outre, sur le terrain, les banques sont contraintes à de lourds investissements (informatisation, formation) et à une concurrence plus forte. Le protocole signé en décembre 1990 vise à mutualiser les moyens pour renforcer le potentiel des trois banques. Il préconise d'engager des discussions sur la définition de la future architecture de l'organisation Pyrénées-Gascogne et une négociation avec les partenaires sociaux (syndicats, comités d'entreprise notamment) pour tout ce qui relève de la redistribution des emplois ou des avantages sociaux. Les aspects financiers sont eux moins évoqués publiquement, ils relèvent de discussions plus feutrées entre directeurs et présidents des trois caisses. La Holding, créée le 1er juillet 1991 avec une direction générale commune, est en charge d'accélérer les négociations ; elle est dirigée par Georges Pauget, directeur général de la Caisse des Pyrénées-Atlantiques. Dans l'intervalle, les Caisses régionales continuent de fonctionner normalement.

Les dossiers circulent rapidement[3]. Trois grands sujets émergent. Prioritairement, la fusion vise à préserver l'ancrage territorial du Crédit agricole qui, globalement détient 31 % des parts du marché des dépôts bancaires et 47 % du marché des crédits dans les trois territoires. Partout, le Crédit agricole est leader. Pour cela, il apparait impératif que le processus de fusion n'impacte pas le réseau des agences et celui des caisses locales. Cette territorialité est l'atout majeur de la banque et la fusion a pour objet non de l'amoindrir, mais bien de la renforcer durablement. Cela passera par le maintien des agences, leur modernisation, la formation des personnels et de nouvelles campagnes

3 – Rapport aux trois CE pour la fusion, daté du 23 octobre 1991 (siège de l'entreprise).

promotionnelles pour défendre l'émergence de « la marque Pyrénées-Gascogne » comme substitut aux identités départementales particulièrement ancrées dans les mentalités. Les directeurs plaident pour « rassurer » tant les salariés du groupe qui ne devraient pas être impactés par les mesures de fusion dans le réseau, que les sociétaires des caisses locales qui restent attachés au mutualisme ; et enfin les clients qui conserveront leurs interlocuteurs de proximité. Alors que d'autres banques font déjà le choix de limiter leurs implantations territoriales dans les centres urbains les plus importants, le Crédit agricole oppose une stratégie contraire qui sera couteuse en personnels comme en investissement pour la modernisation de son patrimoine immobilier, mais qui d'un point de vue de la structure relativement rurale des trois départements et de l'attachement identitaire de ses habitants à leurs terres d'origine est pertinent.

Le Crédit agricole a cependant toujours ici deux concurrents : La Poste qui renforce à cette époque son caractère d'établissement bancaire ; et les Caisses d'épargne qui s'attachent à un ancrage dans les chefs-lieux de canton. Pour autant, pour cette dernière, l'organisation globale se régionalise sur la base des entités administratives, le Gers et les Hautes-Pyrénées dépendront d'une caisse Midi-Pyrénées gérée depuis Toulouse ; tandis que celle des Pyrénées-Atlantiques se rattache à Aquitaine-Poitou et est administrée à Bordeaux autour d'un territoire élargi et bien lointain. *A contrario*, la Caisse Pyrénées-Gascogne se veut « un pôle d'équilibre » entre les deux métropoles régionales. Le Crédit agricole affirme donc son ancrage de proximité et, tout en réalisant la fusion, n'éloigne pas trop brutalement la direction régionale de ses sociétaires. En outre, il affirme son volet pyrénéen, envisageant un développement transfrontalier spécifique au Pays basque. La structure aura donc des capacités en capitaux certes moins importantes que ses concurrentes, mais elle se place davantage dans une stratégie à long terme de fidélisation de sa clientèle au sein de son réseau de proximité, particulièrement dense, et lié à une direction régionale qui fait le pari du lien social. Ne pas trop éloigner les centres décisionnels des sociétaires est une ligne de conduite affirmée, gage d'une fidélité au mutualisme des origines.

La définition des conditions de la gouvernance régionale est le second enjeu fondamental de cette fusion. Où sera le siège social ? Où s'implantera la direction régionale ? Qu'adviendra-t-il des trois sièges ? Comment s'organisera la nouvelle gouvernance ? Les susceptibilités sont ici à ménager. Vider une ville d'une direction d'entreprise serait bien sûr très mal perçu par la classe politique qui pourrait s'en saisir et en faire une affaire locale d'envergure[4]. Très vite, le choix est fait de ne pas opérer une concentration trop rapide en un même lieu de l'ensemble des fonctions de direction et ce afin de rassurer non seulement les salariés, mais aussi les élus. Éviter de générer trop de frustrations dans les sièges « abandonnés » est un débat récurrent ; un équilibre entre les trois villes-

4 – Rappelons notamment que les députés, sénateurs ou président de Conseil général ne manquent que rarement les assemblées générales. Tout au long des années 1980 dans le Gers, le président du conseil général, Jean-Pierre Joseph, est omniprésent à la tribune de 1982 à 1992.

siège est proposé, tout en actant une centralité paloise. La capitale du Béarn est naturellement choisie comme siège de la direction opérationnelle et sans trop de discussions. Pau est la plus grande des agglomérations de la zone au sein d'un tissu économique dynamique et prospère. Ce choix naturel ne sacrifie pas pour autant Tarbes et Auch. La capitale bigourdane sera le siège social de l'entreprise, accueillant les assemblées générales, les conseils d'administration, etc. En outre, elle récupère tout ce qui relève du secteur « informatique », qui est considéré comme la clef de l'avenir de la banque et de sa capacité à se moderniser. Le siège d'Auch sera quant à lui en charge de l'activité de « crédit », fonction historique de la banque. Cet équilibre dans la gouvernance est une véritable révolution interne, mais il permet de maintenir des ancrages territoriaux, qui viennent ici préserver *a minima* l'emploi dans chacune des capitales régionales. Les élus, très attentifs à de telles mutations, de par leurs liens anciens avec les caisses, s'en satisfont.

Le troisième et dernier enjeu, sans doute parmi les plus sensibles, est le devenir des personnels. Le regroupement des entités ne signifie pas le triplement des fonctions. La crainte fondée des syndicats est de voir certains emplois supprimés et donc la mise en œuvre d'une politique de licenciements. En outre, les fonctions se répartissant au sein de l'ensemble régional, des mobilités semblent inévitables. Le phénomène est d'autant plus sensible que la fusion est prévue à court terme (2 à 3 ans), signifiant une certaine brutalité du processus pour certains salariés en place depuis longtemps dans leurs directions respectives. La direction générale en charge de la Holding en a une conscience aigüe et bénéficie d'études très précises sur l'état des personnels des divers sites, comme d'une évaluation des besoins. Les documents internes présents dans les archives de la caisse régionale, montrent que la direction fait le choix de la transparence très rapidement, ne négligeant aucun des partenaires.

Les documents présentant la fusion sont régulièrement transmis aux syndicats comme aux comités d'entreprise qui peuvent en informer leurs membres. Les projets de restructuration de l'emploi au sein de la future entité sont l'objet de dossiers conséquents, qui peuvent être questionnés par écrit et lors de rencontres, puis négociés en interne. La préoccupation de la direction est d'éviter au maximum un malaise social profond parmi les salariés et les licenciements secs. Accompagner les personnels devient l'exigence d'une politique sociale concertée, qui passe d'ailleurs autant par le Comité d'entreprise que par la négociation syndicale. Le siège bigourdan, qui salarie 159 personnes en 1991, devrait voir cependant les effectifs stabilisés à 160 en 1994, mais avec seulement 43 personnes initialement présentes à Tarbes qui y resteront. Des processus de mobilité sont donc bien un corolaire de cette fusion. À Auch, par contre, les effectifs passeraient de 229 personnes au 31 décembre 1991 à 166 au 31 décembre 1994, soit une perte de 63 emplois. Enfin, à Pau, la baisse est sensible, passant de 291 à 247 salariés, soit un solde négatif de 44. Au bilan, la fusion ne devrait donc impacter que 105 emplois à l'issue du processus sur un total de 1 700 salariés, soit environ 6 %.

Le réseau des agences ne serait pas touché. La direction prévoit par contre la transformation de dizaines d'emplois. Le choix se tourne vers une politique de « départs volontaires » négociés, et de préretraites alors facilitées par les dispositifs mis en place par l'État (45 ont été proposées dès 1991). Outre l'emploi, deux objets complémentaires deviennent centraux : la mise en place d'une politique de formation accélérée pour les personnels qui devront changer de fonction en interne ; et un travail sur les avantages sociaux propres à chaque entité qui devront être unifiés. Sur ce second point, la direction aboutit assez vite à des accords par le biais de concertations avec les trois comités d'entreprise. Sur le premier point, les négociations avec les partenaires sociaux sont plus complexes, et la direction se doit d'envisager un plan de formation à court terme qui s'avèrera très coûteux. Le plan de formation 1992-1993 engage pour les deux années 22 millions de francs ; tous les salariés sont concernés, avec un total cumulé envisagé de 11 326 jours de formation, soit une moyenne de presque sept jours par salarié. La bonne mise en route de ces négociations est considérée comme le préalable principal à la fusion et ce d'autant plus que les salariés sont relativement attachés à leur caisse d'échelle départementale. L'ensemble des rapports, courriers ou autres documents des conseils d'administration tendent à montrer que c'est une vraie inquiétude, même si les équipes de direction sont confiantes.

La situation de la Caisse du Gers bouscule le processus

Alors que la dynamique est en cours, un audit de l'inspection générale de la Caisse nationale mené dans le Gers à la fin de l'année 1991 vient précipiter la fusion dans des conditions plus rapides et moins souples que ce qui était attendu. Selon cette mission, la Caisse du Gers a un encours de créances de 7,5 milliards de francs, dont 1,25 milliards douteux, soit 17 % du total (la loi en autorise 5 %). La situation est jugée dans le rapport « très préoccupante ». La caisse régionale se doit donc de couvrir les créances douteuses pour un montant de 709 millions. Mais, « compte tenu de la faiblesse des provisions antérieurement constituées, c'est une dotation nette aux provisions sur l'exercice 1991 de 505 millions de francs qu'il conviendrait de comptabiliser pour couvrir la dépréciation des actifs ». Or la Caisse ne dispose que de 273 millions de francs disponibles. La Caisse nationale devra donc abonder le solde par le biais d'un prêt de 232 millions de francs pour couvrir le delta. Le rapport précise cependant que ce prêt incombera à la future caisse Pyrénées-Gascogne, car il ne se concrétisera que si la fusion est effective.

En cette fin d'année 1991, il est donc acquis pour la mission de l'inspection générale que « cette carence de fonds propres, qui exclut évidemment toute poursuite de l'activité de la Caisse régionale du Gers en tant qu'établissement de crédit isolé, créera pour Pyrénées-Gascogne des exigences de rigueur de gestion particulières et appellera une intervention complémentaire de la Caisse nationale du Crédit agricole. La situation génère un projet de réorganisation de la Caisse régionale, impliquant notamment une nouvelle politique de l'emploi : départs volontaires, carrières bloquées, développement des CDD, le tout afin de faciliter la restructuration attendue »[5].

L'urgence s'installe donc dans un processus, qui s'avère désormais plus complexe, le tout afin d'éviter le chaos et la brutalité sociale tant redoutée. La situation était pourtant belle et bien connue de l'ensemble des partenaires qui l'avaient sans doute minorée[6]. La fusion devint injonction de la Caisse nationale. La réaction de la direction de la holding est immédiate, présentée dans un rapport complet intitulé « Mesures d'organisation et de gestion rendues nécessaires par la situation financière de la Caisse régionale du Gers », daté du 19 février 1992. Le texte propose des solutions rapides pour une fusion qui sera effective en juin 1992 sur les bases des projets déjà rédigés et des négociations engagées quelques mois plus tôt. Le directeur Georges Pauget propose une solution juridique pour absorber plus rapidement la situation financière de la Caisse du Gers : l'absorption des caisses pyrénéennes et de la holding Pyrénées-Gascogne par la Caisse régionale du Gers qui retrouvera ainsi une capitalisation nécessaire à son redressement.

Les échanges avec les organisations de salariés se multiplient et débouchent sur un processus plus précis. L'objectif général est réaffirmé : rester un réseau de « proximité » et créer selon les orientations fixées par la Caisse nationale, une « BRPE, à savoir, une banque régionale de plein exercice, une banque apte à exercer dans des conditions économiques performantes tous les métiers associés à notre activité ». Le rapport reprécise que chaque caisse n'a pas de marché suffisant pour y parvenir de façon autonome, d'où une fusion indispensable. En outre, « la Caisse régionale du Gers a en effet au 31 décembre 1991 un ratio de solvabilité inférieur à la norme minimale de 5 % imposée par les autorités monétaires. Le Crédit agricole, « comme la loi bancaire le lui autorise », et après avis des conseils d'administration et des assemblées générales des caisses locales et régionales, impose la fusion. Les nouvelles modalités de gestion seront calquées et imposées à partir d'une expérimentation de la politique bancaire en œuvre dans les Pyrénées-Atlantiques depuis cinq ans et qui donne satisfaction. Le regroupement accéléré permettra de réaliser des économies d'échelle sur certaines fonctions de gouvernance comme cela avait été annoncé, mais tout « en maintenant les trois sites pour préserver l'emploi local ».

L'option définitivement choisie est celle d'un regroupement des fonctions par site. Pau récupère bien le pilotage général de la future entité régionale ; Tarbes la gestion bancaire et informatique (tout en devenant le siège social), Auch la gestion des crédits. Les moyens généraux sont répartis. Pour les personnels, les négociations concernant les départs en préretraites, les ruptures indivi-

5 – Ce rapport est disponible dans le fond d'archives de la caisse régionale.

6 – *Cf.* Laurent Jalabert, *op. cit.*

duelles de contrat et les projets de formation sont engagées individuellement. Un budget de 14 millions de francs est réservé pour ces opérations pour les années 1992 et 1993.

Deux mois plus tard, le traité de fusion est signé, le 24 avril 1992. La dissolution des Caisses des Pyrénées-Atlantiques, des Hautes-Pyrénées et de la Holding intervient par absorption par la Caisse du Gers, qui change immédiatement de statuts et se renomme Crédit agricole Pyrénées-Gascogne, lors d'une Assemblée générale extraordinaire qui se tient le 12 juin 1992. La nouvelle Caisse est en ordre de marche. Le premier président est le président de la Caisse du Gers, André Fontan (seul candidat) ; les deux vice-présidents sont ceux des deux caisses pyrénéennes, Jean Lagarde et Paul Boué. Le directeur est G. Pauget, qui a dirigé jusque-là la Caisse des Pyrénées-Atlantiques et la Holding CAPG. Le conseil d'administration se compose de sept administrateurs venus du Gers, neuf des Pyrénées-Atlantiques et six des Hautes-Pyrénées, soit 22 membres. Dans ce premier conseil ne siège qu'une femme, Jacqueline Labérou. La Caisse réunit alors 83 caisses locales : 33 dans le Gers, 34 dans les Pyrénées-Atlantiques et 16 dans les Hautes-Pyrénées.

La mise en place de la nouvelle caisse régionale (1992-1996)

La fusion précipitée du premier semestre de l'année 1992 a un impact important sur la structuration de la nouvelle Caisse. La première assemblée générale qui a lieu à Tarbes le 30 avril 1993 ne cache pas aux sociétaires que la situation est délicate. La Caisse enregistre un déficit d'exploitation. Peu aidée par un contexte macroéconomique difficile, elle est fragilisée pour l'essentiel par la situation héritée du Gers et par les contraintes du processus de fusion.

Un rapport du conseil d'administration préparatoire à l'assemblée générale évoque les mesures entreprises pour redresser la situation du Gers où l'année 1992 a été difficile. Plusieurs audits ont conduit la direction à s'écarter du capital de certaines entreprises en difficultés. Par « une politique de persuasion », la Caisse a poussé les coopératives céréalières du département à se regrouper (de treize à sept) afin de réajuster les encours de crédit. Les effectifs au siège d'Auch qui en 1990 étaient de 247 salariés ont été réduits au 1er janvier 1993 à 195 emplois. Enfin, les créances douteuses et litigieuses sont passées au peigne fin par les services du contentieux de Pau qui cherchent à retracer l'historique de l'ensemble des dossiers, à la recherche des failles et des meilleures solutions pour limiter les pertes. Une séparation est établie entre les dossiers des particuliers et ceux des entreprises. Si les premiers sont souvent le fruit de recherche d'accords à l'amiable, la politique menée vis-à-vis des entreprises est bien plus ferme. Des listes de sociétés aux contours variés émergent des archives. Dès la fin de l'année 1992, un dossier recense 64 sociétés parmi les cas les plus délicats, majoritairement dans le domaine des activités agricoles. Certains dossiers sont accompagnés de préconisations sur les solutions à envisager : accords à l'amiable ou contentieux devant les tribunaux de commerce. L'objectif est de liquider dans les deux ans, au plus tard trois ans, l'ensemble des situations.

Le 25 avril 1994, l'assemblée générale se veut plus rassurante et note un redressement déjà bien marqué, avec un résultat net positif de 66 millions de francs, limité par les lourdes charges liées à la fusion, évaluées à 33 millions de francs en 1992 et 50 millions de francs en 1993 et à la mise en œuvre « d'un système d'information unifié » qui a couté environ 85 millions de francs en investissements. Quant à l'affaire du Gers, elle est, pour le directeur, « en voie de règlement, les derniers dossiers sont au contentieux et relèvent désormais de la justice ». L'encours des créances douteuses et litigieuses en septembre 1993 reste de 2,864 milliards de francs, dont 1,5 milliard dans le seul département du Gers (52 %), le reste dans les deux autres départements, à part égale. À la fin de l'année 1994, l'équivalent de 2,4 milliards relève cependant du contentieux judiciaire avec un espoir de règlement de nombreuses situations (au moins la moitié selon le directeur) dans l'année, ce qui permettrait de stabiliser définitivement la situation. Le 7 avril 1995, l'assemblée générale ordinaire confirme que malgré une conjoncture économique qui impacte l'ensemble du secteur bancaire, les contraintes de la fusion sont désormais dans le rétroviseur et ne devraient plus gêner durablement l'entreprise. Le résultat net est positif (44,2 millions de francs).

En matière d'emplois, le processus de restructuration est quasiment achevé. 286 personnels ont quitté le Crédit agricole Pyrénées-Gascogne. Une partie a été accompagnée : 47 préretraites et 72 départs volontaires soit 119 emplois. Le delta (167 personnes) n'est pas expliqué par les administrateurs dans le détail, mais découle de mouvements divers : retraites, démissions de salariés en quête d'autres emplois, mobilités vers d'autres caisses régionales ou la Caisse nationale. La fusion a donc un impact plus important que prévu en matière de personnel, puisque ce sont 16,8 % des salariés qui ont quitté l'entreprise en trois ans. D'un point de vue bancaire, il est encore trop tôt selon les administrateurs pour mesurer les conséquences de la fusion. Il semblerait selon les premiers résultats que la restructuration a permis de maintenir les parts de marché dans la collecte, mais que par contre on note une légère érosion pour le crédit, particulièrement dans le Gers.

Si l'action de la direction dans ce processus de fusion est très largement accaparée par le règlement des situations anciennes et les contraintes de la restructuration interne, cela n'empêche pas la construction de stratégies de développement nouvelles. Dès 1994, la direction obtient la création d'un Institut de développement Pyrénées-Gascogne, dont l'objectif sera d'accompagner les caisses locales à mieux organiser la collecte comme le crédit, tant auprès des entreprises que des particuliers. Cet institut doit chercher à mieux comprendre les contraintes des territoires, mesurer les points forts et points faibles de ceux-ci, tout en permettant de rendre plus efficientes des stratégies locales. Cet organe, véritable outil de conseil pour les caisses locales, apparaît comme un moyen de se prémunir des risques encourus dans certains territoires et comme un instrument prospectif de l'action de la Caisse vers de nouveaux marchés. Il est aussi le signe d'une professionnalisation accrue de l'entreprise. Le déploiement de cet institut, modeste en apparence, est un signal de la volonté de la direction de mieux comprendre et avec plus d'attention son territoire afin de répondre avec un souci de rigueur aux besoins exprimés par ses habitants et entrepreneurs[7].

L'assemblée générale de 1996 conclut que la fusion est arrivée à son terme. Les créances douteuses et litigieuses sont revenues au niveau autorisé, le CAPG peut se tourner vers l'avenir. La Caisse est alors composée de 65 caisses locales, émanant de trois départements : 31 dans les Pyrénées-Atlantiques[8], 24 dans le Gers et 10 dans les Hautes-Pyrénées.

Le développement du Crédit agricole Pyrénées-Gascogne depuis 1996 : affermir la structure régionale

Une fois la fusion effectuée et stabilisée, le Caisse régionale Pyrénées-Gascogne a cherché à conserver sa place de première banque du territoire en consolidant ses positions financières. Elle se veut la banque leader à travers une stratégie à deux étages : le renforcement de ses compétences bancaires (collecte et crédit) ; et une politique d'innovation par des offres de services spécifiques, qui se traduisent par des actions moins centrales et plus dispersées et qui vont nécessiter des investissements et expérimentations forcément plus risquées, mais dont l'objectif est bien de renforcer le positionnement de la Caisse au sein de son territoire comme acteur économique majeur.

Ces ambitions ont été portées par une bonne santé financière et le maintien d'un emploi important, la Caisse va repasser au-dessus des 1700 salariés au début des années 2000, renouvelant largement son personnel, avec 210 embauches en 2001 et 2002, puis plus de 500 entre 2003 et 2005 ; 800 départs sont programmés jusqu'en 2010 compte tenu d'une pyramide des âges vieillissante. Une vaste campagne d'emploi est lancée en 2000, sur des panneaux publicitaires 4x3m : « Le Crédit agricole Pyrénées-Gascogne propose 120 emplois dans la Région. J'hallucine ! Eh oui, ÇA change tout ! »[9].

TABLEAU 1 **EFFECTIFS SALARIÉS DU CAPG (HORS FILIALES) ENTRE 2003 ET 2005**

	1992 (fusion)	1994	2003	2004	2005
Salariés	1 700	1 406	1 774	1 783	1 799
Dont cadres	(ND)	(ND)	369 (20 %)	382 (21 %)	388 (21 %)

7 – Les archives de cet Institut qui fonctionne pendant une dizaine d'années n'ont pas été retrouvées, ce qui n'a pas permis d'étudier plus à fond le rôle réel de cet organisme.

8 – Quelques modifications de la structure des caisses locales interviennent encore. Ainsi, la Caisse locale de Pau est dissociée en trois entités (Pau Gave, Pau Piémont, Pau Pont-Long), le 20 mars 1992, ainsi qu'au Pays basque avec celle de Bayonne qui est divisée entre Anglet, Bayonne Bas-Adour et Biarritz, le 18 novembre 1992.

9 – *La Dépêche du Midi*, 15 juin 2006

De bons résultats portés par les activités de collecte et de crédit

Des audits réalisés par les sociétés Ernst & Young et PriceWaterhouseCoopers pour la période courant de 2000 à 2010, permettent de se rendre compte des évolutions entre la fusion et le nouveau siècle, puis dans la décennie qui a suivi[10]. Les divers rapports annuels fournis par la Caisse elle-même complètent ces études. Le résultat net social annuel croit régulièrement pour atteindre 100 millions d'euros en 2007, date à partir de laquelle il se stabilise annuellement entre 90 millions d'euros et 100 millions d'euros. Le produit net bancaire (PNB), bien que variable d'une année à l'autre se consolide régulièrement, pour atteindre en 2012, un point d'équilibre autour de 370 millions d'euros. Entre ces années et aujourd'hui, le Crédit agricole Pyrénées-Gascogne a donc largement consolidé ses positions, ce qui n'empêche pas qu'il puisse avoir été affecté par la conjoncture. Ainsi, la crise américaine des *subprimes* l'a affecté indirectement en 2008 surtout (baisse du PNB et des résultats), puis en 2009 pour le résultat net. L'emploi diminue alors jusqu'en 2011, tombant à 1 644 salariés, avant de repartir à la hausse pour revenir autour de 1 800 à l'orée des années 2020.

TABLEAU 2 **ÉVOLUTION DES RÉSULTATS DU CAPG (MILLIONS D'EUROS) [HORS FILIALES]**

	PNB	Résultat net
2003	271,2	53,9
2004	280,4	64,4
2005	296,1	77,5
2007	312	100,1
2008	298	91,6
2009	327	83
2010	340	97
2011	355	90
2012	363	87,5
2013	380	94
2014	371,9	97,1
2015	373,2	104,9
2016	370,0	90
2017	374,7	100,3
2018	374,0	100,0

10 – Ces rapports sont pour la plupart disponibles en ligne sur le site Internet du Crédit agricole Pyrénées-Gascogne. Ils sont aussi joints aux procès-verbaux des Assemblées générales dans les archives de la Caisse.

GRAPHIQUE 1 **COURBE DES RÉSULTATS (HORS FILIALES) DE LA CAPG (EN MILLIONS D'EUROS), DU PNB ET DU RÉSULTAT NET EN 2003-2018**

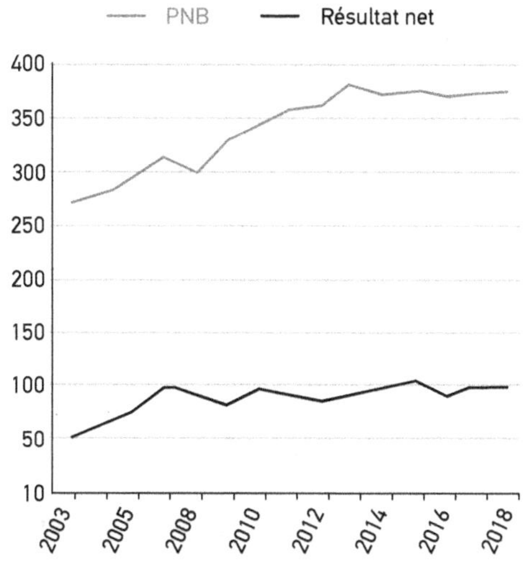

Dans ces résultats, la part des crédits est importante. Ils restent, dans la continuité de sa longue histoire, le point fort de la banque. Elle conserve entre 40 % et 50 % des parts du marché local selon les années (42 % en 2009, 45 % en 2016). Les encours de crédits augmentent régulièrement, atteignant trois milliards d'euros en 2016, ce qui représente environ 50 000 projets annuels ! Les crédits sont davantage tournés vers l'immobilier : en 2005, ils correspondent pour la première fois à plus de la moitié de ceux attribués. En outre, la même année, la part des crédits à la consommation a dépassé celle des crédits accordés à l'agriculture, symbolisant bien le basculement de l'activité. Au niveau de la collecte, la Caisse régionale se place en retrait, avec environ 30 % des parts du marché, malgré une progression régulière. Territorialement, les inégalités historiques se maintiennent, la force de pénétration de la Caisse au Pays basque est inférieure à celle des autres espaces, celle-ci plafonnant autour de 25 % des parts de marché. À l'inverse, elle reste supérieure dans le Béarn et le Gers où, dans certaines zones, elle peut dépasser les 60 %.

Si l'on prend en compte les filiales, les résultats sont plus complexes à déterminer, car la structuration de ces entreprises a été variable dans le temps, et les statistiques disponibles sont incomplètes. Les données cumulées pour les dernières années montrent un PNB supérieur d'environ 100 millions d'euros de ceux de la maison-mère, mais des résultats nets plus aléatoires, les filiales étant soumises à des aléas plus sensibles[11]. La banque continue de représenter entre 75 % et 80 % des activités du groupe. Les résultats de 2017, historique-

11 – Les modes de comptabilité ayant changé et les filiales ayant évolué, il est difficile de porter des éléments sur la durée.

ment hauts, contrastent avec ceux de 2018, moins importants, en raison de très importants investissements dans certaines filiales[12].

TABLEAU 4 **ÉVOLUTION DES RÉSULTATS CONSOLIDÉS DU CAPG ET DE SES FILIALES (MILLIONS D'EUROS)**

	2015	**2017**	**2018**
PNB	439	471,9	435,4
Résultat net	116	135,0	96,7

Enfin, la Caisse multiplie les services bancaires. Précurseur depuis longtemps sur ce plan, la banque a pour objectif de conserver son avance sur ses concurrents régionaux, en accentuant notamment son plan de déploiement sur l'usage des nouvelles technologies de communication notamment. Elle a contribué en 2001 à la création du groupement d'intérêt économique (GIE) Synergie avec sept autres caisses régionales, leaders du secteur. L'objectif affiché est, par le biais d'outils automatisés, notamment sur les guichets automatiques, et ce dès 2006, de permettre aux clients d'effectuer seuls des opérations aux heures de fermeture (dépôts de chèques par exemple), afin de faciliter les activités de conseil dans les agences. Le but est de ne plus encombrer les guichets des opérations courantes. Il s'agit de façon assez précoce d'introduire une nouvelle culture bancaire auprès des clients.

Ces données se traduisent aussi par une politique tournée vers les entreprises. Une enquête diligentée par la Caisse auprès d'un cabinet privé sur l'empreinte territoriale de la banque et publiée en 2017 (s'appuyant sur les chiffres des dix dernières années) révèle que la Caisse, par ses aides ou crédits concédés aux entreprises, contribuerait à plus de 5 % des emplois du territoire. Les dispositifs sont ici variables au fil de la période. Certains sont conçus à long terme (cinq à dix ans), d'autres plus ponctuels (un an à trois ans). Ces offres sont soumises à des aléas conjoncturels assez importants qui peuvent pousser la banque à les transformer, les adapter ou tout simplement les faire disparaitre[13]. Un exemple peut être cité. Souhaitant accompagner l'essor du tourisme dans le territoire, la Caisse crée en 2012 une « banque du tourisme », à savoir une caisse locale professionnelle. En 2017, un plan spécifique « filière neige » est déployé, en faveur du secteur hivernal (stations de ski). De même, la banque octroie régulièrement des crédits aux collectivités propriétaires des domaines skiables depuis les années 1960-1970. Il s'agit à la fois d'une action de conseil, mais aussi une politique d'aide directe aux acteurs de la filière, dans la perspective d'une transition vers « l'activité 4 saisons » dans une dynamique de développement durable. La préoccupation de coller au territoire dans sa spécificité et dans

12 – Ses résultats permettent de soutenir les filiales en cas de difficultés, comme ce fut le cas au moment de la crise espagnole du début des années 2010 pour sa filiale Bankoa.

13 – Celai rend difficile son suivi par l'historien, et ce, d'autant plus que les archives, désormais numériques, sont très dispersées.

un secteur complexe et difficile, est ici une politique relativement risquée et audacieuse, signe d'une implication territoriale majeure.

Redéfinir le territoire régional

La fusion a aussi un impact sur les caisses locales qui vont être transformées dans leurs circonscriptions, en raison le plus souvent de phénomènes démographiques. Réadapter la taille de ces caisses aux nouvelles réalités de la population des territoires qu'elles couvrent est une constante de la politique de l'entreprise. Entre 1992 et 2006, la caisse régionale est passée de 74 caisses locales à 59. Comme par le passé, ces transformations ne signifient pas l'abandon des espaces concernés. Au contraire, elles s'accompagnent du renforcement du réseau des agences bancaires. Afin de soutenir les offres de proximité, la direction cherche à conserver son empreinte territoriale. À aucun moment, le réseau n'est remis en question. Mieux, trois plans d'investissements triennaux (environ 15 à 17 millions d'euros chaque année) en 2003-2005, puis en 2006-2009, et 2018-2020 confirment que le but central est de créer des « agences dites de conquêtes », autrement dit de maintenir, voire de développer le maillage territorial (30 % à 60 % de l'investissement de la caisse selon les années). Ces sommes sont alors tournées vers la densification du réseau urbain, surtout en 2006, la Caisse ayant ici des parts de marché inférieures de par son histoire.

Une « banque privée », dédiée à la gestion de patrimoine, est aussi créée, d'abord à Bayonne en 2006, puis Pau, Auch et Tarbes, jusqu'en 2012. Un centre d'affaires ouvre à Auch en septembre 2018 ; un ensemble plus ambitieux est créé à Biarritz en 2020 pour les TPE-PME, « Le connecteur », pour 50 millions d'euros en fonds propres (centre d'affaires, pépinière de start-up, formation en numérique avec Microsoft, etc.). C'est aussi l'époque où la caisse régionale multiplie les « Points verts » en zone rurale, des guichets automatiques mis en place depuis les années 1990 chez les commerçants dans les villages isolés ; 91 au total fonctionnent en 2010[14].

Cette modernisation passe aussi par un investissement récurrent dans le domaine de l'informatique, tradition bien ancrée de la culture d'entreprise. En 2011, la Caisse crée l'une des premières agences en ligne, baptisée *TOOKAM* ; elle est la première Caisse régionale du groupe à proposer « tchat » et visioconférence à ses clients en direct et à la demande. Elle entre de façon rapide dans les réseaux sociaux. Dans la continuité, des conférences mensuelles baptisées « Universités 3D » permettent aux clients de communiquer sur les réseaux avec des spécialistes de la finance. En 2012, le site « Le fil.com » et ses services sont totalement mis à jour. Autrement dit, aucun territoire n'est laissé de côté, et la mise en œuvre de services numériques permet de maintenir le lien

14 – La création des « points verts », aujourd'hui « Relais CA », date de 1988.

avec les clients – même ceux très isolés –, soit par le biais des « points verts » de façon physique, soit par le biais des réseaux à distance.

L'international : une banque transpyrénéenne ?

Parmi les nouvelles initiatives, dès 1991, en pleine préparation du processus de fusion, les administrateurs envisagent la possibilité pour la banque régionale de créer une entité susceptible de partir à la conquête du marché espagnol, et notamment du Pays basque. Cette dynamique est envisagée par la constitution d'une petite équipe de deux personnes qui, à ce moment-là, travaille, en lien avec l'université Deusto de Bilbao et la Chambre de commerce de Bayonne, à l'idée de développer une activité bancaire pour la gestion de certaines clientèles plutôt aisées, et pour le financement de PME et PMI basques, sur le sol espagnol. Les études s'avérant prometteuses, les deux salariés sont chargés de négocier les premières perspectives de coopération avec des organismes bancaires de l'autre côté de la Bidassoa. Entre 1993 et 1995, alors que la consolidation de la Caisse Pyrénées-Gascogne est pratiquement terminée, un investissement conséquent est décidé, par la prise de participation à hauteur de 50 % au sein d'une société espagnole, la société de Bourse Mercagentes (convention signée en 1993). Une société de gestion de SICAV est alors créée en Espagne le 1er janvier 1996 (Crédit agricole Mercagestion), et une succursale ouvre discrètement ses portes à Bilbao en avril 1996, mettant à disposition des clients l'ensemble des services bancaires, le tout en raison d'une forte demande, relativement inattendue. En cinq ans, comme l'indique le bilan de décembre 1998, la succursale gère l'équivalent d'un milliard de francs de capitaux, prévoyant un équilibre d'exploitation pour l'année suivante. Prudent, car souhaitant surtout mieux connaître le marché espagnol, le CAPG se contente de procéder à de la collecte, résistant aux sollicitations des demandes de crédit.

Au début de l'année 1997, en février, une nouvelle opportunité survient. Le *Banco Industrial de Guipúzcoa*, fondé en 1975 à San Sebastian, met en vente 50 % de ses actions. Cette acquisition permet d'envisager pour le CAPG la prise en charge d'un véritable réseau de distribution dans les provinces basques, avec 35 agences, la Navarre et dans la Rioja, soit un bassin de trois millions d'habitants. La configuration territoriale fait le pendant de celle de la caisse régionale, mais le bassin industriel est ici plus important et la croissance alors particulièrement forte (5 % par exemple en 1998). En outre, c'est aussi l'occasion de donner aux actions menées avec succès depuis cinq ans une nouvelle ampleur.

Dès lors, une offre publique d'achat est lancée, d'ailleurs contrainte par la loi. La négociation dure jusqu'au mois d'octobre 1997, le CAPG étant soumis à la concurrence de la *Caja Rural* espagnole qui finira par renoncer. Suite à l'OPA, la banque est renommée Bankoa et devient une filiale. En 2003, le réseau s'est élargi à 43 agences sur le territoire et un développement régulier, porté par la collecte et l'accès au marché des crédits. En 2006, la succursale de Bilbao est intégrée au groupe Bankoa. En 2009, le CPAG détient 95 % du capital et Crédit agricole SA 5 %. Vingt ans après son acquisition, Bankoa a épousé le modèle de la maison mère : une banque de proximité ouverte aux comptes de dépôt, une banque de crédit (immobilier et consommation), un panel très large de placements d'épargne ou de fonds d'investissement, une banque privée, un service immobilier etc. Bankoa a cependant vu certaines de ses activités impactées par la crise espagnole au seuil des années 2010 et a fermé quelques agences. Pour autant, ce retrait prudent n'empêche pas l'ouverture d'une agence à Madrid en 2014, et le retour des bénéfices dès 2017.

Conclusion

La fusion des trois caisses régionales ayant donné lieu à la naissance au CAPG a permis la naissance d'un nouvel acteur économique majeur du territoire. La force de cette caisse (si on mesure son emprise sur sa domination du marché bancaire des trois départements) vient peut-être du maintien d'une culture mutualiste dans son administration, avec une forte présence du monde agricole. En 2005, dix ans après la fusion, seize administrateurs de la Caisse régionale sont agriculteurs sur un total de 22 ! Depuis cette date, la composition du conseil d'administration a quelque peu changé, mais, en 2014, c'est à nouveau un agriculteur du Gers, Marc Didier, qui est élu président. En 2015, une enquête interne révèle que 57 % des 938 administrateurs des caisses locales sont agriculteurs auxquels s'ajoutent 61 retraités agricoles (6 %), ce qui revient à dire que les deux-tiers des administrateurs viennent du monde agricole ! Plus largement, la culture d'entreprise du CAPG a conservé l'esprit mutualiste des origines et le revendique. En 2018, 78 % des clients majeurs du CAPG sont sociétaires de la Caisse, taux le plus élevé des caisses régionales du groupe, un signe incontestable de l'ancrage territorial mais aussi et surtout de la volonté des clients de devenir membres de leur caisse locale. Ce chiffre, est en augmentation spectaculaire et témoigne de l'attachement au mutualisme.

TABLEAU 5 **NOMBRE DE SOCIÉTAIRES ET CLIENTS DU CAPG EN 2012 ET 2018**

	Sociétaires	Clients	Rapport des clients aux sociétaires
2012	282 248	554 616	50,8 %
2018	408 633	597 962	72 %

Consciemment ou inconsciemment, il indique le lien durable et une forme d'appropriation par le client de sa banque. « Le sociétaire ne doit pas être confondu avec un actionnaire [...]. Il n'existe pas d'actionnaires. Une banque coopérative n'est pas à la recherche de profit pour ses investisseurs. L'objectif principal est de répondre aux besoins de la communauté de sociétaires sur le long terme, et globalement à l'ensemble des habitants du territoire. »[15] Le CAPG se présente comme une banque de services avant tout. La gouvernance reste marquée par ces fondements. Le principe « un sociétaire, une voix » s'applique annuellement lors des assemblées générales – ce qui ici dissocie totalement le principe du mutualisme de celui de l'actionnariat – devant lesquels présidents et équipes de direction, localement comme à l'échelon régional, doivent rendre des comptes. La bienveillance des assemblées est certes présente aujourd'hui encore comme elle l'a été par le passé, mais les sociétaires peuvent intervenir, individuellement ou collectivement, et peuvent s'exprimer librement. Si ce principe est devenu plus théorique que réel, compte tenu du nombre de sociétaires, il n'exclut pas le lien direct entre les sociétaires et leur gouvernance, notamment dans les caisses locales.

Cela ne signifie pas pour autant que le modèle de gouvernance n'ait pas changé. La Caisse a basculé dans des activités bancaires bien plus larges, comme elle a su glisser vers des activités de service pour le territoire très diversifiées[16]. En ce sens, la direction exécutive est tout entière tournée vers une modernisation de ses activités plus adaptées au contexte économique mondial, sans doute aussi l'une des clefs de son succès. C'est certainement cet équilibre entre esprit mutualiste et gouvernance moderne qui fait de cette caisse le leader des départements qu'elle couvre.

15 – Rapport de gestion 2018 du CAPG, 2019, p. 7. Disponible, https://www.ca-pyrenees-gascogne.fr/Vitrine/ObjCommun/Fic/PyreneesGascogne/Binaires/PDF/869_qui-sommes-nous_RapportAnnuel-2018.pdf

16 – *Cf.* Julien Batac, Vincent Maymo et Valérie Pallas-Sariel, « Entre mutualisme et capitalisme : le modèle de gouvernance hybride du groupe Crédit agricole », *Revue internationale de l'économie sociale*, mai 2008, n° 308, p. 23-24.

LES DIRECTIONS DES CAISSES RÉGIONALES DU CRÉDIT AGRICOLE AU XXe SIÈCLE

Pierre-Antoine Dessaux
Maître de conférences en Histoire économique contemporaine, Université de Tours, UMR 7324 Citeres

> « Le Crédit agricole est probablement la seule entreprise, tant en France qu'en Europe, qui ait institué une association et un syndicat de cadres dirigeants qui réfléchissent à la vie de leur groupe et font des propositions d'amélioration de son fonctionnement »[1]

D'organe de financement mutuel de l'agriculture, le Crédit agricole s'est transformé en gestionnaire de financements publics, puis en banque de dépôt de premier plan développant nombre de services à sa clientèle pour devenir une institution financière de rang mondial et ce tout en conservant son fondement de réseau d'entreprises coopératives décentralisées. Ce processus de transformation est au cœur des travaux qu'André Gueslin lui a consacrés, du moins pour la période qui s'étend jusqu'au début des années 1970[2]. Or, derrière les acteurs de premier plan qui ont conduit ces transformations, la diversité des pratiques locales qui actualisent ce projet coopératif, portent ou freinent les innovations, sont, sans être pour autant négligées, moins bien connues, et

1 – Rapport moral de Jean-Michel Ozoux, président de l'Association nationale des cadres de direction, *Bulletin Vert*, n°457, 2 novembre 1994, B.40.
2 – André Gueslin, *Histoire des crédits agricoles*, 2 vol. , Paris, Economica, 1984; Mission des archives-histoire de la Caisse nationale de Crédit agricole, *Crédit agricole, un siècle au présent: 1894-1994, t.1 Des origines aux années cinquante*, Paris, Hervas, 1994.

ce, tout particulièrement pour la période postérieure à l'obtention en 1966 de l'autonomie financière qui marque l'accélération d'un développement d'abord ancré localement. C'est pourtant aussi à ce niveau, celui des présidents, des administrateurs et des cadres dirigeants des caisses qu'il conviendrait d'observer la formation, l'adhésion voire l'élaboration du projet collectif qui a forgé l'institution que nous connaissons aujourd'hui. Nombre d'ouvrages ont été consacrés à l'histoire des caisses locales et régionales, mais il s'agit surtout d'écrits commémoratifs qui s'intéressent peu au fonctionnement concret des caisses, à leurs administrateurs et leurs personnels[3].

Or le travail récent que Jean Guillemin a consacré à la Caisse régionale de Côte-d'Or montre la richesse des sources que peuvent conserver ces entreprises et l'intérêt d'une étude centrée sur les hommes, car il n'y a pratiquement pas de femmes dans les instances de décision, administrateurs et cadres de direction, et de leur activité. Son étude s'arrête cependant en 1975[4]. Une enquête plus générale sur le Crédit agricole envisagé du point de vue des caisses, de leur fonctionnement et de leur ancrage territorial reste donc à faire. Il conviendrait en premier lieu d'améliorer la connaissance lacunaire que nous pouvons avoir des présidents et directeurs de ces caisses, dont la diversité ne se réduit

3 – Une exception: Hubert Bonin, *Le Crédit agricole de la Gironde: la passion d'une région. 1901-1991*, Bordeaux, L'Horizon chimérique, 1992 ; *Un siècle de Crédit agricole mutuel en Gironde*, Bordeaux, Crédit agricole d'Aquitaine, 2002.

4 – Jean Guillemin, *Le Crédit agricole en Bourgogne. Une mutuelle paysanne. 1896-1975*, Tours, Presses Universitaires François Rabelais, 2019.

ABSTRACT

Crédit agricole is a banking institution based on a network of regional banks with cooperative status. Although often considered as exercising the power in the institution, the group of managers of the regional banks is, with the exception of a few public figures, not well known. The purpose here is to initiate an investigation into this group of executives, which comprises several hundred members on a twentieth century scale. This group was forged in the 1930s through the implementation of control and management rules common to the regional banks and their growing contribution to the development of the institution's general policy alongside the representatives of their members.

RÉSUMÉ

Souvent présentés comme disposant du contrôle effectif de l'organisation coopérative hybride qu'est le Crédit agricole, les cadres dirigeants des caisses régionales, entreprises coopératives qui en forment l'unité de base, sont pourtant mal connus en dehors de quelques figures publiques qui ont un temps incarné l'institution. Il s'agit ici d'initier une enquête sur ce groupe de cadres qui comprend plusieurs centaines de membres à l'échelle du XXe siècle. Ce groupe se forge à partir des années 1930 au travers de la mise en place de règles de contrôle et de gestion communes aux caisses et de leur contribution croissante à l'élaboration de la politique générale de l'institution aux côtés des représentants des sociétaires.

JEL Classification: **J54, N24, N34, P13**
Key words: **Management, cooperative banking, Crédit agricole, senior management, governance, internal work market**
Mots clés: **Cadres, coopérative, Crédit agricole, direction, gouvernance, histoire, management, marché interne du travail**

probablement pas à l'image que peuvent en donner les figures nationales de l'institution. Or ils ont, à leur manière, fait vivre la démarche coopérative propre à l'institution. Cette note de recherche vise à ouvrir ce chantier, en premier lieu sur les directeurs des caisses régionales de leur création jusqu'à la fin du xxe siècle. Elle s'inscrit dans le cadre plus général de l'étude synthétique de Roger Nougaret sur les dirigeants du Crédit agricole pour détailler les caractéristiques de ce groupe et de ses transformations tout en interrogeant l'évolution de la fonction de direction qui a accompagné les transformations de l'institution[5].

1. Des usages propres à chaque caisse mais des caractéristiques communes

La loi du 31 mars 1899 qui institue le second étage du Crédit agricole, les caisses régionales, est muette pour ce qui concerne les conditions de leur administration. Comme les caisses locales, elles sont libres de fixer dans leurs statuts les modalités de leur organisation. En position d'interface entre le ministère de l'Agriculture, qui apporte des fonds, et les caisses locales dont elles sont l'émanation, ces caisses ont à assurer des tâches d'administration, puisqu'elles contribuent à l'instruction des demandes de prêts, de comptabilité et de contrôle qui justifient la mise en place de services modestes mais rapidement permanents. Sa propre comptabilité fait l'objet d'un contrôle des services ministériels et elle exerce à son tour une surveillance des caisses locales dont elle doit vérifier les comptes trimestriellement.

A. La mise en place des directions avant la Grande Guerre

Leurs services comprennent en général moins d'une dizaines d'employés avant 1914, d'où des problèmes d'organisation limités mais qui n'en requièrent pas moins une interface entre les administrateurs élus par les sociétaires et les employés qu'elle est amenée à encadrer. Les fonctions de direction sont ainsi selon les cas assurées par un directeur, un administrateur directeur ou délégué, un secrétaire comptable ou encore un directeur comptable. Le recours à un administrateur s'impose souvent dans ces structures embryonnaires disposant de peu de moyens sous réserve qu'il en ait le loisir et les compétences.

Dans le cas de la caisse régionale de la Côte d'Or, étudié par Jean Guillemin, le conseil d'administration obtient du conseil général un soutien spécifique avec la mise à disposition de Jean Guicherd, professeur départemental d'agriculture, pour assurer bénévolement ces fonctions et simplifier sans doute les

5 – Jean-Claude Daumas (dir.), *Dictionnaire historique des patrons français*, Paris, Flammarion, 2010 : notices de Roger Nougaret, « Dirigeants du Crédit agricole », p.204-206; Laure de LLamby, « Administrateurs et dirigeants de caisses d'épargne » p.137-139, Hubert Bonin, Nathalie Carré de Malberg, « Inspecteurs des finances patrons de banque », p.375-378.

relations avec le ministère. Il est remplacé en 1911 par son assistant, Galmiche, d'abord comptable trésorier, dont la rémunération est initialement subventionnée par le Conseil général[6]. Ce cas n'est pas isolé. Dans un échantillon suffisamment documenté qui recouvre 45 caisses, soit plus de la moitié des caisses régionales créées avant 1914, les fonctions de direction sont assurées par des fonctionnaires dans 14 caisses[7]. Cet ensemble comprend d'abord des professeurs départementaux d'agriculture (six), trois directeurs départementaux de l'agriculture, un vétérinaire de haras, un receveur des finances, un fonctionnaire de cabinet de préfecture, un inspecteur de l'enseignement primaire. Il s'agit comme en Côte-d'Or d'un soutien politique direct à la création des caisses, avec des personnalités qui sont aussi des administrateurs et exercent cette activité pour des durées très variables: jusqu'à 27 ans pour le fonctionnaire de préfecture, quelques années, le temps que la caisse démarre pour les autres. De façon plus générale, trois positions de direction ou assimilées sur quatre sont assurées par des administrateurs des caisses régionales qui forment un groupe hétérogène à l'image des notables à l'origine des fondations des caisses locales dont ils sont issus. On retrouve donc dans cet ensemble quelques propriétaires exploitants, un négociant, des notaires, des responsables syndicaux, des journalistes.

Toutes ces personnalités ont a priori une expérience des affaires et dans de nombreux cas une formation supérieure. En Gironde, Charles Couinaud, notaire, fondateur de caisses locales, assureur et fondateur de journal, assure la direction de la caisse régionale. Dans l'Eure, Alphonse Hubert assure des fonctions de comptable à la caisse mais aussi dans une coopérative agricole laitière. À la caisse d'Île-de-France, la direction est assurée à la veille de la guerre par Eugène Montet, docteur en droit, qui a succédé à Louis Tardy, ingénieur agronome. La fonction de direction est donc pratiquement toujours distincte de la présidence de la caisse. Des cas de cumuls existent mais en nombre très limité. Dans l'Aube, Adolphe de Launay, ingénieur polytechnicien et propriétaire agricole qui préside et dirige la caisse 25 ans à compter de sa création en 1902 est une exception. Dans les cas restants, que seule une enquête plus approfondie permettrait d'éclairer, il semblerait que la fonction de direction soit assurée par des professions libérales ou en complément d'autres emplois comme en Haute-Vienne où il s'agit d'un clerc de notaire ou d'un géomètre en Dordogne.

Les caisses s'appuient logiquement sur des professionnels locaux qui y voient sans doute d'abord une clientèle complémentaire comme pour les notaires qui peuvent être amenés à rédiger des contrats de prêts. Si la fonction de direction est parfois encore modeste, le titre de directeur de caisse régionale

6 – Jean Guillemin, *op. cit*, p.52 et 75.

7 – Les informations relatives aux directeurs des caisses sont issues d'un traitement des données d'un « Dictionnaire biographique des dirigeants » établi par le service des archives historiques Crédit agricole SA.

n'en semble pas moins être pris avec un certain sérieux. Il renvoie sans doute à l'appartenance à des réseaux politiques puissants et désigne également une fonction qui conforte la stature des caisses même et peut-être surtout lorsque son président est une notabilité reconnue. Certains directeurs sont donc mobilisés, comme les présidents ou les administrateurs, dans les fonctions de représentation de leur caisse. Ils sont une vingtaine à être délégués, et pour certains intervenants, lors des premiers congrès de nationaux du Crédit agricole en 1907 et 1908, qui sont encore largement consacrés à des thèmes qui intéressent directement l'institution[8]. Une dizaine ne se présente néanmoins pas sous ce titre car ils relèvent de la fonction publique ou ont un mandat électif.

À la veille de 1914, les caisses régionales ont donc manifestement fait le choix de se doter de directeurs qui disposent en général d'au moins une partie des qualifications techniques dont elles peuvent avoir besoin. Ils sont le plus souvent également administrateurs lorsque les statuts le permettent, mais peuvent interdire leur rémunération, et n'exercent sans doute que peu de fonctions véritablement administratives, prises en charge par les quelques employés.

B. Les directeurs dans l'entre-deux-guerres

L'activité des caisses régionales augmente notablement au lendemain de la Première Guerre mondiale car elles participent à l'effort de reconstitution des capacités de production, sont autorisées à offrir une gamme plus large de crédits mais aussi à collecter des ressources. Les besoins d'inspection des caisses locales augmentent avec leur volume d'activité. L'Office national du Crédit agricole créé en 1920 pour renforcer le système de Crédit agricole se substitue aux services du ministère de l'agriculture pour la distribution d'avances sur crédits publics et du contrôle de leur usage au travers de son propre service d'inspection. Le décret du 9 février 1921 lui donne autorité pour exiger les pièces nécessaires à cette activité ce qui renforce les contraintes administratives auxquelles les caisses doivent répondre pour disposer des fonds. La fonction de direction des caisses doit donc faire face à l'organisation d'un ensemble de tâches administratives plus lourdes et sans doute plus fastidieuses que pour les générations d'avant-guerre. Il devient donc plus difficile de la voir prise en charge par des administrateurs ou au titre d'une activité complémentaire d'une profession libérale, du moins sans compensation. Il faut également pouvoir interagir avec les services de l'Office qui disposent d'un personnel spécialisé, recruté dans un cadre de type fonction publique, et relativement bien rémunéré.

Les rémunérations sont particulièrement modestes au Crédit agricole, fonctions de direction comprises. À Paris, le traitement du directeur de l'ONCA,

8 – *Premier congrès national de Crédit agricole*, Bordeaux, 1907; *Deuxième congrès national du crédit mutuel et de la coopération agricoles*, Blois, 1908.

Louis Tardy, fixé par décret en 1922 est de 35 % inférieur à celui d'un chef de service d'administration centrale. D'après les données recueillies par Jean Guillemin, la rémunération du directeur de la Caisse de la Côte d'Or est fixée par le conseil d'administration à 9.000 francs annuels en 1922 auxquels s'ajoute une indemnité de logement. C'est un traitement bien moindre que celui d'une secrétaire administrative de l'ONCA et qui correspond au double du salaire moyen d'un facteur rural ou du salaire ouvrier moyen. La situation évolue néanmoins en faveur des salariés du Crédit agricole. En 1934, l'écart de rémunération du directeur de l'ONCA avec un chef de service d'administration centrale s'est réduit de 20 % ce qui le place désormais dans la frange supérieure des classes moyennes. En Côte-d'Or, la rémunération de Gustave Douhaire, devenu directeur en 1926, est revalorisée gratification comprise à 38.000 francs annuels[9]. Il touche alors le double de son homologue de la Brie, mais également de son comptable, soit quatre fois la rémunération d'un facteur rural ou 5 fois le salaire d'ouvrier moyen[10]. Les conseils entendent donc la nécessité de mieux rémunérer leurs cadres, qui sont désormais des salariés à temps plein sur lesquels repose une large part des résultats des caisses.

Ce processus de salarisation s'observe dans la composition du groupe des directeurs en 1930. Le nombre de présidents-directeurs a sensiblement augmenté mais globalement ce ne sont plus que 18 caisses sur 105 qui sont encore dirigées par un administrateur. Parce qu'ils assurent la continuité de la vie des caisses et qu'il n'y a pas de raisons de les remplacer on trouve encore des directeurs qui étaient déjà en poste en 1910 et travaillaient en parallèle dans la fonction publique, les organisations syndicales ou dans des entreprises liées au monde agricole. On peut cependant estimer que près de 6 directeurs sur 10 se consacrent désormais uniquement à ces fonctions. Pour les caisses les moins fortunées ou plus économes, il peut s'agir de pensionnés civils ou militaires comme dans le Libournais, en Haute-Vienne, dans le Loiret, en Haute-Bretagne, dans le Gers ou encore à la Caisse de Charente tenue par Pierre Bournat, un mutilé de guerre.

Mais l'essentiel du groupe est constitué d'employés des caisses qui ont pu trouver une promotion dans la fonction de direction. Il s'agit le plus souvent de comptables, à l'instar de Roger Pic, recruté à 24 ans en 1919 et qui devient à 30 ans le premier directeur en titre de la Caisse du Gard. Ce sont également des secrétaires pour les caisses qui peuvent s'offrir cette fonction, comme en Île-de-France où Maurice Manier, licencié en droit, devient directeur en 1922 après dix années d'activité dans la caisse et enfin dans les Ardennes, où Louise Taillerie, secrétaire de la caisse à sa création en 1921, en prend la direction en

9 – 26.250 euros 2019.

10 – Jean Guillemin, *Les acteurs du Crédit agricole de la Côte-d'Or*, thèse de doctorat d'histoire, dir. Jean-Luc Mayaud, Université de Lyon, 2015, annexe n°90 p. 851; Thomas Piketty, *Les hauts revenus en France au XXe siècle*, Paris, Grasset, 2001, p. 677-688.

1927. Il faudra attendre 2009 pour voir une autre femme, Véronique Flachaire, diriger une caisse. Signe d'une attractivité nouvelle des caisses régionales et de leur capacité à proposer des rémunérations et des perspectives jugées intéressantes, trois directeurs ont été débauchés auprès d'autres employeurs. D'abord employé à la Société éénérale à l'issue de sa licence de droit puis à la Caisse d'assurance mutuelle du Sud Est, Louis Le Conte est recruté en 1926 à 28 ans pour être directeur adjoint de la Caisse régionale du Sud-Est et devenir son directeur l'année suivante, poste qu'il occupa jusqu'en 1963. En Côte-d'Or, Gustave Douhaire, clerc de notaire recruté à 31 ans se voit confier la direction de la Caisse à 33 ans en 1926. Dans la Nièvre, Pierre Barriel, fondé de pouvoir de la Trésorerie générale, est recruté à 48 ans en 1925 pour prendre la direction de la Caisse régionale.

Ces cas sont cependant exceptionnels. La majorité des directeurs salariés du tournant des années 1920, probablement embauchés sur des postes d'employé pour des fonctions de comptabilité, a acquis ses compétences et ses qualifications dans le cadre des caisses. C'est d'ailleurs à eux que s'adresse le cours de la mutualité et de la coopération agricole qui s'ouvre à Paris en 1924 à l'initiative d'Étienne Clémentel, alors administrateur de l'Office, et de Louis Tardy, son directeur[11]. Les diplômés de l'enseignement supérieur qui jouaient un rôle important avant-guerre pour les fonctions d'administrateurs ont peu d'intérêt pour ces emplois mal rémunérés, dispersés sur le territoire et qui conduisent finalement à gérer des équipes de petite dimension. On ne dénombre que sept ingénieurs agricoles ou agronomes et trois licenciés en droit pour les 60 caisses sur lesquelles on dispose d'informations. Il y a encore deux notaires mais la profession va se voir interdire d'exercer ces fonctions.

2. Un enjeu pour les organes centraux du Crédit agricole

Les années 1930-1950 marquent un tournant pour ces fonctions qui relèvent toujours statutairement de l'autonomie des caisses mais se trouvent soumises à un contrôle central renforcé qui motive la formation d'un syndicat des cadres de direction et une démarche collective au niveau de la Fédération.

A. L'intervention de la Caisse nationale de Crédit agricole.

Au-delà du contexte général de défiance à l'encontre du monde de la banque, la composition du groupe des directeurs permet de mieux comprendre l'enjeu du décret du 4 avril 1929 qui soumet les fonctions de direction des caisses régionales à l'agrément du conseil d'administration de la Caisse nationale (CNCA), nouvelle dénomination de l'Office. Il s'agit de s'assurer de leurs compétences

11 – André Gueslin, *op. cit.*, vol. I, p. 174.

et de leur aptitude à respecter la réglementation et à défaut d'en proposer la révocation. Cette obligation est confirmée par le décret-loi du 28 septembre 1935 qui impose par ailleurs une rémunération fixe éventuellement complétée par une gratification qui doivent être toutes deux visées par le CNCA et interdit l'exercice de tout autre emploi ou activité rétribuée. La réglementation clôt ainsi définitivement le recours à des administrateurs ou à des professions libérales ou commerciales et consacre la professionnalisation de la fonction de direction.

Ces nouvelles dispositions ne sont pas sans générer un certain mouvement dans les caisses. En 1934, la CNCA obtient le licenciement du directeur-administrateur de la Caisse de Gironde, en 1937 celui de Basses-Alpes[12]. L'application du décret de 1935 conduit par ailleurs une dizaine de caisses à se séparer de leur direction, soit parce qu'elle relève encore de la fonction publique, soit parce qu'elle exerce une autre activité principale. Au total, les directions sont renouvelées à 40 % dans le courant des années 1930, avec souvent pour effet de recruter des personnels assez jeunes et issus de la promotion interne, donc de moindre qualification. Les cadres de direction se trouvent par ailleurs soumis pour leur carrière à la double incertitude des décisions de leurs conseils d'administration et de celles de la CNCA et de ses missions d'inspections.

B. La représentation collective et le rôle de la Fédération.

Le pouvoir de la CNCA renforce l'intérêt d'une défense collective des intérêts des directeurs qui peut d'abord s'appuyer sur une amicale des personnels de direction créée en 1924. Dans le courant des années 1930, des amicales interrégionales, qui rassemblent les directeurs et les présidents des caisses de plusieurs départements, ouvrent par ailleurs un espace supplémentaire d'expression et d'échange favorable à la consolidation d'une identité professionnelle à l'heure où la mobilité entre les caisses est encore inexistante. Ces mouvements se traduisent à la Libération par la création d'un syndicat des cadres de direction qui promeut la mise en place de règles qui vont progressivement aboutir à la formation d'un marché interne du travail.

En 1945, la Fédération nationale du Crédit agricole (FNCA), nouvel organe fédéral centré sur le seul Crédit agricole, consacre à l'initiative du syndicat des cadres un fonctionnement collégial qui associe désormais les présidents et les directeurs des caisses. Le syndicat des cadres obtient en effet que le comité central, organe directeur de la nouvelle fédération, soit composé de 24 présidents et de 11 directeurs de caisses régionales qui en sont tous issus[13]. Si les décisions fédérales demeurent aux mains des présidents, les directeurs n'en

12 – A. Gueslin, *op.cit.*, vol. I, p. 483.

13 – Rapport moral de Raymond Chégut, Assemblée générale du syndicat des directeurs, directeurs adjoints et sous-directeurs, La Baule, 1958.

sont pas moins devenus des acteurs de premier plan, d'autant que la culture du Crédit agricole repose sur la recherche du consensus et de l'unanimité.

La question des conditions de recrutement des directions de caisses occupe une place de choix dans les différents dossiers discutés au sein des commissions mises en place au niveau fédéral. L'autonomie de recrutement des caisses peut apparaitre bridée par les pratiques de la CNCA. La mise en place d'une politique générale de gestion des cadres de direction au niveau de la Fédération peut permettre aux caisses de contrebalancer l'organe central à l'heure où l'on craint qu'elle n'étende son pouvoir en imposant aux caisses leurs directions. En 1949, Tardy, désormais président de la FNCA, émet ainsi le vœu que la CNCA n'accorde son agrément qu'à des candidats ayant plusieurs années d'expérience au sein de l'institution. Un consensus se dégage par ailleurs pour exiger qu'ils aient une formation de niveau supérieur afin de réduire sur ce point l'écart avec les cadres de la CNCA et l'argument d'une moindre qualification des recrutements effectués par les caisses. En 1950 la Fédération propose par circulaire de préciser les connaissances théoriques et les expériences professionnelles exigibles ou valorisables pour cette fonction. C'est ouvrir la voie d'une réflexion commune sur les besoins de recrutement et de formation des caisses ainsi que sur la définition des compétences et des missions des cadres de direction. On propose d'élaborer une liste d'aptitude recensant tous les personnels qui satisfont les critères exigés mais cette proposition se heurte à de fortes résistances car elle conduit à mettre en cause les pratiques de cooptation internes aux caisses.

Il faut attendre 1958 pour que le dossier soit relancé. Une commission mixte FNCA-CNCA est alors mise en place pour élaborer un contrat spécifique aux cadres de direction dont le syndicat des cadres espère qu'il pourra aboutir à « un véritable règlement qui fixe les obligations des caisses régionales quant aux choix qu'elles pourraient faire »[14]. Cette orientation braque d'autant plus certains présidents que des difficultés ont pu apparaitre pour les caisses qui ont fait le choix de recourir aux instances centrales pour leur recrutement. Ainsi, la Caisse de Côte-d'Or, qui fait le choix de recourir à l'aide de la CNCA pour recruter son nouveau directeur, se retrouve en conflit avec elle parce qu'elle préfère un candidat issu de ses rangs à des candidats à la mobilité plus expérimentés et recommandés[15]. Son conseil d'administration fait ainsi primer la confiance dans un collaborateur et son enracinement local sur des critères plus généraux de formation, d'expérience et de compétence.

Malgré l'augmentation déjà sensible de l'activité des caisses et les discussions engagées au niveau de la Fédération, la conception locale de fonctions de direc-

14 – AG du Syndicat des Cadres de direction, 31/8/1960.

15 – Jean Guillemin, *thèse cit.*, p. 380s.

tion qui détermine les choix de recrutement évolue peu dans le courant des années 1950. 65 % des postes de direction sont renouvelés durant la décennie mais les profils restent pour beaucoup liés à une promotion interne progressive pour des employés ou des comptables disposant d'un niveau de formation encore modeste même s'il est généralement complété par les cours de la mutualité. La part des ingénieurs agronomes vient au second rang. Pour faire face à la technicité des dossiers agricoles la Fédération souhaite qu'ils soient recrutés en priorité mais encore faut-il que les caisses leur apparaissent attractives. C'est le cas de celles des départements de grandes cultures, comme en région Centre, et de celles qui peuvent faire miroiter la promesse d'une accession très rapide à des fonctions de cadre de direction, voire de directeur, en général autour de la trentaine. C'est là aussi un gage de stabilité plus que de perspectives de changements avec des postes bloqués pour plusieurs décennies. Ainsi, dans le Var, Pierre Bouis, recruté en 1957 à 25 ans à la sortie de l'école de Montpellier, est promu sous-directeur à 26 ans avant de prendre la direction générale de cette caisse à 28 ans, poste qu'il occupe jusqu'à son départ en retraite en 1992.

3. Vers une définition commune des missions et des conditions d'accès

La vague de critiques qui s'étalent publiquement sur le fonctionnement du Crédit agricole dans le courant des années soixante a raison d'une partie des oppositions à une politique commune pour les cadres de direction. La prise en main de ce dossier par l'Inspection des Finances, au travers du rapport d'Aymard de Courson et de la nomination de Jacques Mayoux à la tête de la CNCA expriment la volonté des pouvoirs publics de promouvoir des changements dans l'institution. La question de l'aptitude des conseils d'administration à choisir et à contrôler les cadres compétents pour gérer des caisses dont le champ d'activité est amené à s'accroitre est clairement posée. Les scandales financiers que traversent plusieurs caisses viennent confirmer ces craintes qu'expose en 1967 un jugement très parisien dans les colonnes du *Monde* : « Peuplé d'ingénieurs agronomes ou agricoles, administré par de petits paysans n'ayant pas toujours la formation bancaire souhaitable, le Crédit agricole entre dans l'ère des affaires sans y avoir vraiment été préparé »[16].

Le principe de la liste d'aptitude est cependant adopté en 1964 et les caisses s'engagent à y choisir leur directeur, à charge pour elles d'y faire figurer leurs candidats de prédilection. La logique de recrutement ne s'en trouve pas moins renversée. Il ne s'agit plus de trouver localement un candidat mais de définir des critères communs à la définition de la fonction. Comme le souligne Jean Reboul, directeur de la Fédération, il s'agit d'« une des pierres angulaires

16 – François-Henri de Virieu, « Le Crédit agricole a-t-il les moyens de prévenir les imprudences locales? », *Le Monde*, 23 février 1967.

de l'édifice que doit constituer dans l'avenir l'institution du Crédit agricole mutuel », aussi importante donc que les principes mutualistes[17].

A. Gouvernance des caisses et définition des missions des directeurs.

La mise au clair du contenu des fonctions de direction suscite logiquement une interrogation sur celles des présidents et des conseils d'administration, du fondement et de l'articulation des différents pouvoirs. En 1967, le président Jacquin propose dans un rapport sur l'évolution des structures de l'institution à tracer une ligne de partage claire entre le conseil d'administration, en charge de la politique de la caisse, et son directeur « organe d'exécution des décisions prises par le conseil ». Il vise ainsi à contrer la tendance considérée comme générale des conseils d'administration à se comporter comme des conseils de surveillance plutôt que d'assurer les responsabilités décisionnelles confiées par les sociétaires[18].

Sans entrer directement dans ce débat ouvert en assemblée générale de la FNCA, Mayoux lui oppose une vision des directeurs comme « patrons » et « chefs » pour souligner sur un autre plan les limites de la procédure d'inscription sur liste d'aptitude qui ne sanctionne que des connaissances et ne donne aucune indication quant aux capacités managériales dont les caisses qui sont désormais des entreprises de plusieurs centaines de salariés ont besoin. Le directeur de la CNCA dessine par ailleurs le cadre d'une politique générale des cadres de direction qui inclurait une mobilité obligatoire et des passerelles renforcées avec la CNCA, une formation continue, une politique de rémunération, une sécurisation des carrières en cas de difficultés avec les conseils d'administration. Il s'agit de rattacher les cadres de direction à l'institution dans son ensemble, du moins pour leur gestion de carrière et d'engager le changement conçu par les cadres depuis deux décennies[19]. L'objectif peut paraitre encore lointain tant le lien entre les directeurs et leur caisse reste marqué. En 1968, seuls 38 % des directeurs ont effectué une mobilité hors de leur caisse[20]. Ils sont néanmoins désormais tous couverts par accord national sur leurs conditions d'emploi, obtenu en 1967, et qui contribue à une nette amélioration de leurs rémunérations.

Les qualifications utilisées par Mayoux nourrissent un débat relatif aux dimensions entrepreneuriales de l'activité des cadres de direction, au fondement de leur autorité et à leur contribution à la politique des caisses que

17 – Rapport moral, AG FNCA 1964.

18 – C'est un problème récurrent des organisations coopératives bancaire, *cf.* Yiorgos Alexopoulos, Ivana Catturani, Silvio Goglio, « Searching for a model of governance in cooperative banking, a literature review » in Johann Brazda, Markus Dellinger et Dietmar Rössl, *Genossenschaften im Focus einer neuen Wirtschaftspolitik/ Cooperatives in the focus of a new economic policy*, Berlin, LIT, 2013, p. 707-731.

19 – AG FNCA, 1967.

20 – André Gueslin, *op. cit.*, vol. I, p. 302.

leur syndicat souhaiterait voir formellement reconnue. Ces préoccupations traduisent la réalité des initiatives importantes qui peuvent être prise pour mettre en œuvre l'extension des compétences alors accordées à l'institution et qui reposent pour l'essentiel sur le dynamisme des équipes des caisses régionales. Pour autant, la discussion qui débouche en 1973 au niveau fédéral actualise la volonté des présidents d'éviter la transformation des conseils d'administration en conseils de surveillance au risque de miner le fonctionnement mutualiste. La Fédération propose donc de reconnaitre au directeur de caisse des fonctions et non une autonomie de chef d'entreprise. Elle s'accorde pour préciser qu'il « assure, dans les conditions d'un chef d'entreprise, mandaté à cet effet par le conseil d'administration, la marche quotidienne de la caisse régionale et la gestion de ses services »[21]. Elle rappelle également qu'il ne fait que contribuer aux travaux préparatoires à la prise de décision assurée par les conseils d'administration. Sans préjuger des effets réels de ces textes sur les pratiques, ils n'en conduisent pas moins à renforcer l'intérêt des directeurs de caisse pour l'action fédérale, niveau au sein duquel leur contribution à la construction de la politique commune est officiellement reconnue.

Les directeurs relèvent désormais d'une double appartenance à leur caisse et à l'institution au sein de laquelle ils sont par ailleurs amenés à faire des mobilités pour progresser dans leur carrière. Le rappel des responsabilités des présidents et des conseils d'administration invite par ailleurs ces derniers à s'investir systématiquement dans les décisions prises par leurs caisses et à se former au besoin pour asseoir leur décision. La Fédération engage de nombreux programmes en ce sens.

B. La sélection des cadres de direction et ses effets sur la composition du groupe

La FNCA porte par ailleurs au début des années 1970 une refonte des conditions d'accès aux postes de direction qui répond largement aux préoccupations formulées en 1967 par Mayoux. La « liste d'aptitude » est remplacée par un « parcours de direction » destiné à évaluer les capacités managériales et à classer les postulants qui peuvent être reçus, ajournés ou définitivement refusés. Deux niveaux sont par ailleurs distingués, l'un pour la qualification au rang de cadre de direction, le second pour pouvoir postuler sur un poste de directeur. Dans tous les cas il ne s'agit que d'une qualification préalable sans laquelle les cadres ne peuvent candidater aux postes de direction des caisses qui restent maitresses de leurs recrutements choisis parmi les cadres sélectionnés.

La procédure est pilotée par la FNCA et prise en charge par un organisme interne de formation, l'IFRAD puis IFCAM, et s'inscrit dans une gestion globale des cadres de direction qui conduit à la création en 1972 d'un service fédéral

21 – FNCA, « Recommandation relative à la définition des missions du conseil d'administration, du président et du directeur », 24 janvier 1973, Archives historiques du Crédit agricole, 412 AH 94.

dédié. Une politique de prévision des besoins et de gestion des files d'attentes pour l'accès aux postes peut ainsi être mise en œuvre de façon systématique. Le Crédit agricole dispose alors d'un véritable marché interne pour les cadres de direction qui joua sans doute un rôle majeur dans l'unité de l'institution et dans le processus d'élaboration de sa politique de développement et son autonomisation par rapport à la tutelle publique. Son fonctionnement n'évolue ensuite qu'à la marge pour s'adapter aux objectifs que le groupe se fixe pour les deux dernières décennies du siècle.

Les personnels de l'institution se répartissent alors entre quatre ensembles plus ou moins interconnectés : le personnel des caisses, soumis à la convention collective nationale mais où la pratique structure une séparation assez nette entre le personnel des agences et celui des sièges, le personnel de la CNCA et les personnels de direction qui sont les seuls à pouvoir évoluer statutairement entre les caisses ce qui les place nécessairement dans une position surplombante.

Les effets de cet encadrement des carrières se mesurent pleinement pour la génération de directeurs de caisses du tournant des années 1980 qui porte la mise en œuvre de la mutualisation et du « projet du groupe »[22]. Tous avaient alors effectué une mobilité dans au moins une autre caisse même si la pratique d'un retour vers la caisse d'origine manifestait pour certains la permanence d'un attachement aux équipes et aux conseils qui avaient porté leurs débuts de carrière. La mobilité se renforce ensuite avec la réduction du nombre de caisses lié au processus de fusions systématisé dans les années 1990. En 2000, les directeurs ont en moyenne connu au moins trois caisses ou organisme du groupe dans leur carrière. Même si elles se diversifient, avec des mobilités depuis ou vers la CNCA, leurs carrières restent ancrées dans les caisses régionales car la connaissance de l'univers des caisses continue à primer sur d'autres aptitudes fonctionnelles.

TAB 1 **FORMATION INITIALE DES DIRIGEANTS DE CAISSES EN POSTE EN 1990 ET 2000**

	1990	2000
Ingénieurs agronomes	41 %	24 %
Autres ingénieurs	6 %	10 %
Grande école: commerce, IEP	13 %	17.5 %
Autre formation supérieure	3.5 %	10.8 %
Sans formation supérieure	5.8 %	8.5 %
Licence droit	14 %	10 %
Sciences Economiques	16.4 %	17.5 %
Population	85	46

22 – *Cf.* l'article d'Hubert Bonin dans ce numéro.

Parmi les directeurs aucun n'accède à un poste de direction à partir d'une position externe au groupe. Le renouvellement des compétences lié à l'évolution des métiers se lit dans celle de la répartition de leur formation initiale. Les directeurs diplômés de l'Université en droit, ou en sciences économiques constituent un gros tiers de l'effectif entre 1990 et 2000 tandis que part des ingénieurs agronomes passe de 40 % en 1990, sans doute la proportion la plus élevée de toute l'histoire de l'institution, à 24 % en 2000. Leur nombre et leur part sont alors supplantés par les diplômés d'autres grandes écoles, d'ingénieur, de commerce ou de sciences politiques dont les recrutements initiaux découlent de l'importance prise par les fonctions informatiques, marketing et commerciales dans le courant des années 1970.

Une carrière au Crédit agricole est alors encore loin d'être une évidence pour ces jeunes diplômés. L'institution avait alors une image rurale et restait moins prestigieuse que les autres banques. Mais la croissance et la diversification de l'activité des caisses offre de sérieuses perspectives de carrière à l'apport de compétences nouvelles et peut justifier d'y poursuivre une carrière démarrée ailleurs. Ces structures de grosses PME disposant de vrais moyens de développement peuvent en effet offrir à de jeunes diplômés une prise en charge de projets et un niveau de responsabilité généralement réservés aux cadres seniors des grandes entreprises, à commencer par les grandes banques de réseaux, dont les carrières sont dominées par certaines filières de formation[23].

L'organisation décentralisée des caisses offre également un potentiel de diversification des expériences professionnelles favorable à l'obtention d'un poste de direction générale là où les grandes organisations mobilisent des services spécialisés qui contribuent au cloisonnement des compétences. La formation continue pilotée par la Fédération permet par ailleurs de diffuser les compétences et de maintenir un petit groupe de dirigeants qui n'ont pas de formation supérieure initiale. C'est le cas de trois directeurs en 1990, de cinq en 2000. Le recrutement de ces personnels issus du monde rural, disposant d'une formation secondaire, s'inscrit dans la tradition de recrutement local de caisses où ils ont pu faire leurs preuves et obtenir une reconnaissance généralement liée au développement de l'activité commerciale dans le courant des années 1960 puis 1970 avec les ouvertures de bureaux, le démarchage de nouvelles populations et la promotion de divers services d'épargne et produits bancaires.

Loin d'aboutir à une homogénéisation du groupe des cadres dirigeants, le système de gestion des recrutements commun aux caisses qui se met en place à partir des années 1970 conduit au contraire au maintien d'une certaine diversité des profils et des trajectoires. C'est en partie la conséquence du maintien

23 – Michel Bauer, Elie Cohen, *Qui gouverne les groupes industriels ? Essai sur l'exercice du pouvoir du et dans les groupes industriels*, Paris, Seuil, 1981; Hubert Bonin, Nathalie Carré de Malberg, *art. cit.*

de l'autonomie complète des caisses dans la prise de décision relative aux choix de leurs collaborateurs lesquels reflètent par conséquent leur propre diversité. Mais elle découle également de la participation de directeurs au fonctionnement du groupe.

À partir des années 1970, l'accès aux postes de dirigeants des caisses régionales, entités autonomes, repose donc sur un ensemble de règles communes qui définit un marché interne et exclut en pratique les recrutements externes. La composition du groupe indique que ces derniers n'en forment pas pour autant une population uniforme car leur recrutement et leur carrière reflètent l'histoire des caisses régionales, la diversité de leurs trajectoires ainsi que celle de leurs administrateurs et des enjeux propres à chaque territoire. C'est là sans doute, l'une des spécificités d'autant plus notable du Crédit agricole, organisation décentralisée disposant d'organes communs, que ce groupe des dirigeants des caisses est, au moins depuis la mutualisation, amené à élaborer, avec les présidents, la politique générale de l'institution dont la gestation, au sein des commission spécialisée de la Fédération, peut donc reposer sur des cultures et des expériences variées.

Conclusion

À l'origine le plus souvent tenues par des administrateurs, les directions des caisses régionales de Crédit agricole relèvent, à partir des années 1930, du fait de la réglementation de personnels salariés dont la formation initiale est généralement bien moindre. Leurs profils apparaissent diversifiés et les ingénieurs agricoles ou agronomes sont loin d'y être majoritaires. Parce qu'ils sont soumis au contrôle de la CNCA puis engagés dans les activités de la Fédération où s'élaborent les outils et les orientations propres à l'institution, leur identité professionnelle se construit par ailleurs à la fois dans leur caisse et dans l'ensemble Crédit agricole. À partir des années 1960, leur cadre contractuel, leur mode de sélection et la mise en place d'une obligation de mobilité dans le groupe les mettent en capacité d'y tenir une position transversale, de faire du groupe un espace de carrière. C'est en partie ce qui permit aux grandes figures de la FNCA issues du groupe des dirigeants de jouer un rôle majeur, aux côtés des présidents, dans les transformations du Crédit agricole dans le dernier tiers du siècle. Mais l'histoire de ces dernières ne peut sans doute s'écrire sans une étude plus fouillée des actions de ce groupe de dirigeants à l'échelle de leurs caisses comme des organes centraux.

FÉDÉRER LE CRÉDIT AGRICOLE PAR DES PROJETS DE GROUPE

de 1985 à nos jours

Hubert Bonin
Professeur émérite et chercheur en histoire économique, Sciences Po Bordeaux
et UMR CNRS 5113 Gretha-Université de Bordeaux

L'esprit d'entreprise, portant en avant toute société désireuse de garantir sa pérennité, s'accompagne d'une « philosophie » qui permet de fédérer peu ou prou les valeurs partagées par les parties prenantes en une « culture d'entreprise » apte à cimenter les énergies des équipes et des diverses branches. L'on parle aujourd'hui de « raison d'être » ; mais les métamorphoses vécues par l'économie libérale depuis l'éclosion de la troisième révolution industrielle n'ont pas manqué de bouleverser les branches tertiaires agissant en leviers de la cristallisation d'un capitalisme européanisé et même globalisé[1]. Les entreprises ayant survécu aux chocs successifs des restructurations et des crises ont eu le sentiment qu'elles devaient se réinventer en continu afin de pouvoir mieux résister à la concurrence et aux sautes conjoncturelles.

Or, malgré quelques déboires localisés, le Crédit agricole a réussi à tenir bon face à la libéralisation bancaire, à l'épidémie de crises bancaires[2] du début des années 1990, puis aux crises de la place parisienne de 2001-2003 et de 2007-2008. Plusieurs causes peuvent être avancées : portefeuilles de savoir-

1 – Anton Brender, *Capitalisme et progrès social*, Paris, La Découverte, "Repères Histoire", 2020.
2 – Thomas Lambert, Jacques Le Cacheux & Audrey Mahuet, « L'épidémie de crises bancaires dans les pays de l'OCDE », *Revue de l'OFCE*, 1997, n° 61, p. 93-138.

faire efficaces, pertinence de la division entre Fédération nationale et Caisse nationale qui facilite les débats et réflexions en interne, rôle important des caisses régionales, etc. Mais l'on pourrait aussi prétendre que les réflexions conduites pour mettre au point un « projet de groupe » ont pu renouveler sans cesse la culture d'entreprise, affûter les méthodes d'analyse qu'elle génère, susciter des mentalités et des processus moins centralisateurs que dans une firme capitaliste, voire éviter cette sorte de « despotisme éclairé » qui génère une gouvernance d'entreprise qui finit trop souvent par conduire à une centralisation excessive des décisions.

Sans cesse, depuis une quarantaine d'années, les débats ont ajouté aux simples contraintes de la compétitivité des réflexions sur « le sens » de la métamorphose vécue par le groupe, des caisses régionales au siège parisien. Si l'on accepte la croissance et la mue du Crédit agricole et si l'on respecte l'exigence de profitabilité, l'on exprime souvent la conscience du respect d'un mode de pensée collective et d'un corpus de valeurs. Cette intensité des réflexions collectives s'est exprimée par la conception de cinq projets de groupe entre 1985 et 2020, sources d'une « dynamique de groupe » peut-être particulière au Crédit agricole et en tout cas propice aux interactions et à la cohésion des équipes.

En effet, un projet d'entreprise est une charte qui précise les objectifs généraux, les valeurs et la philosophie de l'entreprise tout en affirmant son identité, ce qui permet de faire évoluer les compétences au fur et à mesure de l'évolution du portefeuille d'activités ; elle a pour ambition de le motiver, d'assurer sa

ABSTRACT

During periods of change in its economic model and its geographical deployment, the institutional communication of a society is even more essential to its cohesion. The mobilization of large communities in order to define a group project thus makes it possible to renew the corporate culture in order to stimulate the adhesion of employees and to strengthen the integration of subsidiaries and business lines. Crédit agricole has thus defined half a dozen successive group projects, as evidence of its agility in the movement to renew its values, practices, and strategies.

RÉSUMÉ

Durant les périodes de mutation du modèle économique et du champ de déploiement géographique, la communication institutionnelle d'une société est encore plus essentielle à sa cohésion. La mobilisation de communautés larges en vue de définir un projet de groupe permet ainsi de renouveler la culture d'entreprise afin de stimuler l'adhésion des salariés et de renforcer l'intégration des filiales et des métiers. Le Crédit agricole a ainsi défini une demi-douzaine de projets de groupe successifs, en une preuve de son agilité dans le mouvement de renouvellement de ses valeurs, de ses pratiques, de ses stratégies.

JEL Classification: **G21, M14, I21, P13, N84, N24**
Key words: **Crédit agricole, business model, company culture, mutualism, institutional communication, shared values**
Mots clés: **Crédit agricole, modèle économique, culture d'entreprise, mutualisme, communication institutionnelle, valeurs partagées**

cohésion et à terme de développer encore plus la société[3], en servant de levier aux cheminements prospectifs et dans la conduite des stratégies grâce à une meilleure vision des enjeux et des intentions managériales.

1. Un premier projet de groupe en 1985

De tels changements institutionnels expliquent l'esquisse d'un premier « projet de groupe » avec le lancement en 1985 par la Caisse nationale (CNCA) d'un débat autour d'un « projet d'entreprise du Crédit agricole », avec « un projet d'entreprise pour le Groupe central, destiné à donner naissance, dans le cadre d'une réflexion étendue à tous les partenaires du groupe, à un projet engageant le Crédit agricole tout entier ; une association plus étroite des caisses régionales aux décisions qui engagent l'avenir du groupe, au sein des [sept] comités stratégiques paritaires »[4]. La banalisation bancaire, la désintermédiation qui voit progresser le rôle de la banque de marchés, l'intensification de la concurrence, sont autant de facteurs qui stimulent ce programme de réflexion.

Cela explique qu'un « projet commun » soit proposé à la réflexion par le directeur général Jean-Paul Huchon en 1985. Un groupe central rassemble les éléments remontés des sept groupes de travail (« de prospective ») ayant mobilisé 4 800 personnes entre mai et août 1985. Mais, au niveau du personnel lui-même, un recueil de propositions et d'opinions est enclenché[5]. Viennent ensuite des réunions de synthèse, « interactives », avant un comité chargé de rédiger le projet final. Puis, pendant cinq jours, du 24 au 28 février 1986, à Saint-Quentin-en-Yvelines, 900 salariés de la Caisse nationale ou de ses filiales participent à la mise au point du projet final, par le biais de 750 interventions. On publie même *PROJET. Journal du projet d'entreprise*[6]. Mais la nomination de Bernard Auberger à la direction générale en 1986 incite à remettre ces perspectives en chantier car on estime que la philosophie de l'institution doit évoluer.

« Mutualisme et concurrence », « mutualisme et priorité agricole », « mutualisme et compétitivité »[7] : en cette seconde moitié des années 1980, le Crédit agricole cherche une boussole pour consolider les passerelles reliant l'héritage

3 – *Cf.* Gilles Garel (dir.), *Le management de projet*, Paris, La Découverte, « Repères », 2011. Pascal Aurégan & Patrick Joffre, « Le projet au cœur de la stratégie », *Expansion Management Review*, 2003, p. 88-97. Jean-Pierre Bréchet & Alain Desrumeaux, « Pour une théorie de l'entreprise fondée sur le projet », *Sciences de gestion*, 2004, n° 45, p. 109-148. Jean-Pierre Bréchet & Alain Desrumeaux, « Le projet dans l'action collective », in *Encyclopédie des ressources humaines*, Paris, Vuibert, 2006 ; 2e édition, 2010, p. 1015-1024. Jean-Pierre Boutinet, Alain Desreumaux & Nathalie Richebé, « Le projet dans l'action collective », *Humanisme et Entreprise*, 2011/4, n° 304, p. 5-12.

4 – Rapport annuel de la CNCA pour l'année 1985, p. 33.

5 – *Ibidem*, p. 35.

6 – Archives historiques de Crédit agricole SA, 419AH34.

7 – Compte rendu de la journée d'étude du 15 octobre 1986 lors de l'assemblée générale de la FNCA à Aix-les-Bains, *Bulletin d'information de la* FNCA, 28 octobre 1986, n° 365. Archives historiques de Crédit agricole SA, 419AH33.

de l'Histoire aux percées de l'avenir de la fin du siècle. Les assemblées générales de la FNCA qui se tiennent à Aix-les-Bains en octobre 1986 puis à Nice les 15-16 octobre 1987 expriment l'expectative et l'espérance tout à la fois face au processus lancé par le gouvernement en vue de la révolution institutionnelle devant toucher la Caisse nationale[8]. Il n'est pas anodin d'ailleurs que soit présenté à Nice le rapport « Les banques face à la concurrence et à l'ouverture des marchés européens et internationaux »[9] puisque l'enjeu de la réforme des statuts de l'établissement public trouve sa justification de base dans la volonté de faire du Crédit agricole une arme puissante de la place bancaire de Paris.

2. Un deuxième projet de groupe en 1989

On ressent dans les textes du projet quelque fierté d'avoir réussi tant de changements en un tiers de siècle. Le Crédit agricole[10] s'est construit en tant qu'institution apte à gérer la croissance et la diversification de ses gammes de prêts et de son savoir-faire dans l'évaluation des risques et dans le conseil aux exploitations agricoles. Il a cimenté une organisation d'entreprise, au niveau des caisses régionales (surtout dans les plus grosses d'entre elles) et au niveau de la Caisse nationale. Il a déployé des réseaux d'influence et d'information dans les structures des pouvoirs nationaux et bruxellois. Il a conquis des positions solides dans l'économie de la modernité agricole, dans les branches d'activité engagées dans la bataille de l'intensification et de la productivité. Il aura œuvré à accompagner les groupements de coopératives à s'ériger en entreprises de filière agro-alimentaire armées d'équipements et de réseaux de commercialisation. Il a aussi été partie prenante du processus d'internationalisation de l'économie agricole et agro-industrielle.

Est-ce que le Crédit agricole est prêt à affronter des nouvelles étapes, celle de la compétition intra-européenne, celle de l'internationalisation, celle de la diversification des clientèles rurales et urbaines, enfin celle des défis de la gestion d'une grande entreprise ? Et, surtout, est-il prêt à changer la nature même de sa mission ? En effet, en 1985 encore, J.-P. Huchon proclame : « Le Crédit agricole est une banque universelle à responsabilité agricole. »[11] Peut-il, sous la même marque, conquérir des marchés, français ou étrangers, qui l'orienteraient plus vers la « banque à tout faire » que vers la Banque verte, soucieuse du monde agricole et du monde rural ? La plaquette *Le monde du Crédit agricole*, éditée par la CNCA en 1989 (avec vingt pages), célèbre « la première

8 – Archives historiques de Crédit agricole SA, 419AH34.

9 – Assemblée générale de la FNCA à Nice, 1987, Archives historiques de Crédit agricole SA, 419AH34. Voir aussi : *Bulletin d'information de la FNCA*, 30 octobre 1987, n° 379.

10 – Gérard Dion, « Crédit agricole : du mutualisme à l'internationalisation », GREP, *Pour*, mars 2008, n° 196-197, p. 179-188 [G. Dion est un ancien cadre du Crédit agricole].

11 – Rapport annuel de la CNCA pour l'année 1985.

puissance financière d'Europe » et « des hommes et des moyens à la mesure des ambitions ». L'assemblée générale de la FNCA d'octobre 1988 est marquée à juste raison par un sentiment de confiance dans l'avenir : à la fois banque de l'agriculture, banque généraliste (« universelle ») et banque européanisée, le Crédit agricole se lance dans une nouvelle étape de son histoire.

Pour ce faire, il entend se munir d'un « projet de groupe » adapté à cette nouvelle configuration institutionnelle et économique[12]. C'est la « culture d'entreprise » dans son ensemble qu'il faut refonder. On doit préciser quelles « valeurs », quel « esprit mutualiste », quelle fidélité à l'histoire du mouvement du Crédit agricole, il faut respecter, rénover (sinon réinventer) et développer. Il faut ensuite identifier quel équilibre on doit susciter entre les missions territoriales, le soutien aux communautés agricoles et rurales, et le déploiement dans les espaces urbains et à l'étranger ; entre les grandes fonctions d'une firme bancaire soumise à une intense compétition sur la place de Paris et l'accompagnement des métiers légués par presque un siècle d'histoire et affûtés depuis les années 1950.

Cela explique qu'un deuxième projet de groupe prenne corps dès 1988-89 sous l'impulsion de Lucien Douroux[13] et soit adopté en septembre 1989 ; il concerne l'ensemble de l'institution, des caisses régionales à la CNCA et à la FNCA.

> « Après la mutualisation, le premier acte refondateur d'un esprit commun au Crédit agricole a été le projet de groupe de 1989. Désormais, on parlait d'un "groupe", non au sens juridique du terme, mais afin d'affirmer l'unité du Crédit agricole dans le cadre de la décentralisation. "Décentralisé et uni", proposait Douroux ; mais on a fini par accepter "Uni et décentralisé". Ce projet de groupe affirme la "prééminence" des caisses régionales au sein du groupe ; il réaffirme l'importance de la Fédération, même si la Caisse nationale est l'instance représentative dans le cadre de la loi bancaire de 1984. Elle est une instance "politique", chargée de conduire les rapports d'influence avec les Pouvoirs publics au nom de l'intérêt du Crédit agricole et de ses clients, notamment à propos de l'élargissement des compétences par le biais d'ultimes décrets au début des années 1990, de la fin du monopole des prêts à l'agriculture, en 1990, avec une application progressive, et du duopole de l'accueil des dépôts des notaires en milieu rural. »[14]

Ce texte affirme la volonté de maintenir « les marchés et métiers de base » tout en assumant le « développement vers de nouveaux territoires », et le désir de concilier unité et décentralisation. Il faut que chaque entité du groupe

12 – « Le Crédit agricole veut préparer son avenir dans l'Europe de 1993 », *Le Monde*, 4 octobre 1988.
13 – « Le projet de groupe de 1989 », in Lucien Douroux, *Un voyage inattendu. De mon village auvergnat à la tête du Crédit agricole. Mémoires*, Paris, Cherche-Midi, 2016, p. 231-238.
14 – Entretien avec Joseph d'Auzay, 13 mars 2020.

s'approprie ce projet et le décline localement en « projets d'entreprise »[15] Mais son impact paraît limité car il ressemble plus à une sorte de charte de mise en œuvre de la mutualisation. Il est présenté à La Défense[16], au palais du Cnit, les 5 et 6 octobre 1989 avant qu'un « kit de communication écrite » soit diffusé par les 91 caisses régionales.

« Nos deux préoccupations sont claires : savoir ce que ce l'on veut... et serrer les coudes », déclare Yves Barsalou. Il faut « accentuer encore notre force et notre cohésion : quel meilleur outil que le projet de groupe pour nous forger une doctrine au seuil de cette nouvelle ère ? [...] Un projet est l'occasion d'asseoir le développement sur les valeurs internes partagées par le plus grand nombre [...]. Face à la banalisation ambiante, il doit servir de base à la réaffirmation de l'identité du Crédit agricole [...] : définir ensemble ce que nous voulons être et faire, pour vivre et gagner ensemble. » On veut concilier la cohésion entre les directives et l'action mais aussi dépasser des réponses centralisées en suscitant l'esprit d'initiative face à la fluidité des marchés libéralisés et concurrentiels. « Pour gagner, il faut d'abord que chacun sache pourquoi il se bat, quelles valeurs il défend, quelle mission il remplit », avec notamment en vue « l'épanouissement professionnel des femmes et hommes qui y travaillent et le développement économique de nos régions ».

Treize groupes de travail se réunissent afin de plancher sur le projet de groupe : Éthique et finalités ; Environnement bancaire ; Politique financière ; Technologie ; Ressources humaines ; Structures et réseaux ; Agriculture et industrie agroalimentaire ; Particuliers ; Professionnels ; Entreprises et collectivités locales ; Capitaux-banque d'affaires ; Diversification ; International. Ils sont supervisés par deux comités de synthèse : un comité de soixante personnes qui définit en amont les grandes orientations puis en aval approuve le contenu des travaux au cours de quatre réunions ; un comité stratégique de seize membres qui coordonne les réflexions des groupes de travail lors de neuf réunions. Deux co-rapporteurs, Monique Bourven et Jean-Claude Pichon, et le président des deux comités, Douroux, sont les chevilles ouvrières du processus.

Sept groupes de travail sont constitués en 1999-2000 pour méditer sur la mise en œuvre de ce projet de groupe durant la décennie écoulée. On y scrute notamment la mise en œuvre des « ambitions d'universalité et de rentabilité » et des « objectifs de conquête », tout en soupesant la pertinence de la « charte d'organisation d'un groupe uni et centralisé » et en dressant le bilan du « nécessaire développement des ressources stratégiques » et de la « compétitivité des caisses régionales et de la dynamique du groupe »[17].

15 – Magazine *CNCA Informations*, septembre 1989.

16 – Voir : « Le projet de groupe sera présenté à La Défense, les 5 et 6 octobre 1989 », *Cnca Informations. Revue interne*, septembre 1989, n° 104, Archives historiques de Crédit agricole SA.

17 – Journal interne *En-Tête*, février 2000, n° 90.

3. Un troisième projet de groupe centré sur la Caisse nationale en 1990

Un troisième projet de groupe est destiné à sous-tendre la vie de la CNCA pendant une dizaine d'années ; on souhaite un projet qui soit enraciné dans les profondeurs des équipes et qui soit le fruit de nombreuses et longues réunions de discussion. Les responsables de tout niveau en 1990-91 veulent se donner des objectifs clairs et ramifiés quand ils lancent la réflexion sur la conception d'un « projet de groupe »[18] propre à la CNCA. Ces méditations englobent un « cadre de référence », des « axes majeurs » pour la stratégie et l'organisation, la clarification et la légitimation des missions de la CNCA et l'explicitation de ses axes stratégiques. Elles portent sur un « projet d'entreprise » : « missions et action stratégique », valeurs individuelles et valeurs d'organisation. On fixe des « plans d'action » pour ces réflexions collectives et un « processus participatif »[19].

Un « avant-projet » est esquissé en mars 1990 (« Des missions aux axes d'action stratégique ; des valeurs humaines et d'organisation »), avant que soit élaboré le « plan d'action du groupe CNCA » entre juin et novembre 1990, avec des « perspectives à trois ans, des ambitions, des moyens ». Le programme de réflexion sur le projet d'entreprise est officiellement lancé le 11 septembre 1990, par un discours du directeur général, en amont des travaux de trois groupes de travail. Cette « démarche participative » concerne 23 unités au sein de la CNCA ; chacune met en place trois groupes (stratégie, plan d'action, valeurs) comprenant chacun six à sept participants, ce qui aboutit à impliquer environ 500 salariés. Leurs conclusions sont mises en commun pour un premier débroussaillage lors de deux réunions de synthèse, les 6 novembre et 4 décembre. Un cadre général est peu à peu structuré, avec l'objectif explicite de voir le Crédit agricole s'ériger en grande banque européenne, voire même au tout premier rang.

Le projet d'entreprise prend ainsi corps : la CNCA doit être le « moteur du développement du groupe, si nous voulons être le premier groupe bancaire européen. Pour cela, pour que ce moteur soit puissant, il faut deux conditions : l'unité, la performance. L'unité, c'est tout à la fois : assurer la cohésion du Crédit agricole ; c'est aussi celle du groupe Caisse nationale : la décentralisation, l'initiative et la cohésion. La force du groupe : une stratégie globale, une politique de communication, de personnel, informatique. La performance, parce que les résultats, c'est la capacité d'agir, d'investir. C'est l'objectif du plan d'action. Cela passe par le développement rentable et la maîtrise des frais généraux, l'un ne va pas sans l'autre ; les deux ensemble : la performance [...]. Cela conduit à préciser nos grandes missions, à nous interroger sur la façon de les remplir le plus efficacement possible. »

18 – Voir les dossiers « Projet de groupe », Archives historiques de Crédit agricole SA, 503AH359.
19 – Note du 9 novembre 1990, *ibidem*.

« Les grandes lignes du plan d'action tournent autour de trois mots clés qui ressortent des premiers travaux du projet d'entreprise. Clarification : qui fait quoi, pourquoi, comment ? Ce sont des procédures, c'est aussi de la clarification pour tous. Cohérence : le groupe CNCA est divers, constitue un ensemble complexe, [d'où la nécessaire] cohérence de nos messages externes, de l'expression de notre politique, du travail d'équipe des directions, [mais aussi des] contrôles. Cohérence des actions de chaque unité pour s'intégrer dans un processus de décision et de mise en œuvre. » « Clarification : contribuer plus efficacement à la cohésion des règles ; cohérence : préciser le rôle de contrôle, renforcer le rôle d'anticipation et de suivi des dossiers ; communication : contribuer, par la diffusion d'informations, à la promotion d'une culture d'entreprise. »[20]

Sous l'égide du secrétariat central de la CNCA, les travaux internes se poursuivent de septembre au 4 décembre, avant la rédaction finale du texte en vue de préparer une convention prévue pour le 21 janvier 1991. Les trois groupes (« stratégie », sous la conduite de Bernard Carayon ; « plan d'action », avec Jeanne Barbazange ; « valeurs », avec Marie Morvan) doivent alors travailler en commun (sous la responsabilité de J. Barbazange) avec comme objectif : « Identifier les chantiers, les attentes ; les traduire en actions à court terme, à moyen terme, pour nous retrouver en février après la convention », afin de préciser « notre action, nos objectifs 1991 » et « poursuivre le travail d'équipe »[21].

Le dilemme est (et sera) constant : il faut « capitaliser sur les compétences de la Caisse nationale », avec « des missions claires et légitimes, au service des ambitions du groupe », mais aussi « préserver nos équilibres, l'équilibre entre puissance et proximité, l'équilibre du groupe, l'homogénéité »[22], d'où des interrogations sur les contours territoriaux (« Quelles caisses régionales demain ? 40 à 50 caisses régionales de taille et de marché suffisant. ») et sur la « recherche des facteurs communs à des métiers et des structures diversifiés » par la « conciliation des cultures, facteur de l'unité ». C'est que « les groupes ont mis en lumière un certain nombre de besoins : un besoin de concret, un besoin de cohérence, un besoin de communication. »

La convention du 21 janvier 1991 s'avère un succès. Mais le plus dur reste à faire : il faut enclencher le processus d'appropriation de ce projet d'entreprise par les équipes de la CNCA durant la première moitié des années 1990. Quoi qu'il en soit, ce qu'on pourrait appeler la philosophie du groupe est désormais un socle de son évolution car il lui procure des fondements solides. Le dossier est publié (sur une trentaine de pages) : « Ensemble, exceller dans nos métiers, gagner en Europe. »

20 – Note du 9 novembre 1990, *ibidem*.
21 – *Ibidem*.
22 – *Ibidem*.

« Un projet pour construire notre avenir.
Notre volonté : être un groupe bancaire européen à vocation mondiale.

Exprimer notre ambition.
Enrichir notre éthique mutualiste.
Notre action : déployer une stratégie de conquête.

Renforcer notre position sur nos métiers et nos marchés de base.
Investir de nouveaux territoires.
Notre force : constituer un groupe uni et décentralisé

Fortifier notre organisation.
Développer la responsabilité des banques régionales.
Notre responsabilité : valoriser nos ressources stratégiques

Mobiliser les hommes.
Accroître nos ressources financières.
Optimiser nos moyens technologiques.
Bâtir un groupe bancaire européen, partenaire de notre économie. »

Le projet de groupe affiche clairement les ambitions de consolider la position du Crédit agricole en France et d'en faire une banque puissante à l'échelle européenne. Mais « l'éthique mutualiste » reste une exigence forte : « Dans notre action, le mutualisme s'exprime par la participation et la promotion des hommes, qu'ils soient partenaires de l'entreprise - sociétaires et clients - ou engagés dans celle-ci - élus et salariés. » De même, une sous-sous-section proclame l'attachement à l'héritage de « la banque verte » ; mais il faut bien reconnaître qu'elle n'occupe qu'une demi-page. Les métiers de banque des professionnels et de banque d'entreprise sont tout autant valorisés.

« Réaffirmer notre vocation de banque de l'agriculture et de l'agroalimentaire. Nous sommes nés du monde agricole. Pour nous, l'agriculture ne sera jamais un marché comme les autres. Depuis sa création, le Crédit agricole lui accorde une priorité qui ne saurait être remise en cause par la banalisation de la distribution des prêts bonifiés. Fort de l'expérience de ses élus et de la compétence de ses techniciens, il continuera d'apporter son appui au développement de l'agriculture et de l'agroalimentaire et à leur expansion en Europe et dans le monde. Notre approche intègrera notamment la diversité croissante des exploitations et le rôle moteur joués par les entreprises agroalimentaires. Nous

nous fixons trois objectifs : approcher l'agriculture en banquier d'entreprise, maîtriser les risques et développer notre implantation dans l'agroalimentaire. Ce dernier objectif s'appuiera notamment sur une politique de prises de participation en fonds propres dans les entreprises privées. Dans cet esprit, un nouveau partenariat sera recherché avec les coopératives pour répondre à leurs besoins de développement. »[23]

Des procédures de veille quant à la mise en œuvre de ce projet d'entreprise sont respectées dans les semestres ultérieurs. Par exemple, la réunion du 16 juin 1992 fait le point sur les valeurs et les chantiers, et sur le suivi du plan d'action. On insiste particulièrement sur l'équilibre entre développement interne et décentralisation. Onze chantiers principaux se déploient (« Qui fait quoi à la CNCA » ; « tableaux de bord des unités », etc.), car on cherche à approfondir « les métiers du groupe CNCA » (« Exceller » ; « Construire » ; « Gagner ») ; à accentuer « nos qualités » : « La vigilance = être à l'affût ; l'anticipation = détecter ; l'implication = connaître ; la solidarité = travailler ensemble. »[24]

Plus tard, le projet de groupe de la CNCA se décline par un nouveau programme qui lui est propre, le « plan d'action 1995-97 », grâce à des réunions d'encadrement (en octobre 1994) et des comités de réflexion. On veut coller au plus près des exigences de la marche en avant et de la reprise conjoncturelle, réaligner le tir en cas de besoin grâce à une actualisation annuelle, « consolider nos positions sur nos activités de base » et « affirmer des ambitions réalistes sur des territoires de conquête »[25].

4. Des projets de groupe pour les caisses régionales

Des caisses régionales se dotent elles aussi d'un projet de groupe, comme celle d'Île-de-France qui le présente au Palais des congrès à Paris le 9 octobre 1990 devant ses cadres et employés, sous l'égide du président Robert Delalande et du directeur général Douroux, qui l'ont initié en mars 1990.

« Sur les bases des grandes orientations diffusées début avril, neuf groupes de travail regroupant plus de 140 cadres du siège, des agences et des directions régionales réfléchissent sur un thème donné. Les suggestions des membres du personnel sont encouragées. Pour la première fois de son histoire, la Caisse régionale fait appel à un cabinet de conseil stratégique, McKinsey. En juin, ce dernier soumet un ensemble de propositions concrètes à la direction générale et au conseil d'administration qui corrigent et amendent ces dernières pour les transformer en projet définitif. » Douroux le résume : « Nous nous sommes

23 – Projet d'entreprise de la CNCA, p. 11-12, Archives historiques de Crédit agricole SA, 503AH359.

24 – Plan d'action du secrétariat central, avril 1991, Archives historiques de Crédit agricole SA, 503AH359.

25 – Plan d'action du groupe CNCA *1995-97*, avril 1995, Archives historiques de Crédit agricole SA, 503AH365.

donné pour objectif de relever simultanément deux défis majeurs : intensifier notre développement commercial sur tous nos marchés, des agriculteurs aux entreprises en passant par les particuliers et les professionnels ; maîtriser notre fonctionnement, notamment au niveau de la rentabilité, de la qualité de nos opérations, du contrôle de nos risques et du maintien de notre avance technologique afin de construire ensemble la grande banque de la région parisienne dans le premier groupe bancaire européen. »[26]

L'Association nationale des cadres de direction s'implique elle aussi : présidé par Georges Pauget, de la Caisse Pyrénées-Gascogne, un groupe de travail d'une trentaine de membres élabore une étude *Stratégie à moyen terme du Crédit agricole. Défis, ambitions et volontés pour demain*[27]. Elle dresse un « bilan stratégique : forces et faiblesses, menaces et opportunités », en vue d'aider les caisses régionales à structurer leurs propres objectifs stratégiques, avec notamment l'enjeu de la fidélisation des clients, d'où l'importance de la relation client et de « l'adéquation organisation-cible particuliers » : il faut « maximiser leur avantage concurrentiel ».

En Lot-et-Garonne, pour mener une réflexion commune avec « des objectifs clairs, dynamiques, partagés », la Caisse régionale lance un vaste programme de réflexion collective : de janvier à novembre 1989, plusieurs étapes marquent une grande opération de réflexion sur le destin et les savoir-faire de la Caisse régionale. 170 entretiens sont conduits individuellement ou en petits groupes - y compris avec des administrateurs et des clients et non-clients. 401 réponses sont apportées à 565 questionnaires envoyés en parallèle. Ces deux méthodes de diagnostic débouchent sur une synthèse établie par la direction. Près de 600 personnes sont alors réunies salle Albagnac au Siège, le 12 mai 1989, pour une présentation du programme de travail. 145 salariés membres de seize groupes de travail planchent sur un état des lieux et des propositions d'action, entre le 16 et 24 mai. On construit un « projet d'entreprise », appelé *Logitude 94* puisqu'on veut avoir « refondé » la maison en quelques années à partir de 1990 : « Passer d'une culture statutaire, historique, à une culture de compétence au service de la clientèle. » Le projet est présenté le 21 juin 1989 après-midi. Des « plans d'action » sont ensuite définis en septembre afin de mobiliser les équipes de salariés[28].

26 – Alain Borderie (& Public Histoire], *1902-2002. D'un siècle à l'autre. De la coopérative de crédit à la banque de plein exercice. Crédit agricole d'Ile-de-France*, Paris, Le Cherche-Midi, 2002, p. 155-156.

27 – Dossier de 54 pages, février 1994, 400AH24.

28 – Hubert Bonin, *Un siècle de Crédit agricole mutuel en Lot-et-Garonne*, Bordeaux, Crédit agricole d'Aquitaine, 2002, p. 117.

5. Un quatrième projet de groupe pour entamer le XXIe siècle

Au terme d'une décennie de mutations, de diversification et de croissance interne et externe, il paraît nécessaire de faire un point d'étape et de préciser les voies de la consolidation d'un ensemble pluriel. Présenté en octobre 2000, le quatrième projet de groupe du Crédit agricole comporte trois axes stratégiques majeurs indissociables : le renforcement du leadership dans la banque de proximité en France, l'accélération du développement auprès des grandes clientèles, à l'international et dans la gestion d'actifs, la poursuite de la construction de la dimension européenne du Groupe. Pour accroître ses perspectives de développement, le Crédit agricole entend s'ouvrir au marché et donner un nouvel élan au mutualisme.

« Figurant déjà aux premiers rangs des banques mondiales par l'importance de ses fonds propres, le Crédit agricole a exprimé, dans son *Projet de Groupe 2000*, la volonté d'amplifier ses développements dans chacun de ses grands domaines d'activité, répondant à son ambition de constituer un groupe bancaire leader en France, à dimension européenne, à vocation mondiale. »[29] C'est qu'il faut fédérer une culture d'entreprise adaptée à la centaine de milliers de salariés que compte le Crédit agricole à la fin du XXe siècle, tandis que se prépare l'introduction en Bourse de sa société faîtière : « Nous souhaitons désormais partager avec l'ensemble de nos actionnaires un projet de croissance durable et rentable. »[30]

6. Le projet *Ambitions 2022*

La réorganisation interne des structures du groupe, le rééquilibrage entre la société cotée, la Fédération nationale et les caisses régionales, d'une part, et le recentrage du développement stratégique, d'autre part, n'ont pas manqué de susciter des débats. Il a semblé dès lors nécessaire d'en expliciter les conclusions, par le biais d'un cinquième projet de groupe, *Ambitions 2022*. Après des réunions de conception à partir de la fin 2018 au sein de huit groupes de travail, il est dévoilé officiellement le 6 juin 2019 et présenté le 22 juin au Palais des congrès de Paris devant un millier de dirigeants des caisses régionales et du groupe Crédit agricole SA. Puis une réunion de 750 cadres des caisses régionales et du groupe à Angers, le 10 décembre, en explique plus encore les effets sur l'action des caisses régionales au nom d'une « lucidité positive » : « Une nouvelle page de notre histoire s'ouvre. Le sens est donné, pour que notre action soit à la hauteur de nos ambitions. »[31]

29 – Rapport annuel de la CNCA pour l'année 2000.
30 – Rapport annuel de la CNCA pour l'année 2001.
31 – « Les ambitions à dix ans des caisses régionales », *Crédit agricole Magazine*, hors-série, février 2020.

Ce projet exprime aussi l'aboutissement des réflexions sur « la raison d'être », une sorte de charte de principe exigée aux grandes entreprises par la loi *PACTE* de juillet 2019 : elle a pour objectif de repenser leur place dans la société, d'inciter à mieux partager la valeur créée avec leurs salariés et plus généralement d'identifier plus encore leur « mission ». Avec le slogan « Agir chaque jour dans l'intérêt de nos clients et de la société », le projet de groupe insiste sur plusieurs points essentiels : « Notre projet client, ou l'excellence relationnelle, porte l'ambition de devenir la banque préférée des particuliers, des entrepreneurs et des entreprises. Il va de pair avec notre projet humain, fondé sur la responsabilité individuelle en proximité, dans un cadre de confiance renforcé. Notre projet sociétal, quant à lui, consiste à poursuivre notre engagement mutualiste en faveur d'un développement pour tous et à faire de la finance verte une des clés de notre croissance. »[32]

« Le projet de groupe sera soutenu par trois grands leviers [...] : la croissance sur tous nos marchés, le développement des synergies de revenus et l'investissement dans nos technologies pour améliorer notre efficacité. » L'un des points clés est la gestion de la clientèle, au nom de « l'excellence relationnelle », de l'intensification de la banque digitale et de l'élargissement de la gamme des services bancaires, avec « une stratégie innovante de plates-formes de services gérées avec des partenaires » (entrepreneurs, associations, chercheurs d'emploi, responsables d'un logement) et extra-bancaires.

La « raison d'être » joue aussi en interne, dès lors que la réinvention de la relation sociale imposée par la révolution du mode de travail et l'évolution des mentalités sociétales. Le projet de groupe conseille donc d'« adopter un modèle managérial et une organisation du travail plus responsabilisants, dans un cadre de confiance renforcé ». La vie au quotidien, la formation au fil de l'eau et l'évolution des carrières concernent il est vrai quelque 36 000 salariés en France et 37 000 à l'étranger, en direct, et 141 000 à l'échelle du groupe dont 76 % en France. Cela exige « une transformation managériale en profondeur pour responsabiliser » et ainsi de vastes programmes de mise à niveau incessante afin que chaque cadre soit suffisamment ouvert et réactif, avec « des manageurs "entrepreneurs" pour accompagner et valoriser la contribution des équipes au succès du collectif ».

Enfin, entraîné dans le mouvement d'ensemble, le Crédit agricole se veut partie prenante de « l'intégration systématique du risque climatique dans ses stratégies de financement comme d'investissement (en gestion d'actifs et d'assurance), l'amplification de son rôle dans le financement des projets

32 – Projet du groupe et *Ambitions 2022*, Note de présentation du projet de groupe du Crédit agricole, 2020, p. 1.

d'énergies renouvelables ainsi que l'accompagnement de tous ses clients dans la transition vers une économie dite "bas carbone" illustrent son engagement »[33].

Ce projet *Ambitions 2022* est complété par *Le pacte sociétal et territorial des caisses régionales*, publié en 2019 par la Fnca[34]. Il précise comment être « créateur de liens sur les territoires » dans le cadre de la responsabilité sociétale d'entreprise, avec cinq grands engagements centraux : « Atteindre l'excellence dans nos relations avec tous nos clients » ; « Accompagner durablement les territoires » ; « Mettre les atouts de notre modèle coopératif au service du bien commun » ; « Être un employeur responsable » ; « Affirmer notre responsabilité sociétale et environnementale ». C'est « un projet à dix ans pour renforcer notre responsabilité de proximité ».

À l'heure où chaque banque de détail doit se réinventer pour se différencier des concurrents, résister à la banque numérisée, tenir bon face aux critiques d'un néolibéralisme outrancier, le Crédit agricole lui aussi doit se mettre en ordre de bataille afin de maintenir ou renouveler le concept et la pratique de « proximité ». Certes, de telles campagnes de communication institutionnelle en interne ont déjà fleuri à plusieurs époques et dans tous les établissements. Mais, précisément, il faut dessiner son propre parcours et sa propre identité pour que la notion de « corps social » soit encore plus une réalité, grâce à une relative homogénéité de mentalités positives, en levier d'une réactivité affûtée.

Conclusion

On peut toujours arguer que chaque étape de l'évolution du capitalisme a été marquée par des réflexions en interne, au sein des entreprises, et des débats académiques ou sociétaux à propos de la capacité de ces dernières à contribuer au « bien commun » général et au mieux-être de leurs salariés, d'une part, et de répondre avec compétence et esprit d'ouverture aux aspirations de leurs clients. Jadis, on évoquait le paternalisme puis le néo-paternalisme ; plus récemment, on a médité autour de la culture d'entreprise[35] et de la responsabilité sociale de l'entreprise[36], et même de l'éthique[37] ; enfin, le capital de confiance[38] a été

33 – [https://www.credit-agricole.com/var/storage/original/application/0e15808f319a4a086dc4d3d13676052b.pdf].

34 – Gaëlle Regard (dir.), *Le pacte sociétal et territorial des caisses régionales*, Paris, Fnca, 2019.

35 – Éric Godelier, *La culture d'entreprise*, Paris, La Découverte, 2006.

36 – Howard Bowen, *Social Responsibilities of the Businessman*, New York, Harper, 1953. Hubert Bonin, « Paternalism at the turn of the 21st century. Mothballed or regaining momentum? », in Hubert Bonin & Paul Thomes (dir.), *Old Paternalism, New Paternalism, Post-Paternalism (19th-21st Centuries)*, Bruxelles, Peter Lang, 2013, p. 357-392.

37 – Gabriel Abend, *The Moral Background. An Inquiry into the History of Business Ethics*, Princeton, Princeton University Press, 2014.

38 – Charles Heckscher & Paul Adler, *The Firm as a Collaborative Community. Reconstructing Trust in the Knowledge Economy*, Oxford, Oxford University Press, 2007.

placé au cœur des méditations sur la légitimité[39] des firmes au sein de sociétés en pleine recomposition.

La conceptualisation et l'explicitation des programmes de changement collectif expliquent que la notion de « projet de groupe » ait pris corps et se soit répandue sur chaque place. Mais le Crédit agricole s'est senti d'autant plus concerné que sa nature à la fois bancaire, capitaliste, mutualiste, et son territoire d'action, à la fois fortement territorialisé et enraciné[40], national et international, font de lui une entité hybride. Il a semblé dès lors indispensable de scander sa mutation sur un tiers de siècle par des moments forts de réflexion collective, bien sûr organisée d'en haut, mais plutôt largement partagée, afin de mettre en œuvre des objectifs et des processus de « transformation »[41] aptes à lui procurer des chances de pérennité, dès lors que d'autres banques mutualistes ont pu traverser des crises sensibles, comme Raiffeisen en Autriche[42], ou même les Caisses d'épargne, intégrées dans le groupe BPCE au lendemain de la crise de 2007-2008.

39 – David Deephouse & Mark Suchman, « Legitimacy in organisational institutionalism », in Royston Greenwood, Christine Olivier & Roy Suddaby (dir.), *The Sage Handbook of Organizational Institutionalism*, Londres, Sage, 2008, p. 49-77.

40 – Kenneth Lipartito, « Business culture. The embeddedness of business », in Geoffrey Jones & Jonathan Zeitlin (dir.), *The Oxford Handbook of Business History*, New York, 2007 ; Oxford, Oxford University Press, 2008, p. 605-610.

41 – *Cf.* Lars Faeste, Jim Hemerling, Perry Keenan & Martin Reeves, *Transformation: The Imperative to Change. Five Case Studies of Transformation Excellence* [https://www.bcgperspectives.com/content/articles/transformation_change_management_five_case_studies_transformation_excellence/].

42 – Hubert Bonin, « Austrian Raiffeisen Zentralbank through the 2006-2012 crisis », in Joke Mooj & Wim Boonstra (dir.), *Raiffeisen's Footprint. The Cooperative Way of Banking*, Amsterdam, VU Press, 2012, p. 247-266.

ENTRETIEN AVEC ANDRÉ GUESLIN

Professeur émérite à l'Université de Paris, il est l'auteur de plusieurs livres pionniers sur l'histoire du Crédit agricole mutuel. Il a répondu aux questions posées par le professeur Dominique Barjot, le 11 avril 2020.

QUESTION 1

Dominique BARJOT

La question du crédit (et donc de l'usure) a été souvent mise en avant comme l'un des facteurs majeurs de l'apparition, en France, du Crédit agricole ? Dans quelle mesure est-ce que cette explication est vraie ? Pourquoi les tentatives du Second Empire (Crédit agricole de 1860) ont-elles échoué ? Quel a été le rôle joué par l'autorisation des syndicats ? En quoi la création des syndicats agricole, à partir de 1884, a-t-elle constitué un facteur décisif ? Pourquoi le Jura a-t-il été en pointe ? Quelle a été l'influence réelle de Louis Milcent ? Quelle a été celle de Louis Durand et de ses caisses rurales et ouvrières ? Y a-t-il eu une influence des expériences allemandes (Raiffeisen, Schultze-Delitzsch, Haas) ?

André GUESLIN

Au XIXe siècle apparaît un besoin de crédit de la part de l'agriculture, qui doit solder son année-récolte. Il existe également une réelle « faim de terres ». Dans ce but, les paysans doivent souvent faire appel à un financement extérieur. Avant 1860, le seul recours possible est l'usure à des taux exorbitants. Elle suscite des protestations, particulièrement nettes au moment de la Révolution de 1848. Elle est le produit d'une économie rurale archaïque et s'explique par les carences du système bancaire exigeant des garanties solvables et offrant des formes de crédit inadaptées. Les autorités s'en rendent compte à la suite de diverses enquêtes comme celle de 1853. Après maints tâtonnements, est fondée en 1861 une Société du Crédit agricole, banque privée et centralisée. Elle a pour objet de prêter sur hypothèque ou par escompte aux agriculteurs.

Ses opérations s'avèrent peu rentables et elle se lance dans des crédits spéculatifs au négoce et surtout au Khédive d'Égypte. C'est un fiasco et la Société cesse son activité en 1877.

Cet échec révèle son incapacité à satisfaire les besoins de l'agriculture. Les autorités sociales pensent alors à des structures mutualistes qui font leurs preuves dans l'Allemagne voisine. Dès 1849 y sont nées des caisses d'épargne et de prêt, caisses mutualistes destinées aux ruraux et leur offrant des prêts à taux réduit. La responsabilité solidaire des sociétaires tient lieu de garantie. Ce mouvement Raiffeisen essaime vite en Alsace-Lorraine annexée. Mais il est l'objet de dissidences comme celle du docteur Wilhelm Haas, qui lui reproche à la fois son caractère religieux et sa trop grande centralisation. En parallèle, Hermann Schulze-Delitzsch s'est employé à diffuser en Allemagne une forme de crédit populaire, les comptoirs d'avances. Destinés au début aux ouvriers, ils se consacrent bientôt à l'agriculture.

La connaissance de ces institutions se diffuse en France à la suite du Congrès international d'agriculture de 1889 : c'est l'origine de l'invention des caisses locales de Crédit agricole mutuel en 1894. Pour limiter leur accès à une profession unique, elles sont formées entre les membres des nouveaux syndicats agricoles institués par une loi de 1884 qui implique la liberté d'association professionnelle et l'interconnaissance des membres des futures caisses.

Entre-temps, l'initiative privée avait été à l'origine des premières caisses de crédit sur un mode décentralisé. Louis Milcent avait créé en 1885, au sein du syndicat agricole de Poligny (Jura), une association de crédit mutuel, sur le mode Raiffeisen. À la suite de Poligny, diverses caisses du même type apparaissent et ont une valeur exemplaire. En 1893 naît une initiative à vocation nationale prise par l'avocat lyonnais Louis Durand qui s'était documenté sur les modèles allemands. Il a le mérite de propager le système Raiffeisen en France et il crée, dès 1893, l'Union des Caisses Rurales et Ouvrières Françaises (UCROF). Sauf l'inspiration Raiffeisen, tout le sépare des tenants du crédit agricole type 1894 : l'idée de s'appuyer sur le syndicalisme et l'orientation chrétienne voire cléricale. Le Crédit agricole était quant à lui ardemment républicain, voire franc-maçon.

QUESTION 2

Dominique BARJOT

Quel a été l'impact réel de la loi du 5 novembre 1894 ? La constitution des caisses locales a-t-elle été un succès ou y a-t-il eu des freins, notamment financiers ? Quel a été le rôle personnel de Jules Méline ? N'était-il que le représentant du courant agrarien, par ailleurs si bien étudié par Pierre Barral ? Est-il vraiment le père du Crédit agricole ? Qu'est-ce qui explique vraiment son engagement en faveur de cette cause ? Quelles étaient les

dispositions et quelles ont été les conséquences des lois du 17 novembre 1897 (apport de la Banque de France) et du 31 mars 1899 sur la création des caisses régionales ? Peut-on considérer que le point de départ du Crédit agricole se situe en 1897-1899, avec l'intervention de l'État ? Quel est le rôle respectif des initiatives privées locales et régionales et celles de l'État dans la genèse du Crédit agricole ?

André GUESLIN

La loi de 1894 a été décisive dans l'édification du Crédit agricole. Hier comme aujourd'hui, elle est la base de la pyramide bancaire. Cependant, ses débuts furent difficiles car les caisses locales manquaient de ressources. Les paysans qui ne détiennent que peu de disponibilités monétaires, répugnent à y placer leur argent. En 1900, il n'y avait encore que 87 caisses locales de Crédit agricole pour 2 175 sociétaires !

Jules Méline (1838-1925) est le père du Crédit agricole. Il est le véritable auteur en mai 1890 de la proposition de loi qui aboutira à l'institution de caisses du Crédit agricole en 1894. De 1883 à 1885, il était devenu un peu par hasard ministre de l'Agriculture. Sensibilisé par la crise qu'elle subissait par manque de compétitivité, c'est alors qu'il prend conscience de son retard. Au-delà des premiers tarifs protectionnistes, il veut que « le paysan (puisse) vivre de sa terre et de son travail ». Que faire, sinon l'aider à se moderniser. C'est pendant sa présidence du Conseil de 1896 à 1898 qu'est votée la grande loi de 1897 imposant le versement au profit du Crédit agricole de la redevance de la Banque de France au titre du privilège d'émission des billets de banque : de là date le véritable démarrage du Crédit agricole. Homme politique engagé, il a contribué à donner à l'institution sa coloration républicaine. Pour distribuer la redevance de 1897, est créé en 1899 un statut pour de futures caisses régionales du Crédit agricole. Elles se lancèrent dans la collecte de ressources, mais on peut dire qu'avant 1914, le Crédit agricole dépend largement des avances de l'État (environ 94 millions de francs-or) pour seulement 33 millions de ressources propres.

QUESTION 3

Dominique BARJOT

Quelle a été l'ampleur du développement du réseau des caisses locales et régionales entre 1899 et 1914 ? Quel a été l'impact spécifique de la Première Guerre mondiale ? Celle-ci a-t-elle révélé la nécessité d'une instance régulatrice nationale ? Comment en est-on arrivé au vote de la loi du 5 août 1920 sur la création de l'Office national de Crédit agricole ? La comparaison avec l'Allemagne a-t-elle exercé une influence ? Comment en est-on arrivé à la transformation de l'Office en Caisse nationale en 1926 ? Est-ce lié seulement à sa capacité à drainer les fonds du public ?

André GUESLIN

En 1913, avec 98 caisses régionales, le Crédit agricole couvre tout l'espace hexagonal. Derrière cette apparence, existent des zones de vide essentiellement dans les espaces montagneux peu couverts par les caisses locales. Au cours de la Première guerre Mondiale, le Crédit agricole fonctionne au ralenti. L'ampleur des destructions comme la politique de reconstruction de l'État donnent au Crédit agricole un rôle nouveau. C'est l'origine de la loi du 5 août 1920 compensant les opérations des caisses régionales par le moyen d'un Office national du Crédit agricole. L'État a besoin aussi d'un outil efficace dans sa politique de reconstruction agricole.

Le projet méliniste avait pour objet d'établir une pyramide mutualiste à trois degrés, mais la dépendance des crédits d'État avait empêché avant 1913 un troisième degré. Comme le dira le premier directeur général de la CNCA, Louis Tardy, « pour assurer le progrès dans notre pays, il faut une alliance intime des pouvoirs publics et des œuvres d'initiative privée ». En 1926, le changement du nom de l'ONCA est une réaction à la volonté de l'État de mieux contrôler les offices. Le nom de Caisse nationale du Crédit agricole s'inscrit dans la direction d'une caisse centrale au sens du projet mutualiste méliniste. Comme le Crédit agricole a encore besoin des fonds publics, bien que ses ressources d'origine privée augmentent, on trouve un moyen terme sous le nom de Caisse nationale.

QUESTION 4

Dominique BARJOT

Entre les deux guerres, les activités du Crédit agricole se sont diversifiées : quelle a été la part des travaux d'électrification et de voierie rurale ou d'adduction d'eau ? Quelle a été la responsabilité de l'État dans la montée en puissance du dispositif ? Comment l'équilibre a-t-il évolué entre les caisses régionales d'une part, l'État d'autre part ? Comment peut-on expliquer la subsistance de caisses purement privées (Société des agriculteurs de France, Union centrale de Nantes, Banque fédérative et Banque rurale en Alsace…) ? Pourquoi, dans la structure des emplois, les crédits à court terme l'emportent-ils nettement sur les crédits à long et moyen terme ? Quel a été l'impact de la Seconde Guerre mondiale et notamment, des décisions de Vichy (décret du 29 avril 1940, 31 janvier 1942) ?

André GUESLIN

La politique d'électrification rurale et d'adduction d'eau s'est faite essentiellement par le canal du Crédit agricole ce qui lui a permis de mieux pénétrer les campagnes. C'est l'État qui lui a fourni les avances nécessaires comme le révèle la loi de 1923 sur l'électrification rurale. En 1930, les prêts accordés à ce titre représentent 45 % des prêts à long terme du Crédit agricole. Les ressources propres du Crédit agricole ont crû considérablement, notamment à la suite de la création de l'Office national interprofessionnel du blé (ONIB) en 1936, à tel point qu'elles rattrapent en 1938 les avances de l'État. Malgré cette croissance, le Crédit agricole reste dépendant de l'État.

Dans les opérations, si les crédits à court terme dominent, c'est qu'ils correspondent mieux à la surface financière des agriculteurs de l'époque. Ils ont besoin de crédits courts pour financer la récolte. Les crédits à long terme qui alimentent la faim de terre sont souvent moins productifs alors qu'il est plus difficile d'apporter des garanties hypothécaires. Quant aux crédits à moyen terme, ils sont limités dans le cadre d'une agriculture peu productiviste.

Si le Crédit mutuel « libre » résiste, c'est qu'il est fondé sur un modèle mutualiste strictement privé. Politiquement, il se méfie d'un État républicain interventionniste. À cette époque, l'appartenance à telle ou telle institution dépend souvent de l'orientation idéologique, selon que l'on est de tendance républicaine ou confessionnelle.

En apparence, la guerre n'a été qu'une parenthèse dans l'histoire du Crédit agricole puisque les réformes de Vichy ont été abrogées à la fin de la guerre. Vichy a eu cependant une influence en matière de fonctionnement. L'introduction des méthodes commerciales comme la réglementation des concours a eu des conséquences peu visibles mais durables. La création du bon à cinq ans en 1942 aura un avenir après-guerre. Elle lui permet de sortir de la gangue qui le confinait dans un statut de caisse de prêts publics. L'épargne agricole et rurale prend vite le chemin du Crédit agricole.

QUESTION 5

Dominique BARJOT

Quel a été l'impact des décisions prises à la Libération (ordonnance du 17 octobre 1944 sur les prêts à taux réduit, ordonnance du 20 octobre 1945 en faveur des anciens prisonniers et déportés, loi du 24 mai 1946 en faveur des premières installations), puis des programmes d'investissement agricole (FME de 1948, FDES de 1953, Fonds de construction, d'équipement et d'expansion économique de 1955) ? Pourquoi et comment la Fédération nationale du Crédit agricole est-elle née en 1945 ? Quelles en sont les conséquences ? Quelle a été l'efficacité du lancement des premières émissions permanentes dès 1942, puis périodiques à partir de 1950 ? Pourquoi les années 1945 à 1966 voient-elles un boom des créations d'agences et de bureaux ? À partir de quand le Crédit agricole parvient-il à s'autofinancer ?

André GUESLIN

À la veille de la guerre, la surface financière du Crédit agricole est relativement modeste. Mais son organisation hybride associant des caisses mutualistes fortement décentralisées à une caisse publique de troisième degré va faire flores. Il est le premier à bénéficier de la politique active de reconstruction de l'État, le canal privilégié de la politique d'investissement en direction des campagnes. Enfin, des mesures spécifiques telle la grande loi de mai 1946 en faveur des jeunes agriculteurs, accentuent sa pénétration dans le monde agricole.

À la Libération, la vieille Fédération des caisses incluses dans l'organisation du Boulevard Saint-Germain d'essence républicaine avait disparu à la suite de la politique de Vichy. Dans le cadre de la nouvelle CGA, le 17 mai 1945, naît la Fédération Nationale du Crédit agricole (FNCA) qui doit impulser la politique du Crédit agricole. Manquant d'autonomie, elle s'en distancie vite et en 1948, se dote de nouveaux statuts fondant sa pleine indépendance. Désormais, le modèle hybride et pyramidal du Crédit agricole dispose à son sommet d'une représentation des Caisses régionales auprès de la CNCA. La FNCA assumera aussi certaines missions spécifiques dans la gestion du personnel des Caisses régionales. Globalement, elle va exprimer la sensibilité mutualiste du Crédit agricole.

Les Trente Glorieuses sont marquées par une monétarisation accélérée des campagnes. Le modèle du Crédit agricole fondé sur une grande décentralisation (4 600 caisses locales pour 38 000 communes, soit un taux de pénétration d'environ 12 %) accentuée par une politique ambitieuse de création d'agences sera une réussite. Cela va lui permettre de drainer aisément les nouvelles liquidités monétaires des campagnes. Grâce à sa politique active de collecte de l'épargne (création de produits nouveaux sous forme de bons), le Crédit agricole accède peu à peu à un quasi-autofinancement : rapport de 1 à 9 entre avances de l'État et collecte en 1966. Il est vrai qu'à cette date, le Crédit agricole dispose encore de nombreux privilèges parmi lesquels des exemptions fiscales, une liberté d'ouverture des guichets, une garantie d'État pour ses émissions obligataires, le monopole de la bonification (subvention représentant la différence entre le coût de la ressource et le taux réduit des prêts) n'étant pas le moindre.

QUESTION 6

Dominique BARJOT

Comment, à partir de 1966-67, le Crédit agricole évolue-t-il vers une banque universelle ? Comme le disait Jacques Mayoux, dès 1967, « le Crédit agricole » est-il « agricole comme le Crédit lyonnais est lyonnais » ? Pourquoi le gouvernement interdit-il, dès 1964, l'émission de bons à intérêt progressif, puis, en 1967, la rétribution des dépôts à vue ? Pourquoi le Crédit agricole est-il

soumis, dès 1967, au régime des réserves obligatoire des banques ? Pourquoi obtient-il, en revanche, de pouvoir ouvrir, dès 1966, des comptes sur livret, puis des comptes d'épargne-logement ? Pourquoi et comment l'évolution vers « une banque de logement et de ménages » conduit-il à la constitution d'un véritable groupe appuyé sur des filiales spécialisées (SODIFECA en 1963, puis SEGESPAR en 1968, Union d'études et d'investissement en 1967, UNIMAT, UNICOMI et Épargne unie en 1969, Unicrédit et Uniplan en 1970, SORAVIE, AGRITEL, SINCRO et SOGEQUIP en 1971) ? Comment et pourquoi le Crédit agricole s'est-il imposé, dès 1970-71, comme la seconde institution financière française derrière la Caisse des dépôts et devant toutes les autres banques inscrites ? Est-il justifié de le placer, en tant que banque, au quatrième rang mondial ? Comment poursuit-il son développement durant les années 1971 (nouvelle réforme du Crédit agricole) et 1988 ? Quel est l'impact spécifique de la loi bancaire de 1984 ?

André GUESLIN

Pour comprendre le développement du Crédit agricole en tant que banque universelle, il faut tenir compte de son exceptionnel réseau d'agences. La bancarisation accélérée de la société française, avec des mesures symboliques comme la mensualisation en 1968, en fait un guichet privilégié pour des ruraux en voie de bancarisation.

Le modèle de la banque universelle, offrant à une clientèle élargie toute la gamme des services financiers, s'est substitué en quelques années à celui de la banque spécialisée qui avait prévalu depuis la fin du XIXe siècle. Le Crédit agricole s'engage dans cette direction sous l'impulsion d'un grand directeur général, Jacques Mayoux (1924-2017). Le service des prêts, cantonné dans la seule agriculture, le limitait dans son expansion. C'est le mérite des grandes lois de 1971 et 1978 de le faire sortir de son corset. Déjà, auparavant, le Crédit agricole s'était orienté dans une politique active de fidélisation de sa clientèle extra-agricole.

Placées sous le régime juridique du droit commun, sociétés commerciales en général, les filiales ont permis d'introduire la souplesse qu'empêchait le Code rural. À la fin des années cinquante, les filiales ne visaient pas la sortie de l'agriculture. Il s'agissait de trouver des formules permettant de pallier l'inadéquation des prêts statutaires aux besoins de la coopération agricole. Ce fut l'origine de la SOFIDECA en 1963. Mais son rôle est confiné au secteur agricole selon le vœu de ses partenaires mutualistes et privés.

De cette expérience, Mayoux tire une double conséquence : la vocation des filiales est bien de desserrer le carcan statutaire ; la CNCA devait seule détenir leur contrôle. Une véritable politique de groupe pour faire face à la concurrence s'instaure. En 1971, les filiales sont restructurées selon trois directions : élargissement de la sphère de financement, diversification des services à la clientèle et fourniture d'outils internes de gestion. Devenu un groupe à part entière, le Crédit agricole aspire à se dégager de la tutelle de l'État. Cela aboutira en 1988 à l'entière mutualisation de la pyramide.

Dans cette évolution, il faut sans doute revenir à la fameuse phrase de Jean-Marie Dauzier, directeur général adjoint, dans *L'Express* du 15-21 septembre 1969. Mayoux, qui revendiquera la paternité de la formule, voulait dire par là que le Crédit agricole avait besoin de l'épargne de tous au-delà des agriculteurs. Prévoyait-il la réduction des agriculteurs dans la banque verte à la portion congrue ?

Au terme de ce questionnaire, je voudrais ajouter une note personnelle. En 1973, j'avais été frappé par une information journalistique qui plaçait le Crédit agricole au premier rang mondial, profitant certes d'une fluctuation du dollar - dois-je rappeler que l'un des plus grands historiens de la banque soutenait à l'époque que le Crédit agricole n'avait rien d'une banque ! Je décidai alors de chercher à comprendre cette explosion d'une institution presque confidentielle jusque-là, par le moyen d'une thèse sur le Crédit agricole.

REVUE FRANÇAISE
D'HISTOIRE ÉCONOMIQUE

N° 13

Document

THE FRENCH ECONOMIC
HISTORY REVIEW

Nº 13

Document

LA LOI DU 5 AOÛT 1920 ET LA CRÉATION DE L'OFFICE NATIONAL DU CRÉDIT AGRICOLE

1/ TEXTE DE LA LOI SUR LE CRÉDIT MUTUEL ET LA COOPÉRATION AGRICOLE.

Le Sénat et la Chambre des députés ont adopté,
Le Président de la République promulgue la loi dont la teneur suit :

Titre 1er
Caisses de crédit agricole mutuel

Chapitre 1er : Constitution – Publicité

Article 1er – Les caisses de crédit agricole peuvent être constituées par tout ou partie des membres d'une ou plusieurs des associations suivantes et par ces associations elles-mêmes : syndicats professionnels agricoles, sociétés d'assurances mutuelles agricoles régies par la loi du 4 juillet 1900, sociétés coopératives agricoles, associations syndicales et sociétés diverses d'intérêt agricole énumérées à l'article 22 ci-après.

Article 2 – Les caisses de crédit agricole mutuel ont exclusivement pour objet de faciliter et de garantir les opérations concernant la production agricole, effectuées par leurs sociétaires individuels ou collectifs.

Article 3 - Le capital des caisses de crédit agricole mutuel ne peut être formé par des souscriptions d'actions.
Il doit l'être par les sociétaires au moyen de parts. Ces parts sont nominatives et ne sont transmissibles que par voie de cession avec l'agrément de la caisse.

Article 4 - Les caisses de crédit agricole mutuel ne peuvent être constituées qu'après versement du quart du capital social.
Leur durée est illimitée.
Dans le cas où la caisse est à capital variable, le capital ne peut être réduit par la reprise des apports des sociétaires sortants, au-dessous du capital de fondation.

Article 5.- Les conditions de publicité prescrites pour les sociétés commerciales ordinaires sont remplacées par les dispositions spéciales suivantes :
« Avant toute opération, les statuts avec la liste complète des administrateurs ou directeurs et des sociétaires indiquant leur nom, leur profession, leur domicile, l'association agricole à laquelle ils appartiennent et le montant de leur souscription sont déposés, en double exemplaire, au greffe de la justice de paix du canton où la caisse a son siège principal il en est donné récépissé.
« La caisse valablement constituée dès ce dépôt effectué.
« Un des exemplaires des statuts et de la liste des membres de la caisse est, par les soins du juge de paix, déposé au greffe du tribunal de commerce de l'arrondissement.
« Chaque année, dans la première quinzaine de février, un administrateur ou le directeur de la caisse dépose en double exemplaire, au greffe de la justice de paix du canton, avec la liste des membres faisant partie de la caisse à cette date, le tableau sommaire des recettes et des dépenses, ainsi que des opérations effectuées dans l'année précédente.
« Un des exemplaires est transmis par les soins du juge de paix au greffe du tribunal de commerce.
« Les documents déposés au greffe de la justice de paix et du tribunal de commerce sont communiqués à tout requérant ».

Chapitre II

Section 1ère - Des caisses locales

Article 6 - Les caisses locales de crédit agricole mutuel peuvent consentir :
- 1/ À tous leurs sociétaires, des prêts d'argent à court terme, dont la durée totale ne doit pas excéder celle de l'opération en vue de laquelle ces prêts sont consentis ;
- 2/ À tous leurs sociétaires, des prêts d'argent à moyen terme pour l'aménagement ou la reconstitution de leurs propriétés. Ces prêts sont remboursables

en dix années par amortissements annuels et sont entourés de garanties particulières, telles que cautions, warrants, hypothèques ou dépôts de titres, etc.;
– 3/ À leurs sociétaires individuels des prêts d'argent à long terme, dont les conditions sont indiquées ci-après à l'article 8.

Article 7 – Pour la réalisation des prêts à court terme, les caisses locales escomptent les effets souscrits par leurs seuls sociétaires en vue d'opérations exclusivement agricoles. Elles peuvent se charger, relativement à ces opérations, de tous payements et recouvrements à faire dans l'intérêt de ces mêmes sociétaires.

Pour la réalisation des prêts à moyen terme, les caisses locales font signer à leurs sociétaires des engagements spéciaux qui fixent les conditions du prêt, les garanties fournies et les conditions du remboursement.

Les syndicats agricoles et les sociétés coopératives d'achat en commun et d'approvisionnement, visés à l'article 22, paragraphe 2 de la présente loi, ne peuvent recevoir de prêts à court terme et à moyen terme qu'à condition d'y être autorisés par leurs statuts, d'offrir des garanties jugées suffisantes, d'être administrés gratuitement et de ne pas réaliser de bénéfices commerciaux.

Article 8 – Pour la réalisation des prêts individuels à long terme, les caisses locales exigent comme garantie une inscription hypothécaire ou un contrat d'assurance en cas de décès.

Ces prêts sont de 40 000 francs au plus, non compris le montant des frais. La durée de leur remboursement peut atteindre vingt-cinq ans, sans toutefois que l'âge de l'emprunteur, à la date du dernier amortissement puisse dépasser soixante ans.

Ils portent intérêt au taux de 2 % et sont destinés à faciliter l'acquisition, l'aménagement, la transformation et la reconstitution de petites exploitations rurales.

Lorsque le bénéficiaire d'un prêt individuel à long terme est un pensionné militaire ou une victime civile de la guerre, le prêt peut être également consenti par une société de crédit immobilier. Le taux d'intérêt est réduit à 1 % et une bonification de 50 centimes pour 100 francs est versée annuellement par l'État, en atténuation des annuités à servir à la société prêteuse par l'emprunteur, à raison de chacun des enfants légitimes qui lui naîtront postérieurement à la conclusion du prêt.

Article 9 – Les exploitations rurales pour lesquelles les prêts à long terme ont été consentis peuvent être constituées en biens de famille insaisissables par application de la loi du 12 juillet 1909. Toutefois, par dérogation aux articles 5, 8, 10 et 14 de ladite loi et à l'article 5 du décret du 26 mars 1910, les caisses régionales et les caisses locales jouissent du privilège institué par l'article 2103, paragraphe 2, du Code civil.

Article 10. - La caisse nationale d'assurance en cas de décès est autorisée à passer, avec les titulaires de prêts individuels à long terme de la présente loi, dans les conditions à déterminer par décret rendu sur la proposition du ministre de l'Agriculture et du ministre des Finances, des contrats à prime unique, d'effet immédiat ou différé, garantissant le payement de tout ou partie des annuités qui resteraient à échoir au moment de la mort, le montant de la prime pouvant être incorporé au prêt.

Section II - Des caisses régionales

Article 11 - Les caisses régionales ont pour but :
- 1/ De faciliter les opérations à court terme, à moyen terme et à long terme effectuées par les membres des caisses locales de crédit agricole mutuel de leur circonscription et garantie par ces sociétés ;
- 2/ De transmettre aux sociétés coopératives agricoles, aux associations syndicales ou à tous autres groupements les avances spéciales qui peuvent leur être consenties par l'État.

Article 12.- Les caisses régionales ne peuvent accepter l'affiliation que de caisses locales dont le siège est situé dans leur circonscription et qui ne sont pas, d'autre part, rattachées à une autre caisse régionale.

Elles réescomptent, après endossement par les caisses locales qui leur sont affiliées, les effets souscrits par les sociétaires de ces caisses.

Elles peuvent se charger de payement et recouvrement à faire dans l'intérêt desdites caisses locales.

Elles peuvent faire aux caisses locales qui leur sont affiliées les avances nécessaires à la constitution d'un fonds de roulement. Toutefois, pour celles qui ont fait appel au concours financier de l'État, ces avances ne pourront dépasser, pour chaque caisse locale, le montant du capital versé à la caisse régionale sous forme de souscription de parts.

Elles peuvent émettre des bons de caisse à échéance variable avec ou sans intérêt, mais ces bons ne sont créés qu'en faveur des agriculteurs domiciliés dans la circonscription de la caisse régionale.

Article 13 - Tous les ans, dans la première quinzaine de février, les caisses régionales reversent à l'Office national du crédit agricole les amortissements qu'elles ont encaissés dans le cours de l'année précédente et auxquels sont astreints les bénéficiaires des prêts à long terme, les sociétés coopératives, les associations syndicales et les autres associations ayant reçu des avances de l'État.

Section III - Opérations communes aux caisses locales et régionales.

Article 14 - Les caisses de crédit agricole mutuel peuvent contracter les emprunts nécessaires pour constituer ou augmenter leurs fonds de roulement.

Pour les caisses de crédit ayant fait appel au concours financier de l'État, ces emprunts doivent être préalablement soumis à l'autorisation du ministre de l'Agriculture.

Elles peuvent se procurer des capitaux en réescomptant leur portefeuille d'effets ou en empruntant sur titres.

Elles peuvent recevoir, de toute personne, des dépôts en compte courant, avec ou sans intérêt, et tout dépôts de titres.

Les opérations autres que celles qui sont autorisées par la présente loi leur sont interdites.

Article 15 - Les caisses de crédit agricole ont, pour toutes les obligations de leurs sociétaires, vis-à-vis d'elles, un privilège sur les parts formant le capital social.

Chapitre III: Fonctionnement

Article 16 - Les statuts déterminent le siège, la circonscription territoriale et le mode d'administration des caisses de crédit agricole.

Ils fixent la nature et l'étendue de leurs opérations, les règles à suivre pour la modification des statuts, la dissolution de la société, la composition du capital, la proportion dans laquelle chacun des membres peut contribuer à la constitution de ce capital et les conditions dans lesquelles il peut se retirer.

Les statuts des caisses de crédit ne bénéficiant pas d'avances de l'État déterminent le maximum des dépôts à recevoir en compte courant.

Ceux des caisses de crédit ayant fait appel au concours financier de l'État fixent le maximum des dépôts à recevoir en comptes courants ou à échéances, le montant de ces dépôts devant toujours être représenté par un actif égal, immédiatement réalisable au moment des échéances.

Les statuts déterminent le taux de l'intérêt des parts, qui ne peut dépasser 6 %, ni excéder pour les caisses locales le taux des prêts consentis à leurs sociétaires.

Aucun dividende n'est attribué aux parts sociales et, en cas de dissolution, leur taux de remboursement ne peut excéder la valeur fixée lors de la constitution de la société.

Article 17 - Chaque année, après acquittement des frais généraux, payement des intérêts aux emprunts, aux dépôts et au capital social, les bénéfices sont affectés, jusqu'à concurrence des trois quarts au moins, à la constitution d'un fonds de réserve jusqu'à ce qu'il ait atteint le double du capital social.

Lorsqu'il atteint cette importance, la proportion à verser au fonds de réserve est réduite à 50 % des bénéfices annuels.

Article 18 - Les statuts règlent l'étendue et les conditions de la responsabilité qui incombe à chacun des sociétaires dans les engagements pris par la caisse.

Les sociétaires ne peuvent, en principe, être libérés de leurs engagements qu'après la liquidation des opérations en cours au moment où ils se retirent. Dans tous les cas, leur responsabilité cesse cinq ans après la date de leur sortie.

Article 19 - La responsabilité personnelle des membres chargés de l'administration de la caisse n'est engagée qu'en cas de violation des statuts ou de la présente loi.

En outre, en cas de fausses déclarations relatives aux statuts et aux noms et qualités des administrateurs ou du directeur, ils peuvent être poursuivis et punis d'une amende de seize à cinq-cents francs.

Article 20 - En cas de dissolution de caisses régionales ayant reçu des avances de l'État ou de caisses locales ayant participé au bénéfice de ces avances, l'actif, y compris les réserves, est, après payement des dettes sociales et remboursement du capital effectivement versé, affecté à une œuvre d'intérêt agricole, sur décision de l'assemblée générale, approuvée par le ministre de l'Agriculture, et à défaut de cette décision, désignée par le ministre après avis de la commission plénière de l'Office national du crédit agricole.

Article 21 - Les caisses de crédit agricole mutuel régies par la présente loi sont des sociétés commerciales dont les livres doivent être tenus conformément aux prescriptions du Code du commerce et suivant les instructions du ministre de l'Agriculture, pour celles qui ont reçu des avances de l'État.

Titre II
Sociétés coopératives agricoles - Associations syndicales agricoles - Sociétés d'intérêt collectif agricole

Article 22. - Les sociétés coopératives, les associations syndicales, les sociétés d'intérêt collectif agricole, qui, aux termes de l'article 1er, peuvent être affiliées aux caisses locales de crédit agricole sont :

- 1/ Les sociétés coopératives agricoles constituées en vue d'effectuer ou de faciliter toutes les opérations concernant la production, la transformation, la conservation ou la vente des produits agricoles provenant exclusivement des exploitations des associés ;
- 2/ Les sociétés coopératives d'achat en commun et d'approvisionnement visées à l'article 7 de la présente loi ;
- 3 / Les associations syndicales ayant un objet exclusivement agricole ;
- 4/ Les sociétés agricoles ayant pour objet soit de procéder à la fabrication de toutes matières, de tous produits ou instruments utiles à l'agriculture, à l'exécution de travaux agricoles d'intérêt collectif, soit de doter une région ou

une agglomération rurale d'installations modernes d'intérêt collectif, telles qu'abattoirs industriels, entrepôts frigorifiques, réseaux électriques, réseaux ferrés, etc… d'entreprises d'hygiène social, en particulier pour la construction de logements hygiéniques destinés à des ouvriers ruraux, ou bien pour l'amélioration de bâtiments agricoles reconnus insalubres par le corps du génie rural.

Article 23 – Le capital de toutes les sociétés coopératives autorisées, aux termes de l'article 22, paragraphe 1er et 2, à faire des opérations avec les sociétés de crédit mutuel agricole, ne peut être constitué par des souscriptions d'actions. Il doit être formé par les sociétaires au moyen de parts souscrites par chacun d'eux.

Les statuts doivent spécifier expressément :

– 1/ Que ces parts sont nominatives et réservées exclusivement à des agriculteurs, que le taux de remboursement n'excédera en aucun cas leur prix initial et qu'elles ne sont transmissibles que par voie de cession et avec l'agrément de la société ;

– 2/ Qu'aucun dividende n'est attribué au capital ou aux fractions de capital, que le taux des intérêts ne peut pas dépasser 6 % et que les excédents annuels, déduction faite des charges, amortissements, intérêts au capital, frais généraux et réserves, etc… ne peuvent être répartis, s'il y a lieu, entre les coopérateurs, que proportionnellement aux opérations faites par eux avec la société coopérative.

Des dispositions analogues seront prévues dans le règlement d'administration publique en ce qui concerne les conditions que doivent remplir les sociétés d'intérêt collectif agricoles prévues à l'article 22, paragraphe 4, qui désirent recevoir des avances de l'État.

Article 24 – Les sociétés coopératives et les sociétés désignées à l'article 22 peuvent seules bénéficier d'avances à long terme dans les conditions fixées à l'article ci-après.

Ces avances sont faites au taux de 2 % pour une durée de vingt-cinq ans au maximum, cette durée pouvant exceptionnellement être portée à cinquante ans pour les sociétés coopératives de reboisement.

Les demandes d'avances doivent indiquer, d'une manière précise, l'emploi des fonds sollicités. Elles sont présentées au ministre de l'Agriculture par l'intermédiaire des caisses régionales.

Article 25 – Lorsque les sociétés coopératives ou les sociétés d'intérêt collectif agricole auxquelles sont attribuées les avances à long terme sont ou deviennent propriétaires d'immeubles, hypothèque doit être consentie sur ces immeubles, au profit de l'État, dès que la caisse régionale en fait la demande et dans la forme des actes administratifs, en application de l'article 14 de la loi du 28-5 novembre 1790.

Titre III
Avances de l'État

Article 26 - L'avance de 40 millions de francs et la redevance annuelle à verser au Trésor par la Banque de France, en vertu de la convention du 26 octobre 1917, approuvée par la loi du 20 décembre 1918, sont à la disposition du Gouvernement, pour être remises à titre d'avances aux caisses régionales.

Un décret, pris sur la proposition du ministre de l'Agriculture et du ministre des Finances, fixe la proportion dans laquelle ces sommes sont affectées à des avances pour prêts à court terme et à moyen terme, à des avances pour prêts individuels à long terme ou à des avances pour prêts à des sociétés coopératives et à des associations syndicales ou à des associations d'intérêt collectif agricole.

Article 27 - La répartition des avances accordées, en vertu de la présente loi, est faite par l'Office national du crédit agricole.

Article 28 - Les avances pour prêts à court terme et à moyen terme sont consenties en comptes courants ouverts à l'Office national du crédit agricole.

Les avances que les caisses régionales peuvent recevoir pour l'attribution de prêts individuels à long terme sont fixées suivant le nombre et l'importance des demandes dont seront saisies les caisses régionales.

Les sociétés coopératives agricoles, les associations syndicales libres, les sociétés d'intérêt collectif agricole peuvent recevoir des avances égales à six fois leur capital versé en argent ou en nature, lorsque les statuts comportent une clause de responsabilité conjointe et solidaire de tous les sociétaires ou bien lorsque tout ou partie des membres du conseil d'administration ont souscrit un engagement solidaire de remboursement jugé, sous sa responsabilité, suffisant par la caisse régionale intermédiaire.

Les avances aux associations syndicales autorisées seront proportionnées à l'importance des travaux qu'elles auront à exécuter.

Article 29 - Toutes les avances de l'État deviennent immédiatement remboursables en cas de violation des statuts ou de modifications à ces statuts qui diminueraient les garanties de remboursement. Elles peuvent être exigibles en cas de malversations des administrateurs et du directeur des sociétés ayant reçu des avances. L'État a un privilège sur les parts des sociétés auxquelles il a consenti des avances.

Article 30 - Le règlement d'administration publique prévu à l'article 42 déterminera dans le détail la procédure à suivre pour l'attribution des avances et précisera les dispositions que devront contenir les statuts des sociétés appelées au bénéfice des avances.

Il fixera, en ce qui concerne les avances aux sociétés coopératives, aux associations syndicales et aux sociétés d'intérêt collectif agricole, le mode et la forme des enquêtes préliminaires à ouvrir, ainsi que les moyens de surveillances à exercer pour qu'elles ne soient pas détournées de leur affectation particulière.

Titre IV
Dispositions fiscales et dispositions relatives au régime des prêts hypothécaires

Article 31 - Les sociétés de crédit agricole sont exemptes du droit de patente. Il en est de même pour les sociétés déterminées à l'article 22 de la présente loi.

Les dispositions des lois des 29 juin 1872, 29 mars 1914, relatives à l'impôt sur le revenu des valeurs mobilières et celles du titre V de la loi du 31 juillet 1917, relatives à l'impôt sur les revenus des créances, dépôts et cautionnements, ne sont applicables ni aux parts d'intérêts ni aux emprunts ou obligations des sociétés de crédit mutuel et des sociétés coopératives susvisées. Cette dispense est étendue aux sociétés d'intérêt collectif agricole ayant bénéficié d'avances de l'État.

Les actes d'affectation hypothécaire, passés en la forme administrative, ainsi qu'il est prévu à l'article 25, seront assujettis au timbre et à l'enregistrement sur la minute dans un délai de vingt jours, comme il est prévu à l'article 78 de la loi du 15 mai 1918.

Article 32 - Les bâtiments affectés à un usage agricole par les sociétés énumérées à l'article 22 jouissent des mêmes exemptions d'impôts que celles dont bénéficient les bâtiments des agriculteurs.

Article 33 - L'exemption du droit de licence sera appliquée dans les mêmes conditions qu'aux propriétaires récoltants, aux sociétés coopératives agricoles constituées suivant les dispositions de la présente loi et vendant exclusivement les récoltes de leurs membres, vinifiées, distillées ou transformées en commun.

Article 34 - Les dispositions des articles 32 à 42 inclus et de l'article 47 du décret du 28 février 1852, sur les sociétés de crédit foncier, relatives à l'expropriation et à la vente en cas de non-paiement des annuités ou pour toute autre cause et à la dispense de renouvellement décennal des inscriptions hypothécaires, pendant toute la durée des prêts, sont étendues aux caisses de crédit agricole pour toutes leurs opérations hypothécaires.

La purge des hypothèques légales peut être valablement opérée avant la réalisation de leurs prêts garantis par hypothèques, par les caisses de crédit agricole qui accomplissent les formalités prescrites par les articles 19 à 25 du décret du 28 février 1852, modifié par la loi du 10 juin 1853, sur les sociétés de crédit foncier.

Titre V

De l'Office national et de la commission plénière du crédit agricole

Article 35 - Il est créé un Office national du crédit agricole.
Cet Office est un établissement public possédant l'autonomie financière.

D'une façon générale, il assure l'application de la présente loi.

Il a notamment pour objet :

- 1/ la gestion de la dotation du crédit agricole ;
- 2 / la gestion des dépôts de fonds reçus par les caisses régionales de crédit agricole mutuel, et qui lui sont confiées par elles ;
- 3/ l'émission de bons par l'intermédiaire des caisses régionales de crédit agricole mutuel ;
- 4/ la gestion des crédits votés, en application de la loi du 4 mai 1918, relative à la mise en culture des terres abandonnées.

Article 36 - L'office est administré par un conseil d'administration, sous le contrôle d'une commission plénière composée de trente membres.

La commission plénière est présidée par le ministre de l'Agriculture. Elle est composée pour un cinquième de représentants du Sénat et de la Chambre des députés, pour deux cinquièmes de délégués élus par les caisses régionales de crédit agricole mutuel et pour deux cinquièmes de membres nommés par décret sur la proposition du ministre de l'Agriculture et du ministre des Finances et choisis parmi les hautes personnalités prises dans l'administration.

Les membres du conseil sont nommés par la commission plénière. Ils sont au nombre de sept.

La direction de l'Office est confiée à un directeur général nommé par décret sur la proposition du ministre de l'Agriculture. Ce fonctionnaire remplit les fonctions d'administrateur de l'Office et ne peut être révoqué que sur la proposition de la commission plénière et du conseil d'administration.

Un agent comptable soumis à l'Inspection des Finances et justiciable de la Cour des comptes est également nommé par décret sur la proposition du ministre de l'Agriculture et du ministre des Finances.

Articles 37 - Les ressources de l'office comprennent :

- 1/ le revenu des fonds dont il a la gestion ;
- 2/ la dotation du crédit agricole ;
- 3/ les sommes provenant des remboursements effectués par les comités départementaux d'action agricole, en exécution de la loi du 4 mai 1918 ;
- 4/ les crédits qui peuvent lui être affectés par mesure législative ;
- 5/ les dons, legs ou libéralités de toute nature qu'il pourrait recevoir.

En cas de dissolution, les valeurs provenant de cette dernière source seront attribuées, par décret rendu en Conseil d'État, à des établissements publics, ou reconnus d'utilité publique susceptibles d'exécuter les intentions des donateurs.

Article 38 - L'Office national effectue toutes ses opérations au moyen de comptes courants au Trésor, à la Caisse des dépôts et consignations et à la Banque de France.

Article 39 - Le budget de l'Office est arrêté par le conseil d'administration et approuvé par le ministère de l'Agriculture et le ministère des Finances après avis de la commission plénière.

Le compte administratif de l'ordonnateur et le compte de gestion de l'agent comptable sont soumis chaque année à la délibération du conseil d'administration et à l'avis de la commission plénière. Le compte administratif sera définitivement réglé par décret.

Article 40 - Le service central du crédit, de la coopération et de la mutualité agricoles du ministère de l'Agriculture est rattaché à l'office national du crédit agricole.

Titre VI
Inspection et contrôle - Dispositions générales

Article 41 - Le contrôle permanent de l'inspection générale des associations agricoles et des institutions de crédit s'exerce sur l'Office national du crédit agricole et sur les sociétés ou associations de quelque nature qu'elles soient, qui ont reçu des avances de l'État sur la dotation du crédit agricole.

Article 42 - Le ministre de l'Agriculture présente chaque année au Président de la République un rapport des opérations faites en exécution de la présente loi. Ce rapport sera publié au Journal officiel.

Article 43 - Dans les six mois de la promulgation de la loi, un règlement d'administration publique en déterminera les conditions d'application.

Article 44 - Sont abrogées les lois des 5 novembre 1894, 31 mars 1899, 25 décembre 1900, 20 juillet 1901, 29 décembre 1906, 14 janvier 1908, 18 février 1910, 19 mars 1910, 26 février 1912, 30 novembre 1912, 9 avril 1918, 21 juin 1919 et toutes les dispositions contraires à la présente loi.

La présente loi, délibérée et adoptée par le Sénat et par la Chambre des députés, sera exécutée comme loi de l'État.

Fait à Rambouillet, le 5 août 1920.
Par le Président de la République, P. Deschanel
Le ministre de l'Agriculture, J. H. Ricard
Le ministre des Finances, F. François-Marsal.

COMMENTAIRE DE LA LOI DU 5 AOÛT 1920 CRÉANT L'OFFICE NATIONAL DU CRÉDIT AGRICOLE

Pascal Pénot
Archives historiques de Crédit Agricole SA

Le 5 août 1920 est promulguée une loi sur « le crédit mutuel et la coopération agricole ». Celle-ci répond à deux objectifs : clarifier et compléter la législation sur la coopération, et compléter l'édifice institutionnel du Crédit agricole « officiel »[1].

1. De nouveaux bénéficiaires des prêts du Crédit agricole

Depuis le début du siècle, des voix s'élèvent qui regrettent le manque de cohérence de la législation régissant le crédit et la coopération agricoles. En effet, depuis la loi de 1894 permettant la création de caisses locales, les textes s'empilent jusqu'à atteindre la quinzaine en 1920. La loi de 1899 permet la création de caisses régionales et institue la Commission de répartition des avances de l'État, qui sont elles-mêmes encadrées par des lois de 1897 et 1900.

D'autres textes organisent les modalités du crédit en tant que tel : le warrantage en 1898, le crédit à long terme aux coopératives en 1906, le crédit individuel à long terme en 1910, la mise en culture des terres abandonnées du fait de la guerre (trois lois de 1916 à 1918), les prêts aux victimes de guerre en 1918 et, en 1919, les facilités de crédit aux agriculteurs des départements victimes de l'invasion et autorisant des prêts aux artisans ruraux. À cela s'ajoutent différents décrets, tel celui du 18 octobre 1916 qui instaure, au sein du ministère de l'Agriculture, une Inspection générale du crédit et des associations agricoles. On comprend alors que certains réclament une codification.

À partir de 1910, sous l'impulsion de la Fédération de la mutualité et de la coopération agricoles, des discussions s'enclenchent au gouvernement et au Parlement pour clarifier l'organisation de la coopération agricole et compléter les structures du Crédit agricole. Arrêtée par la guerre, cette réforme est relancée en 1917 par le ministre Fernand David et par Louis Tardy, chef de la nouvelle Inspection générale du crédit et des associations agricoles.

Les débats parlementaires se tiennent en 1919 et un texte, porté par Étienne Clémentel, est finalement voté par le Sénat le 30 juillet 1920 avant d'être promulgué le 5 août. Cette loi est divisée en six titres : Caisses de crédit agricole

1 – Pour une présentation détaillée de cette loi, voir André Gueslin, *Histoire des crédits agricoles*, tome 1 : *L'envol des caisses mutuelles (1910-1960)*, Paris, Économica, 1984, p. 58-85. Voir aussi *Crédit agricole, un siècle au présent*, Paris, Hervas, 1994, p. 83-91.

mutuel ; Sociétés coopératives agricoles, associations syndicales agricoles et sociétés d'intérêt collectif agricole ; Avances de l'État ; Dispositions fiscales et dispositions relatives au régime des prêts hypothécaires ; De l'Office national et de la Commission plénière du Crédit agricole ; Inspection et contrôle, dispositions générales.

La loi abroge donc la plupart des textes précédents pour les remplacer ou les modifier. Ainsi, avec ce nouveau texte, les possibilités d'accès au Crédit agricole sont élargies puisque, s'il est bien précisé que les prêts sont réservés aux seuls sociétaires, ceux-ci ne sont plus nécessairement des membres de syndicats agricoles. En effet, le Crédit agricole est désormais ouvert à la profession agricole au sens large, du grand propriétaire non exploitant au domestique de ferme. Il est également confirmé que les petits artisans ruraux peuvent bénéficier de prêts. Comme précédemment, des personnes morales peuvent aussi être sociétaires mais, là encore, ce n'est plus limité aux seuls syndicats agricoles : les coopératives, les mutuelles d'assurance et les sociétés d'intérêt collectif agricoles peuvent désormais entrer dans le sociétariat des caisses de Crédit agricole.

Concernant les opérations de crédit, le texte rend accessible à tous les sociétaires les prêts à moyen terme destinés à financer les investissements en matériel et en bétail. On parle ici de « crédit industriel agricole » alors que le « crédit commercial agricole » désigne les prêts à court terme. Les modalités de prêts individuels à long terme pour les opérations foncières ou immobilières sont revues : la durée est allongée de quinze à vingt ans et le plafond est porté à 40 000 francs. Selon le ministre de l'Agriculture Joseph-Honoré Ricard, cette somme correspond, « dans un pays de bonne culture, à l'achat et à l'aménagement d'une petite propriété de trois à cinq hectares, ce qui représente le minimum d'étendue pour qu'une famille puisse avoir de quoi vivre ». Enfin, la loi confirme que les caisses peuvent recevoir des dépôts de toute personne et augmenter ainsi leurs ressources.

2. De nouvelles institutions

Le titre V de la nouvelle loi permet l'achèvement de la « pyramide » du Crédit agricole. Après les textes de 1894 et 1899 sur la création de caisses locales et régionales, la loi de 1920 crée l'Office national du crédit agricole et la Commission plénière du Crédit agricole. Cette nouvelle organisation permet à l'institution de se doter d'une banque centrale et de s'autonomiser par rapport à l'État.

En effet, depuis 1899, c'est une Commission de répartition des avances de l'État qui étudiait les demandes des caisses régionales et des coopératives pour l'attribution de sommes remboursables en fonction de leurs besoins. Cette commission était composée de six membres issus du Sénat, de l'Assemblée nationale et du Conseil d'État. Le secrétariat et le suivi des dossiers étaient assurés par le service du crédit, de la coopération et de la mutualité du ministère de l'Agriculture.

À partir de 1920, la Commission de répartition est donc remplacée par la Commission plénière. Présidée par le ministre de l'Agriculture, elle est composée de trente membres : six représentants du Parlement élus par leur chambre respective, douze membres nommés par décret sur proposition des ministres de l'Agriculture et des Finances et douze délégués élus par les caisses de Crédit agricole. Elle se réunit deux fois par an pour débattre des projets de loi à caractère agricole et discuter de la dotation de l'État au Crédit agricole. Le Commission plénière élit également les sept membres du conseil d'administration de l'Office national du Crédit agricole (ONCA) qui prend donc la suite du service du crédit, de la coopération et de la mutualité du ministère de l'Agriculture.

L'ONCA est un établissement public qui a son autonomie de fonctionnement. Le premier président est Albert Viger. Le directeur général, nommé par décret sur proposition du ministre de l'Agriculture, est l'inévitable Tardy. Rompant avec les lourdeurs administratives du service ministériel qui l'a précédé, les débuts du nouvel organisme sont néanmoins laborieux avec une criante absence de moyens de fonctionnement. Tardy va jusqu'à se plaindre en 1921 que les services du ministère de l'Agriculture lui refusent la fourniture de papier. Il faut attendre 1922 pour que l'Office fonctionne convenablement et reprennent la distribution régulière d'avances. Il change de nom dès 1926 pour s'appeler Caisse nationale de Crédit agricole (CNCA). Il s'agit à la fois d'éviter la confusion avec l'organisation des offices agricoles départementaux, d'assurer la continuité des appellations entre caisses locales, régionales et nationale, et d'assurer la vocation financière de l'établissement qui peut recevoir des dépôts.

La CNCA reste un établissement public jusqu'en 1987, année de sa « mutualisation » ou « désétatisation » : les caisses régionales rachètent à l'État son capital et deviennent actionnaires majoritaire. Cette CNCA (SA) entre ensuite en Bourse en 2001 sous le nom de *Crédit agricole SA*, qui reste aujourd'hui l'organe central du groupe dont les caisses régionales sont toujours les actionnaires majoritaires.

Conclusion

Harmonisation de la législation, achèvement de la « pyramide » institutionnelle, extension du champ de compétence et du sociétariat : la loi de 1920 se pose comme une date majeure de l'histoire du Crédit agricole. Elle est aussi à replacer dans le contexte d'après-guerre : pour faire face au défi de la reconstruction et de la remise en route de la production agricole, il s'agit d'équiper le pays d'un arsenal législatif favorable à l'investissement.

C'est également durant ces années qu'on présente le Crédit agricole comme un outil de lutte contre l'exode rural et le « désert français ». La future loi du 2 août 1923 qui permettra au Crédit agricole de financer les travaux d'électrification des communes rurales en est le meilleur exemple.

REVUE FRANÇAISE
D'HISTOIRE ÉCONOMIQUE

N° 13

Archives

THE FRENCH ECONOMIC HISTORY REVIEW

N° 13

Archives

LES ARCHIVES DU CRÉDIT AGRICOLE

Pascal Pénot
Archives historiques de Crédit Agricole SA

Groupe décentralisé, le Crédit agricole est constitué aujourd'hui d'un organe central (Crédit Agricole SA), de 39 caisses régionales représentées par la Fédération nationale du Crédit agricole, et de 2 411 caisses locales. A cette « pyramide », comme il est d'usage de décrire cette organisation, s'ajoutent un grand nombre de filiales, qu'elles aient été créées par le groupe ou qu'elles y soient entrées par acquisition. Chacune de ces multiples entités a sa propre histoire et est responsable de ses archives. La prise en compte de ces dernières à l'issue de leur durée d'utilité administrative est très variable : la conservation, le classement et la valorisation des archives historiques (ou définitive) dépend le plus souvent des opérations ponctuelles de communication entreprises. Ces opérations n'ont cependant jamais abouti, excepté chez Crédit Agricole SA, à la formation d'un service pérenne dédié à la gestion des archives historiques. La situation dans les caisses locales et régionales est variable et nous verrons que la création en 2017 de la Fondation Maison de Salins peut apporter quelques réponses à cette situation.

Cet article ne prétend pas être un guide exhaustif des archives du Crédit agricole, loin de là. Après une brève présentation des archives publiques et des conditions de communication, il se concentrera surtout sur le service des archives historiques de Crédit Agricole SA puis abordera la question des archives des caisses régionales et l'action menée par la Fondation Maison de Salins.

LES ARCHIVES PUBLIQUES

On s'attardera peu sur ce territoire immense que constituent les archives publiques relatives au Crédit agricole. Le chercheur consultera avec profit le portail France Archives[1] qui fait ressortir 3 544 occurrences sur la recherche « crédit agricole » : les deux tiers sont hébergés aux Archives nationales et le reste concerne essentiellement les différents services d'archives départementales et les caisses locales et régionales de leur circonscription. Les sources présentées par André Gueslin dans ses ouvrages fondateurs permettent également de s'y retrouver, notamment pour les archives nationales et les documents officiels[2]. Tous ces dossiers sont utiles pour étudier les relations entre l'institution et les pouvoirs publics et, du fait de l'indisponibilité ou de la disparition de documents de certaines entités du Crédit agricole, permettent d'appréhender en partie leur histoire.

Concernant le régime des archives, il faut noter que celles de la Caisse nationale de crédit agricole, établissement public de sa création à 1988, sont toujours la propriété de Crédit Agricole SA, l'établissement successeur. Ce sont désormais des archives privées. En revanche, leur consultation suit toujours les règles de communicabilité publique : si le citoyen pouvait accéder à ces documents publics créés avant 1988, cet accès doit toujours lui être garanti aujourd'hui. En revanche, les archives produites après la mutualisation de la Caisse nationale, en 1988, suivent désormais le régime des archives privées, y compris pour leur communication[3]. Il en est de même pour les archives de l'ensemble des autres entités du Crédit agricole depuis leur origine, qui sont toutes privées.

LE SERVICE DES ARCHIVES HISTORIQUES DE CRÉDIT AGRICOLE SA

De l'histoire à la gestion de l'information

Si André Gueslin mentionne bien qu'il a eu accès à une partie des archives de la Caisse nationale, aucun service n'était alors constitué pour leur gestion[4]. Il faut donc attendre juin 1990 pour voir la création, sous l'impulsion du président Yves Barsalou et du directeur général Philippe Jaffré, d'une « mission historique » de

1 – https://francearchives.fr/fr/

2 – André Gueslin, *Les Origines du Crédit agricole*, Nancy, Annales de l'Est, 1978, pp. 419-437 ; *Histoire des crédits agricoles* : vers la banque universelle ? (depuis 1960), Paris, Economica, 1984, pp. 362-371.

3 – Le service des archives historiques de Crédit Agricole SA dispose d'une salle de lecture pour accueillir des chercheurs. L'accueil de ces derniers se fait sur autorisation du service. Les instruments de recherche ne sont pas publics et ce sont les archivistes qui préparent les dossiers pour les chercheurs suite aux échanges qu'ils ont pu avoir précédemment.

4 – André Gueslin, *Histoire des crédits agricoles : vers la banque universelle ? (depuis 1960)*, Paris, Economica, 1984, p. 361.

la CNCA, placée sous la direction de Christian Bosséno. Ce dernier explique que la création de la mission répond à trois objectifs[5] : sauvegarder et organiser les archives historiques de la CNCA nouvellement privatisée ; utiliser celles-ci pour reconstituer l'histoire et la diffuser vers les instances dirigeantes et les collaborateurs ; mettre en valeur le patrimoine documentaire de l'entreprise par l'intermédiaire de publications et d'expositions. Ce dernier objectif trouve son aboutissement en 1994 avec les célébrations du centenaire du Crédit agricole[6] qui voit différentes manifestations sur tout le territoire et la publication d'un livre consacré aux cinquante premières années du Crédit agricole[7]. Il faut noter aussi que cette création se place dans un contexte favorable à l'histoire d'entreprise avec l'ouverture de services équivalents dans d'autres banques (Paribas, Crédit lyonnais, Banque de France...). Les périodes de crise économique sont semble-t-il des moments d'introspection pour les entreprises qui recherchent dans leur histoire les fondements de leur action.

Les festivités du centenaire passées, la mission historique poursuit son travail de mise en valeur de l'histoire du Crédit agricole, notamment par le biais de conférences données devant les nouveaux collaborateurs pour les acculturer à l'histoire du groupe. De même, des expositions et de nouvelles publications, plus modestes, sont mises en route, notamment à destination des caisses régionales demandeuses. La mission historique a donc un rôle de prestation intellectuelle à destination de tout le groupe.

En 2003, le rapprochement avec le Crédit lyonnais permet à la mission de s'étoffer. Né de la fusion des équipes de Crédit Agricole SA et du Crédit lyonnais, le nouveau service des archives historiques s'enrichit du fonds du Crédit lyonnais[8] et des compétences d'archivistes de métier, dont Roger Nougaret qui prend la direction du service jusqu'en 2010. Le changement de nom de « mission historique » à « service des archives historiques » n'est pas que cosmétique : on passe alors d'une mission quasi-exclusive de mise en valeur de l'histoire à une dimension plus gestionnaire de l'information. L'application des normes archivistiques se fait plus rigoureuse, notamment en matière de classement, et des recherches plus opérationnelles sont assurées pour répondre aux entités du groupe : recherche de documents probants et circulaires pour des cas de contentieux ; rédaction de synthèses historiques à destination de décideurs ; participation à la création de supports de communication institutionnelle.

5 – Christian Bosséno, « Histoire et identité : l'exemple du Crédit agricole », *Communication et organisation*, n° 7, 1995.

6 – Il s'agit du centenaire de la loi de 1894 qui permet la création de caisses locales sur tout le territoire. Cette loi est donc bien considérée comme étant l'acte de naissance « officiel » du Crédit agricole. Un autre centenaire avait cependant eu un peu d'écho en 1985 : celui de la création de la Société de crédit agricole mutuel de l'arrondissement de Poligny dans le Jura que l'on considère comme étant l'initiatrice du modèle des caisses locales. Plusieurs titres de presse avaient alors parlé du « centenaire vert » (voir CNCA *Information*, n° 63, mai 1985, p. 20). A noter que le cinquantenaire fut, quant à lui, célébré le 24 avril 1951, soit avec six ans de retard.

7 – Christian Bosséno, *Crédit agricole, un siècle au présent, tome 1 : des origines aux années cinquante*, Éditions Hervas, Paris, 1994. Le second tome, consacré à la période suivante, n'est jamais paru.

8 – Le fonds d'archives de Crédit agricole CIB et de ses sociétés ancêtres (Banque de l'Indochine, Banque Indosuez...) suivra ensuite.

Il faut noter que les archivistes de Crédit Agricole SA se transforment bien souvent en iconographes pour transmettre aux différentes directions de la communication des supports visuels issus de nombreuses opérations de numérisation (photographies, vidéos, documents...).

Aujourd'hui, le service de archives historiques de Crédit Agricole SA a donc en gestion les fonds d'archives de Crédit Agricole SA (ancienne Caisse nationale), de LCL (ex-Crédit lyonnais) et de Crédit agricole CIB et de ses sociétés ancêtres (Banque de l'Indochine, Banque Indosuez...). Les missions sont classiques : collecter, classer, conserver et communiquer. Cette dernière mission se fait en direction de différents interlocuteurs et on peut d'ailleurs faire une distinction entre la communication opérationnelle de documents à destination des collaborateurs et entités du groupe, et la valorisation de l'histoire de l'entreprise. Cette dernière se fait aussi en direction des collaborateurs (nouveaux arrivants, directions de la communication) et également vers les chercheurs académiques par la mise à disposition de dossiers d'archives en salle de lecture.

Quelques fonds d'archives

Il n'est pas question ici de faire une présentation exhaustive des fonds d'archives de l'organe central mais plutôt de mettre un coup de projecteur sur certains qui pourront être consultés avec profit par les historiens.

Les séries de rapports annuels

Le terme « rapports annuels » est générique et recouvre plusieurs réalités. Il s'agit à chaque fois de documents à vocation externe dressant annuellement un état de l'activité du Crédit agricole. On distingue cependant plusieurs ruptures dans la présentation et le contenu :

– Les rapports adressés par le ministère de l'Agriculture au Président de la République sur le fonctionnement des caisses de Crédit agricole mutuel[9] (*N*)[10]. Ces rapports sont parus au Journal officiel et étaient prévus dans la loi du 31 mars 1899 instituant les caisses régionales : celles-ci devaient informer le ministère de l'Agriculture de leurs activités afin de permettre l'établissement d'un rapport au Président de la République. D'une quarantaine de pages, ces rapports sont une compilation de statistiques fournies par les caisses régionales. Ils offrent un panorama rapide mais complet des modalités de fonctionnement et de leurs modifications dans l'année. Ils comportent également une analyse des principaux textes législatifs et réglementaires. Ils ont cessé d'être présentés au Président de la République et publiés au Journal officiel en 1960. La collection

9 – Pour une présentation détaillée de cette série, voir André Gueslin, *Histoire des crédits agricoles*, *op. cit.*, tome 2, p. 363-365.

10 – Dans cet article, le signe (N) suivant le nom d'une série d'archives indique que celle-ci a été numérisée.

conservée par le service des archives historiques comprend l'exercice 1910 puis l'ensemble des exercices publiés de 1913 à 1959.
– Les rapports sur la situation du Crédit agricole mutuel au 31 décembre *(N)* dits aussi « rapports verts » du fait de la couleur de leur couverture. Ils font un bilan global (et non par caisse régionale) de l'année écoulée et s'achèvent par les bilans de la Caisse nationale et des caisses régionales. Ils couvrent la période 1944-1965.
– Les rapports sur le Crédit agricole mutuel *(N)* qui, depuis l'autonomie financière de la Caisse nationale, présentent un bilan consolidé du groupe (Caisse nationale et caisses régionales). Ils couvrent la période 1966 à 1988.
– Les rapports annuels du Crédit agricole *(N)* prennent la suite à partir de la loi de mutualisation de la Caisse nationale qui devient une société anonyme. Ils couvrent la période 1989 à 2000.
– Les rapports annuels de Crédit Agricole SA *(N)* à partir de 2001. Ces documents de référence édités par la communication financière de Crédit Agricole SA sont consultables sur internet.

Une série de dépliants de « chiffres clés » résumant ces rapports annuels, initiée en 1971, est également conservée par le service des archives historiques.

Les archives de la gouvernance

Des dossiers de présidents, directeurs généraux et de comités divers entrent bien évidemment dans cette catégorie. Les séries suivantes, toutes cotées en 340 AH, seront cependant les plus utiles pour une première approche :
– La Commission de répartition des avances de l'État aux caisses régionales de Crédit agricole était chargée d'étudier les demandes d'avances présentées par les caisses régionales. Elle se réunit pour la première fois le 20 juillet 1899. Composée initialement de 6 membres issus du Sénat, de l'Assemblée nationale et du Conseil d'État, cette commission en compte huit suite à un décret de 1916. Elle devient, à partir du 9 avril 1918, une sous-commission de la commission de répartition des avances de l'État aux sociétés de crédit immobilier et aux caisses régionales de crédit agricole mutuel. Le travail de secrétariat et de coordination de la commission est assuré par le service du crédit, de la coopération et de la mutualité agricole du ministère de l'Agriculture. En 1914, dépendant de la commission de répartition, est instituée une sous-commission consultative permanente chargée de préparer et de faciliter les travaux de la commission par l'étude préalable des dossiers de demande d'avances. L'activité de la Commission est transférée à l'Office national du crédit agricole créé en 1920. Les registres de procès-verbaux *(N)* ainsi qu'une série de dossiers de séances non exhaustive est conservée par le service des archives historiques.
– La Commission plénière du Crédit agricole a été créée par la loi du 5 août 1920. Elle est présidée par le ministre de l'Agriculture et comprend 30 membres : six représentants du Parlement, douze membres nommés par décret sur la proposition du ministre de l'Agriculture et du ministre des Finances et douze

délégués élus des caisses de crédit agricole. Cette commission élit les sept membres du conseil d'administration de la CNCA. La commission plénière se réunit deux fois par an pour écouter le rapport du conseil d'administration, le valider ou non, renouveler ses membres, débattre des projets de loi à caractère agricole et discuter de la dotation de l'État au crédit agricole. La Commission est transformée en comité spécial le 18 novembre 1939 puis supprimée le 20 novembre 1940. Ses attributions sont transférées au président de la Caisse nationale. Les registres de procès-verbaux *(N)* et une série incomplète de dossiers de séances sont conservés.

– Les « assemblées annuelles » du Crédit agricole, aussi improprement appelées « assemblées générales » jusqu'en 1988, sont régulièrement réunies à partir de 1971. Ce sont des assemblées d'information, non statutaires et non délibérantes, destinées à faire le bilan de l'année écoulée et à réfléchir à l'avenir. Elles réunissent la Caisse nationale, la Fédération et les caisses régionales. Les dossiers de séances renferment un grand nombre d'interventions de dirigeants sur des sujets variés (marketing, informatique, avenir du mutualisme...). Ces assemblées annuelles sont remplacées par l'assemblée générale de la Caisse nationale à partir de la mutualisation de 1988.

– Les registres de procès-verbaux du conseil d'administration *(N)* sont bien évidemment conservés. Cette série est divisée en plusieurs période : l'Office national (1921-1927), la Caisse nationale (conseil d'administration de 1927 à 1940, comité de gestion et comité restreint de 1941 à 1944, conseil d'administration de 1945 à 1988), la Caisse nationale SA (1988-2001), Crédit Agricole SA (à partir de 2001).

On signalera également la reconstitution, par la mission historique de la Caisse nationale dans son rôle de documentation, de dossiers d'assemblées générales de la Fédération nationale à partir de 1949 (419 AH).

Inspection et contrôle

C'est en 1916 qu'a été instituée l'Inspection générale du crédit et des associations agricoles au sein du ministère de l'Agriculture. Elle est alors indépendante du Service du crédit agricole. Cette inspection générale a été intégrée en 1920 au nouvel Office national du crédit agricole. Son contrôle s'exerce sur toutes les institutions agricoles bénéficiant des avances de l'État. Au niveau supérieur, l'Office national est quant à lui contrôlé par l'Inspection générale des associations agricoles et des institutions de crédit qui dépend du ministère de l'Agriculture. À noter que les caisses régionales inspectent elles aussi les caisses locales qui leur sont affiliées.

Le service d'inspection de l'Office puis de la Caisse nationale est dirigé par un inspecteur général qui a rang de directeur adjoint. Les inspecteurs sont répartis en régions (Nord, Est, Centre, Ouest, Sud-Ouest et Sud-Est) et leur rôle est surtout de contrôler le bon fonctionnement des caisses régionales. Le contrôle d'entreprises privées est donc assuré par un établissement public.

L'expansion du Crédit agricole crée de nouveaux besoins de contrôle. Ainsi, en 1963, une branche spéciale de l'inspection est créée pour le contrôle du financement des entreprises coopératives. Cette activité sera ensuite reprise par la direction des engagements qui est créée en 1966.

Une directive de 1974 précise à nouveau les objectifs de l'Inspection générale du Crédit agricole : contrôle des caisses régionales dans le sens le plus large ; contrôle des services de la Caisse nationale et de ses filiales ; contrôles des institutions ou collectivités qui sont sociétaires du Crédit agricole ; conduite d'enquêtes particulières ou à caractère général. On distingue deux types de missions d'inspection : les missions verticales pour celles limitées à un secteur et qui peuvent concerner plusieurs caisses régionales ; les missions horizontales traditionnelles qui concernent l'ensemble des activités d'une entité.

En 1986, l'Inspection générale devient « Inspection générale et audit ». Son autorité couvre l'ensemble du Crédit agricole. Celle-ci est transformée en 2001 en ligne métier pour l'ensemble du groupe : les responsables d'audit des entités sont donc dorénavant rattachés hiérarchiquement au directeur de l'Inspection générale et audit et non plus au management de leur entité d'appartenance.

Le fonds d'archives de l'Inspection générale, coté 576 AH, est actuellement en cours de classement[11]. Très important en termes de volume (plus de 960 articles en l'état actuel du classement), les premiers documents dont nous disposons ne datent cependant que du début des années 1970. La partie principale de ce fonds est constituée des rapports d'inspection des caisses régionales. Ceux-ci sont accompagnés des échanges entre l'Inspection et l'entité inspectée à propos des remarques contenues dans le rapport. Celui-ci est globalement construit toujours de la même manière : la première partie concerne le fonctionnement (constitution du conseil d'administration, vitalité du tissu mutualiste de la région, direction de l'entreprise, personnel, informatique, immobilier) ; la deuxième partie concerne plus l'activité bancaire. Il faut noter qu'une attention particulière est portée à la situation des administrateurs qui ont un prêt en cours dans la caisse régionale. La partie concernant les filiales est encore à classer.

À ce fonds de l'inspection générale, il faut ajouter le contrôle de l'État sur la Caisse nationale ou le Crédit agricole dans son ensemble. Des séries de dossiers correspondant à différentes tutelles et organismes de contrôle sont conservées :

- la Commission permanente de contrôle chargée d'examiner le fonctionnement du service du crédit, de la coopération et de la mutualité agricole dans les années 1910 (397 AH 3-14). Par arrêté du 14 janvier 1911 a été instituée une commission «chargée d'étudier les mesures à prendre en vue de réorganiser et de renforcer le contrôle des opérations faites par les caisses régionales et locales de Crédit agricole mutuel». Cette commission ne s'est jamais réunie. Sur demande du chef du service du crédit mutuel et de la coopération agricole qui désirait que sa gestion fut soumise à l'examen d'une commission spéciale,

11 – Comme indiqué plus haut, le service des archives historiques de Crédit Agricole SA sélectionne lui-même les dossiers susceptibles d'intéresser les chercheurs et communique ceux-ci en fonction de délais de communicabilité calé sur ceux des archives publiques.

le ministre de l'Agriculture, par arrêté du 16 janvier 1914, crée une «commission spéciale chargée d'examiner le fonctionnement du service du crédit, de la coopération et de la mutualité agricole». Présidée par Étienne Clémentel, ancien ministre de l'Agriculture, elle s'est réunie le 24 janvier 1914 mais la guerre a rapidement interrompu ses travaux. La commission a été réorganisée et complétée par arrêté du 3 mars 1916. Elle siège jusqu'à la création de l'Office national de crédit agricole. La série comprend quelques dossiers de séances, un rapport sur les critiques dont est la cible le service du Crédit agricole et divers dossiers et documents isolés.

– L'Inspection générale des associations agricoles et des institutions de crédit (397 AH 15-25). Le décret du 18 octobre 1916 crée ce service d'inspection. Neuf inspecteurs sont chargés de mission dans les caisses régionales et locales ainsi qu'à l'Office nationale lorsque celui-ci sera créé. Ce service est également chargé de donner un avis sur les demandes d'avances. Lors des missions dans les départements, les inspecteurs sont assistés de professeurs d'agriculture. Il s'agit d'une dizaine de rapports de missions pour la période 1922 à 1936.

– La Commission des offices (397 AH 26-30). Cette commission est instituée par l'article 78 de la loi du 28 février 1933. Elle est composée de représentants du ministère de l'Agriculture, de la CNCA et d'un inspecteur des Finances. Cette série est composée de quelques dossiers de séances et de documents relatifs à des rapports (notamment le rapport Ardant sur la Caisse nationale).

– Le Conseil national économique (397 AH 31-39). Durant le premier semestre 1937, le Conseil national Économique, dépendant de la Présidence du Conseil, a été saisi par la commission des Finances de la Chambre des députés d'une demande d'étude sur le fonctionnement des organismes publics ou semi-publics chargés de la distribution du crédit en France. La commission bancaire et la commission du crédit du Conseil national économique ont donc étudié dans ce cadre des rapports de diverses origines sur le crédit agricole dont le plus important est celui de l'inspecteur des Finances Auboyneau. Après analyse de ces rapports, le Conseil national économique livre ses conclusions en février 1938. La série comprend des dossiers sur la mission Auboyneau, un rapport sur le financement du blé ainsi que quelques dossiers de séances de la commission bancaire.

– La Commission de vérification des comptes des entreprises publiques (397 AH 40-63) des années 1940 aux années 1970. Cette commission a été instituée par la loi 48-25 du 6 janvier 1948 pour vérifier les comptes des établissements publics d'État de caractère industriel et commercial, des entreprises nationalisées et des sociétés mixtes dans lesquelles l'État possède au moins la majorité du capital social. La commission est présidée par un président de chambre à la Cour des comptes nommé par décret pris sur le rapport du ministre des Finances et du ministre chargé des Affaires économiques. La commission adresse aux différents ministres concernés un rapport particulier dans lequel elle exprime son avis sur la régularité et la sincérité des comptes et propose, le cas échéant, les redressements qu'elle estime devoir être apportés. En 1977, la mission de vérification des comptes de la CNCA passe à la sixième chambre de la Cour des comptes. La série est essentiellement constituée de rapports d'inspection pour la période 1948 à 1974. Des « rapports d'ensemble » couvrent la période 1952 à 1971 et quelques dossiers sont consacrés à la position du conseil d'administration de la Caisse nationale face aux inspections de la Commission (1949-1961).

– La Cour des comptes des années 1900 aux années 1980 (397 AH 64-81). Au début de l'institution Crédit agricole, la Cour des comptes a effectué quelques missions d'inspection. Il faut cependant attendre 1977 pour que la mission de contrôle des comptes passe de la Commission de vérification des comptes des entreprises publiques à la sixième chambre de la Cour des comptes. La composition de la série de dossiers conservés reflète cet état de fait : on a bien les rapports d'inspection pour les exercices 1908 et 1912 mais il faut ensuite attendre la période 1977 à 1986 pour avoir de nouveaux dossiers.

– L'Inspection générale des Finances (397 AH 82-142 et 164). Il s'agit d'une riche série de dossiers d'inspection courant de l'année 1913 à 1981. Les missions peuvent être consacrées à des caisses régionales, à la Caisse nationale ou à des sujets transverses comme la distribution des prêts bonifiés. Les dossiers contiennent les rapports ainsi que de la correspondance et des réponses des entités inspectées.

À ces séries importantes, on ajoutera quelques dossiers relatifs au contrôle financier de la Caisse nationale par un commissaire du gouvernement (397 AH 143-153), au Comité central d'enquête sur le coût et le rendement des services publics (397 AH 154-157) et au Commissariat général à la productivité (397 AH 158-159).

Relations avec les caisses régionales

Si la direction des Relations avec les Caisses Régionales (RCR) n'a été mise en place qu'en 1975, il est bien évident que la Caisse nationale, de par ses fonctions d'organe central, a produit nombre de dossiers soit de documentation, soit de validation d'opérations financières en lien avec les caisses régionales. Trois séries importantes méritent d'être signalées sous ce thème.

La première est la série des dossiers constitutifs de caisses régionales cotée 312 AH *(N)*. Composée de 51 dossiers représentant 4,30 mètres linéaires, elle résulte de l'arrêté du 19 mai 1921 qui fixe les pièces que les caisses régionales devaient fournir à la Caisse nationale afin de pouvoir bénéficier des avances de l'État. Il est pris à la suite du décret portant règlement d'administration publique en date du 9 février 1921 et déterminant les conditions d'application de la loi du 5 août 1920 sur le crédit mutuel et la coopération agricole, et en particulier les articles 24 et 74 de ce décret.

La série organique contient un dossier pour chaque caisse régionale. Ce dossier est divisé en deux parties. La première comprend les pièces constitutives, souvent des copies manuscrites, qui ont servi à la création de la caisse régionale, et la seconde un suivi des évolutions des statuts. On retrouve donc pour l'ensemble des caisses régionales des procès-verbaux d'assemblées constitutives, des listes de premiers sociétaires et d'administrateurs, des rapports annuels du conseil d'administration et des bilans (le plus souvent inclus dans des comptes rendus d'assemblées générales) et des statuts successifs. Si ces dossiers ne sont pas exhaustifs, ils permettent néanmoins de suivre l'évolution d'une caisse régionale du début du XXe siècle à la fin des années 1940. Les listes d'administrateurs et de premiers sociétaires pourraient également servir à une étude prosopographique qui donnerait une image, plus ou moins précise, de l'impulsion du modèle du Crédit agricole par région. Comme on le verra plus loin, ces dossiers constitutifs de caisses régionales sont en partie accessibles sur le portail de valorisation internet de la Fondation Maison de Salins.

Les Archives historiques de Crédit Agricole SA conservent également une série de plus de 4600 dossiers de prêts des caisses régionales aux coopératives agricoles datant du début du XXe siècle aux années 1970 (cote 375 AH). Ces prêts ont nécessité l'approbation de la Caisse nationale, ce qui explique que ces dossiers soient conservés par le service des archives de l'organe central. Tous les domaines sont couverts par ces coopératives (fromagerie, viticulture, laiterie ...). Classée par caisses régionales, cette série permet d'appréhender la composition du paysage coopératif agricole d'une région ainsi que d'étudier son financement.

Enfin, récemment classées, une série d'enquêtes de la Caisse nationale sur les caisses locales, cotée 593 AH, permet d'étudier ces structures du début des années 1970 à la fin des années 1980. Il s'agit d'un ensemble de dossiers précieux pour l'étude générale des caisses locales qui sont peut-être les entités les moins visibles dans les archives de l'organe central. Le service des affaires administratives de la direction des Relations avec les Caisses Régionales (RCR) avait pour mission de « détenir un inventaire complet et à jour des caisses locales de Crédit agricole mutuel ». Tous les ans, les caisses régionales lui adressaient donc un tableau d'inventaire des caisses locales de leur ressort qui comprenait le nombre de sociétaires, le nom des principaux responsables, les limites géographiques, etc.

Parallèlement à cette enquête, la Caisse nationale demandait aux caisses régionales de lui signaler toute création, fusion ou dissolution de caisses locales. C'est à cette occasion qu'un certain nombre de documents sociaux (statuts, procès-verbaux d'assemblées générales...) de caisses locales ont intégré les dossiers de cette série. Tous ces éléments ainsi que les tableaux évoqués plus haut permettent donc d'avoir une peinture assez précise du premier niveau de la « pyramide » du Crédit agricole pour les années 1970 et 1980.

Communication

Le Crédit agricole étant un groupe « uni et décentralisé », la circulation de l'information entre les différentes entités indépendantes revêt une importance capitale. On trouvera ainsi au service des Archives historiques de nombreuses collections, plus ou moins complètes, de magazines. Ceux-ci peuvent être internes à une entité pour l'information du personnel comme *CNCA Information (N)* puis *En-Tête (N)* pour la Caisse nationale puis Crédit Agricole SA, *Camille* pour la Caisse régionale d'Ille-et-Vilaine ou *Regards* pour celle du Midi. La Fédération nationale publie *L'Administrateur du Crédit agricole* (transformé en *Crédit agricole magazine* en 1993) depuis la fin des années 60 à destination de l'ensemble de l'institution pour partager l'actualité de l'ensemble du groupe.

La Fédération a également diffusé, de 1981 à 1993, soixante-quatorze numéros de *Vidéocam (N)*, un magazine vidéo à destination de la Caisse nationale et des caisses régionales. La diversité des thèmes abordés dans ce magazine permet de suivre l'évolution de certains domaines et activités internes au Crédit agricole dans une décennie de grands changements : extension du champ de compétence, grandes orientations stratégiques du groupe, débuts de l'internationalisation, mutualisation de la Caisse nationale, différents produits et services, filiales (notamment dans le domaine de l'assurance), informatique, communication ainsi que mécénat et sponsoring.

Enfin, sont également conservées des publications spécialisées dans des métiers et filières comme l'agriculture avec *Économie et finances agricoles (N)* ou le marketing avec *Échange*.

Sur le plan de la communication publicitaire et institutionnelle, le service des archives historiques de Crédit Agricole SA peut mettre à disposition des chercheurs des dossiers (507 AH) relatifs aux logos, aux grandes orientations et aux campagnes publicitaires dont les plus anciens datent de la deuxième moitié des années 1970[12]. Les supports publicitaires sont quant à eux très représentés et ont bénéficié d'importantes campagnes de numérisation patrimoniale. Les collections sont régulièrement alimentées par de nouveaux versements. Les principales sont :

- Plus de 2 700 affiches dont les plus anciennes datent des années 1910 ;
- Plusieurs centaines de prospectus dont les plus anciens datent des années 1940 ;
- Plus de 1 500 vidéos (publicités, films de promotion institutionnelle, magazines internes, captations d'assemblées…) ;
- Plusieurs centaines d'objets publicitaires.

12 – Sur la communication du Crédit agricole, voir Gérard Béaur, Hubert Bonin et Roger Nougaret, *La Banque verte s'affiche… au Conservatoire de l'agriculture de Chartres : un siècle de publicité*, Chartres, COMPA, 2007.

Les archives des caisses locales et régionales

Sans compter les articles parus dans des revues académiques spécialisées, une trentaine d'ouvrages et mémoires consacrés à l'histoire de caisses régionales est pour le moment recensée. Il peut s'agir de livres de commande confiés à un historien[13] ou à un journaliste[14], de mémoires universitaires publiés[15], voire d'ouvrages écrits par d'anciens responsables[16]. Tous ces auteurs ont eu un accès, plus ou moins restreint, aux archives des caisses régionales étudiées. André Gueslin lui-même a pu consulter les dossiers de quatre caisses représentatives pour sa thèse au début des années 1980[17] et Dominique Barjot, dès son mémoire de maîtrise, a pu avoir accès à celles du Sud-Est[18]. L'absence de services d'archives structurés n'empêche donc pas, *a priori*, l'étude historique des caisses régionales. En revanche, l'impossibilité physique de rassembler en un même lieu les documents d'archives de ces entités complique l'exercice de comparaison entre elles. On verra plus loin que les outils de la Fondation Maison de Salins permettent de répondre en partie à ce problème.

Enfin, se pose la question des archives des caisses locales. Rappelons qu'elles sont aujourd'hui 2 411 et qu'elles ont pu atteindre le nombre de 6 195 en 1933[19]. Outre les disparitions de documents ici ou là en fonction des aléas de la vie de ces parfois très petites entités, on imagine aisément qu'il aurait été impossible de conserver l'intégralité des archives de ces structures. L'étude des caisses locales apporte pourtant un éclairage important pour l'étude du territoire d'une caisse régionale. Il est possible de contourner le manque d'archives pour étudier ce maillage en se référant aux dossiers des caisses régionales ainsi qu'à la série d'enquêtes de la Caisse nationale citée plus haut (cote 593 AH). Certains auteurs réussissent néanmoins à dénicher des dossiers de caisses locales, comme Jean Guillemin avec la Caisse locale de Pouilly-en-Auxois[20]. Là encore, l'action de la Fondation Maison de Salins pourrait être utile pour sauvegarder et valoriser les archives de ce premier niveau de la « pyramide » du Crédit agricole.

13 – Voir par exemple : Laurent Jalabert, *Histoire du Crédit agricole Pyrénées Gascogne (1902-2020)*, Pau, Cairn, 2020 ; Hubert Bonin, *Le Crédit agricole de la Gironde. La passion d'une région, 1901-1991*, Bordeaux, L'Horizon chimérique, 1992.

14 – Voir Lilian Reilhac, *Le Crédit agricole de La Réunion. La conviction du développement, 1949-2019*, Saint-Denis-de-La-Réunion, Caisse régionale de Crédit agricole de La Réunion, 2019.

15 – Voir Jean Guillemin, *Une mutuelle paysanne de crédit. Le Crédit agricole en Bourgogne de 1896 à 1975*, Tours, Presses universitaires François Rabelais, 2019.

16 – Voir Jacques Bost, *Soixante-dix années de Crédit agricole en Île-de-France : Histoire de la Caisse régionale de Crédit agricole mutuel de l'Île-de-France de 1901 à 1971*, Paris, 1973.

17 – Il s'agit des caisses régionales du Midi, de la Beauce et du Perche, des Vosges et de Châlons-sur-Marne (voir André Gueslin, *op. cit.*, tome 2, p. 376-379).

18 – Dominique Barjot, *Le Crédit agricole mutuel (1945-1972) et son rôle dans le financement de l'agriculture française*, Dijon, Université de Dijon, 1974.

19 – André Gueslin, *op. cit.*, tome 2, p. 419.

20 – Jean Guillemin, *op. cit.*

L'action de la Fondation Maison de Salins

Comme nous l'avons déjà mentionné à plusieurs reprises, les caisses locales et régionales gèrent elles-mêmes leurs archives et, jusqu'à récemment, aucune entité du Groupe ne permettait ne les prendre en compte de manière globale ou au moins de rassembler leur consultation en seul lieu. En décembre 2017 a été créée la Fondation Maison de Salins qui peut désormais jouer ce rôle. Cette fondation d'entreprise rassemble 30 caisses régionales, Crédit Agricole SA, Crédit agricole Assurances, Crédit agricole Immobilier et Cariparma. Son siège est situé à Salins-les-Bains, dans la maison restaurée qui a abrité la première caisse locale, et elle a pour but de fournir un cadre de réflexion sur le modèle mutualiste et coopératif, son histoire, ses pratiques et son avenir. L'une de ses missions est également de mutualiser les moyens pour numériser et valoriser des séries de documents et de supports iconographiques issues des archives historiques des membres fondateurs[21].

Le premier projet porté par la Fondation en matière de valorisation est la réalisation d'un portail internet de diffusion de documents d'archives. Celui-ci a été mis en ligne début 2020[22]. Il a pour ambition de palier le problème de la dispersion des sources sur le mutualisme et le monde coopératif en rassemblant en un même lieu des contenus de qualité et d'en faire profiter les chercheurs. Il est important de souligner ici que le domaine couvert par ce site est plus large que le seul groupe Crédit agricole. Il cherche en effet à couvrir les différentes familles du monde coopératif : coopératives d'utilisateurs ou d'usagers, d'entreprises, de production, de crédit et sociétés coopératives d'intérêt collectif.

Concernant le Crédit agricole, les chercheurs et curieux et peuvent désormais accéder à plus de 1 600 procès-verbaux d'assemblées générales de 81 caisses régionales datant du début du XXe siècle à la fin des années 1940[23]. De prochaines mises à jour du site permettront aussi d'y ajouter des statuts, des règlements intérieurs, des listes de premiers souscripteurs et autres documents numérisés. Plus tard, des documents de caisses locales pourront aussi rejoindre ces corpus mis en ligne.

L'intérêt de ce site est également d'insérer l'histoire du Crédit agricole dans le cadre plus large de l'histoire du modèle coopératif. Ainsi, des documents de la Confédération nationale de la mutualité, de la coopération et du crédit agricoles[24], à savoir deux collections de revues coopératives, la série des comptes

21 – La Fondation a également repris la gestion du Prix Crédit agricole d'histoire des entreprises qui récompense chaque année un mémoire d'histoire économique ou d'histoire d'entreprise en attribuant une subvention d'aide à la publication.

22 – https://collections.maison-salins.fr/s/patrimoine/page/accueil

23 – https://collections.maison-salins.fr/s/patrimoine/item-set/1. Ces fichiers mis en ligne résultent de la numérisation des dossiers constitutifs de caisses régionales conservés par le service des archives historiques de Crédit Agricole SA (312 AH, voir plus haut).

24 – La CNMCCA est une organisation professionnelle agricole qui participe à la représentation des intérêts des entreprises mutualistes et coopératives agricoles. Ses racines les plus anciennes datent de 1880 avec la création de la Société nationale d'encouragement à l'agriculture. Elle regroupe actuellement Groupama assurances

rendus des congrès annuels de cette organisation ainsi que les procès-verbaux de son conseil d'administration jusqu'aux années 50, sont déjà en ligne.

Enfin, on connaît l'importance des archives orales pour compléter l'exploitation des dossiers d'archives. Il s'agit désormais d'un passage quasi obligé pour les historiens d'entreprise et les auteurs qui ont contribué à une meilleure connaissance du Crédit agricole y ont eu largement recours en menant eux-mêmes leurs propres entretiens. L'entreprise elle-même a identifié assez rapidement la mémoire des collaborateurs et dirigeants comme un complément aux archives écrites. C'est ainsi que, durant les années 1990 et le début des années 2000, une campagne de collecte de témoignages oraux a été menée par la mission historique puis par le service des archives historiques de Crédit Agricole SA. Le corpus rassemble des dirigeants (présidents de caisses régionales, directeurs généraux de caisses régionales et de la Caisse nationale) ainsi que des collaborateurs d'échelons inférieurs tels que d'anciens démarcheurs qui prospectaient les clients dans les campagnes. Cette collection donne un peu de « chair » à l'histoire du Crédit agricole en faisant remonter du terrain la vision que les élus et employés avaient de leur travail, de leur utilité et des territoires dans lesquels ils opéraient.

Aujourd'hui, cette collecte de témoignages est assurée par un petit groupe de membres de l'Association des cadres de direction retraités du Crédit agricole (ACDRCA). Les personnes interviewées sont des membres de cette association et il s'agit donc d'anciens directeurs généraux, directeurs généraux adjoints et directeurs de caisses régionales. Des contacts ont été pris avec l'Association des anciens présidents de caisses régionales pour élargir ce corpus. Cette collecte est menée en partenariat avec la Fondation Maison de Salins, pour le financement, et avec le service des Archives historiques de Crédit Agricole SA qui en assure la gestion technique (conservation, description et communication). L'exploitation des enregistrements est encadrée par des conventions signées par les interviewés et interviewers.

Comme on peut le voir, les initiatives permettant de faire vivre les archives du Crédit agricole et de diffuser son histoire sont finalement assez nombreuses. L'absence d'une structure centralisée spécialement dédiée à la conservation et à la gestion des archives historiques de l'ensemble du Crédit agricole ne se révèle pas être un handicap et reflète assez bien l'organisation du groupe. La création de la Fondation Maison de Salins montre également que la coopération peut aussi s'appliquer au domaine des archives et de l'histoire et que des solutions peuvent être trouvées dans ce cadre.

mutuelles, la Caisse centrale de la Mutualité sociale agricole, Coop de France et la Fédération nationale du crédit agricole.

REVUE FRANÇAISE
D'HISTOIRE ÉCONOMIQUE

N° 13

Comptes rendus de lecture

THE FRENCH ECONOMIC
HISTORY REVIEW

N° 13

Books Reviews

Jean-Claude Daumas
La révolution matérielle. Une histoire de la consommation - France XIXe-XXIe siècles
Paris, Flammarion, 2018, 600 p.

Normalien, professeur émérite des universités, membre honoraire de l'Institut Universitaire de France (IUF), Jean-Claude Daumas est l'auteur d'un ouvrage majeur portant sur l'histoire de la consommation en France des années 1840 à nos jours. Comme le rappelle l'introduction générale (p. 7-16), la consommation a été l'objet d'une révolution marquée par la démocratisation du vêtement grâce l'industrie, l'émergence d'une nouvelle culture et la transformation des rapports entre classes dans l'espace public. Sans renier l'apport des historiens anglo-saxons, notamment à propos des origines de la révolution industrielle, J.C. Daumas s'inscrit dans la droite ligne des travaux de Fernand Braudel et de Daniel Roche, tout en adoptant une approche très large prenant en compte l'ensemble des acteurs, dont le consommateur, mais aussi les industriel et les distributeurs, les spécialistes des marketing et des médias, les pouvoirs publics ou les mouvements consuméristes. Envisagée dans sa double dimension matérielle et symbolique, la consommation se définit d'abord comme un rapport aux objets, où s'investissent besoins et désirs. De ce fait, une partie de la consommation échappe à la sphère marchande : fonction des besoins et de leur hiérarchie, servant en partie à afficher un statut social, les objets sont inséparables de pratiques et de discours par lesquelles le consommateur se les approprie. De plus, les modes de consommations se différentient socialement, soit qu'il y ait rattrapage des plus riches par les plus pauvres, soit qu'il y ait diffusion des modèles de consommation du sommet vers la base de la hiérarchie sociale, sachant que le processus d'imitation s'accompagne toujours de phénomènes de sélection, de réinterprétation et d'adaptation. Ainsi s'explique la succession de cinq régimes de consommation successifs, explicables à la fois par l'élévation des niveaux de vie, le progrès technique, l'extension des frontières de la production marchande, le changement de la structure du budget des ménages et l'évolution des inégalités de consommation entre groupes sociaux.

La première étape couvre les années 1840 à 1885 (première partie : 1840-1885. Le luxe et la nécessité, p. 19-103). Les années 1840 constituent en effet une véritable rupture : la croissance rapide des biens de consommation accompagne celles de l'urbanisation et de la salarisation. La transformation n'est pas seulement quantitative, mais aussi qualitative, en particulier en matière d'alimentation. C'est le résultat d'une convergence de facteurs, élargissement et diversification de la consommation, industrialisation et marchandisation grandissantes des biens de consommation, démocratisation du luxe et transformation de l'appareil commercial. S'il subsiste des facteurs de freinage, la consommation se trouve portée en avant par la montée en puissance d'une bourgeoisie qui s'enrichit et s'élargit, bénéficiant des métamorphoses du luxe et d'innovations commerciales (chap. 1, p. 22-59). Y contribuent aussi « l'émergence d'une nouvelle classe ouvrière » (chap. 2, p. 60-85) et « l'amélioration de la consommation paysanne » (chap. 3, p. 86-99).

Il en résulte qu'entre 1840 et le milieu des années 1880, l'augmentation des revenus à remis en cause la bipolarisation de la consommation entre une minorité très riche et la masse de la population. « Au sommet de la hiérarchie sociale, la consommation aristocratique, fastueuse et ostentatoire, s'élargit à la couche supérieure de la bourgeoisie » (p. 101), qui, à son tour, exerce une attraction forte sur les autres couches de la bourgeoisie et les classes moyennes. La consommation de celles-ci joue un rôle plus important que celui qui leur est attribué de coutume : ainsi les grands magasins développent une nouvelle culture matérielle fondée sur l'exaltation du bon goût et du confort, la volonté de se distinguer du peuple sans trop dépenser et le désir d'acquérir des biens de consommation. Néanmoins l'intégration de ces classes moyennes au marché demeure limitée.

En revanche, une nouvelle consommation ouvrière se manifeste, caractérisée par le recul du poids de l'alimentation, d'où un accès élargie aux produits industriel (vêtements de confection, meubles de trôle[1], un début d'amélioration du logement et une participation plus grande à la vie sociale à travers les loisirs. Mais ce processus touche de façon très inégale les différentes fractions de la classe ouvrière, en raison de l'affirmation d'une élite ouvrière, seule capable d'imiter le mode de consommation de la petite bourgeoisie. Quant aux paysans, dont l'enrichissement est presque général, ils commencent à se libérer des pesanteurs du passé, malgré une intégration encore faible à la consommation marchande.

1 – Sorte de marché auquel se livraient les petits fabricants de meubles en chambre, qui allaient, de boutique en boutique, écouler leur travail.

À partir du milieu des années 1880 s'ouvre « la belle époque de la consommation (1885-1914) » (partie 2, p. 104-234). Cette « belle époque » constitue une embellie, en raison de la diffusion de nouveaux produits (bicyclette, automobile), de la mise en place de réseaux d'eau, de gaz, d'électricité et de transport urbain, de la diversification des budgets des ménages, de l'essor de nouvelle formes de commerce, de la publicité et des crédit ainsi que de l'apparition de nouveaux loisirs (cinéma). Il n'est cependant pas encore question de consommation de masse. En effet, à l'époque les industriels ne cessent de déplorer « le manque d'ampleur du marché ». Il tient à de multiples causes : prépondérance marquée des campagnes sur les villes, faibles progrès de la salarisation, poids excessif des revenus de la propriété et de la rente, progression réelle, mais encore modeste des salaires ouvriers, dispersion du commerce et des activités industrielles (textile et agroalimentaire, mais aussi automobile et industrie du cycle). Trois tendances s'affirment cependant : l'épanouissement d'une nouvelle culture de la consommation, centrée sur la recherche du confort et de la modernité et se diffusant des classes supérieures vers celles moyennes : élargissement et transformation de la consommation ouvrière tirée par une minorité bien rémunérée ; modernisation des campagnes, certes en retard sur la ville, mais adoptant un modèle de consommation mixte associant marché et autoproduction.

Même si un fossé sépare, en terme de revenu, les classes supérieures du reste de la population, il existe bien une « embellie de la consommation bourgeoise », autour de nouveaux objets (salle de bain, éclairage électrique, cuisinière à gaz, costume tailleur) et de nouveaux comportements (recherche du confort du foyer, d'un meilleure hygiène et de plus d'intimité) : tel est l'objet du chap. 1 (p. 109-161). L'époque voit aussi « la naissance de l'ouvrier consommateur » bien étudié par Maurice Halbwachs par exemple (chap. 1, p. 162-213). Quant aux campagnes, elles s'engagent dans la voie « d'un rattrapage inachevé » (p. 214-231). Dans ces conditions, les années 1880 à 1914 voient un essor sans précédent de la consommation. En effet, aristocrates et grands bourgeois adoptent de nouveaux objets liés à la seconde révolution industrielle et à l'extension des réseaux (apparition du téléphone). Le nouveau modèle de consommation défini par eux se diffuse, de haut en bas, dans toute la société, mais de façon ni linéaire, ni uniforme et d'abord à Paris. De fait, les classes moyennes adoptent de manière progressive les objets et les pratiques plus au sommet de la société. La hausse des salaires et la baisse des prix (jusqu'à la fin des années 1900) permettent aux ouvrier de vivre mieux, tandis que les paysans consomment de plus en plus de produits venus de la ville.

La troisième partie (« La consommation entre deux mondes », p. 235-303) couvre les années 1918 à 1939. Certes, la Première Guerre mondiale, la consommation se comprime fortement les besoins des populations civiles ayant été sacrifiées au profit de la Défense nationale, d'où les émeutes de la faim et les grèves contre la vie chère des années 1919 à 1921. En revanche, portée par l'augmentation du revenu national et les progrès l'urbanisation, la consommation augmente beaucoup durant les années 1920, sous l'effet de multiples nouveautés, sans que, pour autant, il soit possible d'accéder à la consommation de masse. En effet, la France souffre « d'un marché trop étroit » (chap. 1, p. 238-242). En dépit de gains de productivité du travail, tout concourt à cette étroitesse : faiblesse de la croissance démographique, poids de la paysannerie et de l'autosubsistance, salarisation inachevée, faiblesse de l'Etat social, quasi-stagnation du revenu moyen, insuffisant renouvellement du parc de logement. Comme le montre la résistance à l'introduction du taylorisme et du fordisme, le « modèle américain » demeure un « rêve » (chap. 2, p. 242-248). « Élargir la demande » est pourtant « une nécessité » (chap. 3, p. 249-260), comme le révèlent le salon des « Arts Ménagers » et le développement des achats à crédit.

Mais, « de la bourgeoisie aux classes moyennes », la « démocratisation » demeure « inachevée » (chap. 4, p. 261-275). Certes, le gonflement sans précédent des effectifs ouvriers entraîne « l'extension des besoins » (chap. 5, p. 276-291), mais les changements affectant la vie des paysans (chap. 6, « les paysans entre nouveautés et permanence »), s'ils sont réels (alimentation plus variée et plus riche, modernisation de la maison, succès des produits industriels), demeurent modestes et, surtout, sont assez largement compromis par la crise des années 1930. Entre les deux guerres se mettent en place de nouveaux schémas de consommation mais sans rupture décisive avec la période antérieure. Dans la bourgeoisie et les classes moyennes, s'affirme une aspiration au confort et au modernisme autour de serviteurs mécaniques (automobile, radio, électroménager), mais encore largement réservés aux riches. La « dilatation des besoins » ouvriers (M. Halbwachs) se heurte en effet à de sérieuses limites (logements sans confort et exigu, bicyclette, mais pas d'automobile), tandis que, dans le monde agricole, les permanences l'emportent (pas d'eau courante) sur les progrès (électricité, cuisinière, TSF).

La quatrième partie étudie « Les Trente Glorieuses et la société de consommations » (p. 304-445). Entre 1945 et 1973-74, la France se transforme de manière radicale : Jean Fourastié a bien décrit l'expansion impressionnante de son niveau de vie et le bouleversement qui en a résulté pour son « genre de vie ». À partir de 1949, date de la fin des pénuries et du rationnement ainsi que du retour aux niveaux de production d'avant-guerre, la France entre dans l'ère de la consommation de masse ; elle devient ainsi une société industrielle développée, où l'élévation des revenus permet à la majeure partie de la population d'accéder à des biens ou services jusque-là réservés aux classes privilégiées. Par ailleurs, l'extension de la consommation à de nouveaux biens et services s'accompagne de la transformation en profondeur du budget des ménages, de la mécanisation du pays, du progrès du confort, d'un accroissement de la mobilité et de l'élargissement des horizons.

« L'avènement de la société de consommation » (chap. 1, p. 307-326) s'accompagne d'une salarisation croissante (65,4% de salariés en 1954, mais 83% en 1976), d'une augmentation de la population et du taux d'activité des femmes, d'une croissance du crédit à la consommation et de l'endettement des ménages ainsi que d'une transformation profonde de l'offre (standardisation, fabrication à grande échelle, baisse des prix de revient, d'où le fordisme). Cette société de consommation est corrélative de la découverte de l'*American way of life* ainsi que de la révolution des grandes surfaces. Résultat de l'élévation rapide des niveaux de vie, « la conversion à la consommation de masse » (chap. 2, p. 327-338) rend possible un déplacement de la consommation des postes en déclin (alimentation et habillement) vers d'autres en expansion (logement et équipement, dépenses de transport, de loisir, de culture et de vacances). La société de consommation, si elle divise les Français (chap. 3, p. 339-348) repose avant tout sur les choses, d'où le rôle de la publicité, de la contribution et de l'aménagement de la cuisine (chap. 4, p. 349-359). Cette consommation de masse concerne d'abord les classes moyennes, une nébuleuse aimantée par ces cadres. Alors même que leurs comportements ne sont pas homogènes (cadres supérieurs et professions libérales, cadres moyens), ce groupe exerce une forte attraction sur les classes moyennes salariées. Mais cette influence s'affaiblit à mesure que l'on descend dans la hiérarchie sociale. Catégorie sociale bien distincte, les ouvriers sont un groupe social en vigoureuse expansion, mais jusqu'en 1973 seulement (chap. 6, p. 388-432). Pour eux, l'accès à la consommation est une conquête nouvelle : accès à un logement au confort standard ou même à la propriété, augmentation du niveau de vie, progrès de l'équipement domestique, installation de la télévision au sein des ménages, appropriation des vacances. Grands perdants de l'expansion, les paysans (chap. 7, p. 433-440) bénéficient cependant d'une amélioration de leur niveau de vie (rénovation de l'habitat par exemple).

Malgré de nombreux oubliés de la prospérité, au terme de la période, les Français vivent mieux. Cette évolution est inséparable de la cristallisation d'une nouvelle culture de la consommation, basée sur l'acquisition de biens durables (HLM ou pavillon, électroménager, voiture) et caractérisée par une autonomie industrielle grandissante. Si les produits sont uniformisés d'un point de vue typologique, ils varient énormément du point de vue qualitatif. De plus, les disparités quantitatives et qualitatives demeurent trop importantes pour qu'on puisse parler d'homogénéisation de la consommation des ménages l'imitation s'accompagne en effet presque toujours de sélection, de reinterprétation et de restructuration à partir de valeurs et de préférences.

« Consommer dans la France d'aujourd'hui », tel est le thème de la cinquième et dernière partie (p. 446-509). À partir du milieu des années 1970, se produisent de profondes transformations : fort ralentissement avec les deux chocs pétroliers, poursuite du déclin des consommations primaires (alimentation, habillement), différenciation des attentes et des goûts, accroissement de la part des dépenses préengagées (logement, assurances, abonnements), généralisation de la marchandisation des besoins, lus tardivement prise de conscience de l'urgence écologique. La consommation de masse s'est donc transformée (chap. 1, p. 449-463) : effritement de la société salariale (montée du chômage, des emplois précaires et du sous-emploi), stratégie de stimulation de la demande fondée sur le renouvellement des produits et de la variété, relance de l'américanisation à travers de nouveaux objets (Mc Donald, Apple, Nike) ou services (GAFAM, Starbucks, Airbnb, Uber), crise de l'hypermarché, mais aussi déplacement des inégalités, avec l'éclatement des classes moyennes (chap. 2, p. 464-479), la fragmentation des classes populaires, à travers l'opposition entre salariat stable, protégé, et précaire, exposé (chap. 3, p. 480-489), le développement chez les pauvres, d'une consommation de survie (chap. 4, p. 490-495) et l'émergence de consommations alternatives (p. 496-503).

En définitive, il n'y a pas de substitution d'une hyperconsommation à la consommation de masse. De fait, la hiérarchie sociale des consommations est restée globalement stable depuis la fin des Trente Glorieuses. Néanmoins les disparités en matière de consommation se sont accrues au sein des classes moyennes et populaires. Ces différenciations accrues résultant de la diminution des dépenses les moins nécessaires (loisirs, culture, vacances) pour les milieux populaires, essor de consommation coûteuses et distinctives pour les cadres et les professions intellectuelles, amplification des disparités autour du logement. Quant à l'hétérogénéité croissante des modèles de consommation des classes populaires, elle s'explique par leur fragmentation. Mais les classes moyennes ne sont pas plus homogènes, du fait de l'opposition entre cadres et intellectuelles supérieures d'une part, les cadres moyens et les professions intermédiaires de l'autre. Cependant, pour toutes els catégories sociales, l'accroissement de la consommation continue d'être synonyme d'accès au bonheur. En dépit de la dénonciation grandissante du consumérisme et du matérialisme, l'aspiration dominante est plutôt celle d'une consommation durable, visant à atteindre la neutralité carbone.

Dominique Barjot

Sorbonne Université

Académie des Sciences d'Outre-Mer

Hubert Bonin, tome II, vol. 1 :
Histoire de la Société générale. 1890-1914. Une grande banque française - La Société Générale, banque de dépôts et d'épargne : une grande firme tertiaire (1890-1914)
Genève, Droz, 2019, 552 p.

Historien bien connu de la banque, Hubert Bonin s'est lancé dans l'écriture d'une monumentale *Histoire de la Société générale*, dont le tome 1 - *1864-1890. La naissance d'une banque moderne*, est paru en 2006[1]. 2019 a vu la publication du tome 2, lui-même organisé en deux volumes. Le premier, ici commenté, s'intéresse d'abord au passif bancaire, au développement d'une armature commerciale, à la structuration d'une administration centrale et d'un pôle immobilier d'envergure, à la cristallisation d'un capital de réputation, d'une image de marque, d'une position sur la place et à l'essor de la banque de courtage.

Dans une première partie, H. Bonin s'interroge sur qui possède et dirige la Société générale. Très représentative de la démocratisation du capital des grandes entreprises, la Générale apparaît comme une démocratie mobilière sous contrôle. Le conseil d'administration de la banque obéit, dans sa composition, à un subtil équilibre entre représentants du monde de la production et des échanges, de la banque et de la finance, de la haute administration, du monde du droit, de la diplomatie, de la notabilité bourgeoise tout en intégrant d'anciens directeurs issus de l'institution. Ce conseil dispose d'un droit d'information, sinon de regard. Il le doit à la personnalité de ses présidents successifs, Edward Blount, puis le baron Jean Hély d'Oissel. Représentatif d'une droite conservatrice ralliée à la République, ce dernier s'entend bien avec Charles Dorizon, directeur de la Société générale, à partir de 1895. Dorizon connaît une ascension fantastique, passant de simple *groom* à directeur général au cours d'une carrière qui traduit la réalité d'une philosophie de promotion interne. Animateur d'un vivier de cadres à haut potentiel, il porte la Société

1 – Hubert Bonin, *Histoire de la Société générale*, tome 1, *1864-1890, La naissance de la banque moderne*, Genève, Droz, 2006, 725 p.

générale au cœur des affaires bancaires à l'international, avant d'être poussé au retrait en 1913, puis d'entrer au conseil d'administration, qu'il présidera un an en 1914-1915. Sous son impulsion, la direction se structure et se renouvelle. Une équipe se forme autour de lui qui réunit des « fils de leurs œuvres, mais aussi de brillants diplômés, tous entrés avec lui dans la « bonne bourgeoisie ».

La seconde partie montre en quoi la Société générale offre l'un des rares exemples de banque de dépôts à guichet. La stratégie de dépôts repose sur la mise en place d'un réseau de guichets. L'effort porte sur l'Île-de-France, mais aussi les régions françaises et, à partir de 1911, l'empire colonial. Les directeurs d'agence apparaissent alors comme le levier de l'expansion de la banque de réseau ». Ils sont soumis à un contrôle constant, celle de l'Inspection générale qui se constitue peu à peu en corps d'élite. La croissance de la collecte des dépôts se fonde sur une réelle compétitivité. La Société générale parvient en effet à se doter au premier réseau de guichets de France et, en 1913, talonne ses deux grands concurrents par le montant du total des dépôts en banque.

La troisième partie traite de l'essaimage de la banque de dépôt hors de France. À une époque où l'accès à l'information devient de plus en plus crucial, la société générale s'appuie sur un efficace réseau de correspondants. Elle s'adapte avec succès à la germanisation de sa filiale allemande. Mais c'est en Russie que la Société générale s'engage le plus. Elle y supplante ses concurrents. Son installation sur place doit beaucoup à Maurice Verstraete, grand spécialiste de la diplomatie économique. Constituée en 1901, la Banque du nord s'élargit, dès 1906, à la BUP afin de faire face la Banque russo-chinoise, fondée en 1895 et bras armé de Paribas. Soumise à une forte concurrence, la Banque du nord connaît un décollage rapide, grâce à un large essaimage géographique. Bien partie, elle déçoit non seulement en raison de la crise de 1905-06, mais aussi de problèmes structuraux de gestion, qui imposent l'intervention de la maison-mère et le rapprochement avec la BUP. En 1910, la Société générale et Paribas s'entendent sur la fusion de la BDN et de la BRC, sous forme d'une absorption de la première par la seconde. La nouvelle banque comporte 18% de capitaux russes. Pourvue d'une ossature solide et rationnelle, elle dispose du plus grand réseau d'agences en Russie. Entre 1910 et 1913, le montant de son bilan s'accroît de 25 %, ce qui en fait la plus importante banque russe.

Les quatrième, cinquième et sixième parties fournissent des éclairages intéressants sur diverses caractéristiques de la Société générale, à la fois banque de patrimoine et de courtage de titres. La Troisième République veut promouvoir l'épargne des « petits » et des classes moyennes. Face à la concurrence grandissante du CNEP, la Société générale se trouve entraînée dans la voie de la banque de courtage et du conseil de gestion en patrimoine. La Société générale s'impose de plus en plus comme « une machine à placer des titres ». Mobilisant tout son réseau de guichets, elle assure le succès de nombre d'émissions obligataires ou d'actions. Courtier de rentes d'État, elle place de nombreux titres européens ou non. Banque de patrimoine en action, elle fournit un certain nombre de services capitalistes : Bourse, mouvement des titres, service titres, service coupons, service de la conservation des titres, avec pour objectif d'assurer la rémunération des épargnants et des investisseurs.

La cinquième partie étudie la gestion de l'organisation de firme bancaire. Entre 1901 et 1914, l'organisation de la firme se structure et se densifie. «La gestion des ressources humaines » gagne en importance : développement de la direction des personnels et de son budget, portés par la croissance des effectifs, institutionnalisation d'un corps d'employés ainsi que d'un peuple de garçons et de *grooms*. La Société générale se caractérise en effet par une hiérarchie très marquée tant en matière de rémunérations et de positions que de responsabilités. L'ambition majeure des employés, c'est d'abord d'être promu. Il existe en effet une politique sociale. Il s'agit de récompenser l'implication et la fidélité, mais aussi d'insérer les femmes dans l'entreprise. Entreprise d'argent, disposant de méthodes et de pratiques de contrôle élaborées, la Société générale est entrée de bonne heure dans la révolution managériale.

Dominique Barjot
Sorbonne Université
Académie des Sciences d'Outre-Mer

Hubert Bonin, tome II, vol. 2 :
Histoire de la Société générale. 1890-1914. Une grande banque française – Puissance et risques de la banque d'entreprise et d'investissement (1890-1914)
Genève, Droz, 2019, 580 p.

Le second volume du tome 2 de l'Histoire de la Société générale s'intéresse aux emplois bancaires avant de tenter une évaluation des performances de la banque. En compétition directe avec le Crédit lyonnais et le CNEP, comment la Société générale a-t-elle transformé l'argent collectée et exercé sa fonction d'agence ? Sous la pression de la haute banque, mais aussi d'établissements plus modestes, quel a été son *business model* et, partant, sa stratégie ? La première partie montre comment la banque commerciale de crédit constitue la clé de voûte de la banque d'entreprise. H. Bonin y analyse comment la Société générale abandonne, à partir des années 1889-91, son modèle de banque industrielle pour devenir une grande banque d'escompte. Les agences et leurs directeurs deviennent dès lors des sources fondamentales d'information, notamment sur le vivier des PME et des ETI (entreprises de taille intermédiaires). Cela implique aussi d'accentuer l'enracinement parisien, pour en conquérir le marché de l'escompte, de rejeter la croissance à tout prix, de centraliser mieux les données de structurer le service de portefeuille, grâce à l'affirmation d'une équipe de spécialistes. Les résultats sont là, car la Société générale l'emporte, en matière d'escompte, sur le Crédit lyonnais et le CNEP.

La Société générale s'affirme aussi comme une banque d'entreprise en France. Elle apporte son soutien aux firmes en mal de trésorerie. Jetant un pont entre banque de gestion et banque commerciale, cette grande banque d'escompte accorde aussi des crédits durables et des découverts. L'on comprend mieux dès lors son effort en faveur des cités-ports de l'Atlantique, de Marseille, des places industrielles et commerciales (Lille, Roubaix et Tourcoing, Champagne, Lorraine). S'il lui est difficile de s'implanter à Lyon et dans le Rhône, face notamment au Crédit lyonnais, au contraire grâce à la Sogénal, elle s'impose comme une banque importante à l'échelle rhénane.

Confrontée au dilemme banque d'escompte ou banque de découvert, elle parvient assez bien à essaimer son capital de compétence en banque d'affaires. C'est ce qui explique une collaboration poursuivie avec les Pereire, les messageries maritimes et le CIC, sa contribue au redressement du Printemps, et redressement du groupe Say frappé par le krach des sucres de 1905. Elle accompagne l'émergence des industries de la deuxième révolution industrielle. En même temps, elle acquiert un haut niveau de compétence en tant que banque de marchés et de gestion d'actifs. Non seulement, elle est présente sur le marché primaire des titres, mais elle s'impose aussi sur le marché secondaire des obligations. Engagée dans des opérations de reports, elle pratique le négoce de traite et d'acceptation et intervient dans les affaires de changes, tirant notamment profit de sa succursale londonienne.

La seconde partie du volume 2 traite du déploiement de la banque d'entreprise et d'affaires hors de France. À l'évidence, la Société générale n'a été qu'assez peu une banque impériale. Certes, elle s'est intéressée à l'Égypte et à l'Afrique du Sud, mais elle y a connu beaucoup de déboires. C'est en Algérie et au Maroc qu'elle a été plus active, l'Indochine étant réservée à la Banque du même nom. La Société générale se veut résolument une banque d'entreprise et d'affaires européenne. En effet, elle s'est implantée au cœur de la *City*, s'y imposant dans la banque de courtage et a pu nouer des liens avec les financiers et *businessmen* américains. De plus, elle s'est dotée, à Bruxelles, d'une filiale, la Société française de banque et de dépôts, grâce à laquelle la Société générale de se rapproche des milieux d'affaires allemands. Faiblement présente dans les pays scandinaves, en Italie et au Portugal, la Société générale s'implique en Espagne. Si, dans les Balkans, en revanche, elle n'est qu'un acteur mineur, son rôle semble plus déterminant dans l'Empire ottoman, la Société générale respecte les rapports de force. Elle s'y intéresse aux chemins de fer et aux mines et contribue largement au succès, en France, des titres publics ou privés ottomans.

Pour la Société générale, la Russie constitue une priorité stratégique, clairement définie comme telle par Dorizon. Face à une vive concurrence française, la Banque du nord constitue l'œil de Paris à Moscou. Très impliquée dans les émissions obligataires de l'État russe, la Société générale s'intéresse aussi au financement de grands projets miniers, métallurgiques et ferroviaires. Elle y explore de nouvelles activité : ainsi l'électricité et les constructions mécaniques. Ses succès renforcent l'activité de banque d'affaires et de courtage de titres de la Société générale en Russie. Elle s'y appuie sur la Banque russo-asiatique, à la fois levier de l'influence française et outil de cristallisation d'un capitalisme russe conquérant. Non seulement, elle finance les principaux secteurs de l'industrie russe, mais encore elle intervient dans les grands pôles de développement. Elle tente de s'implanter dans les Balkans. Première banque russe par le montant de ses dépôts, la BRA s'impose comme une importante banque d'affaires en Chine.

La Société générale apparaît moins heureuse en Amérique latine, en dépit de l'engouement de la Bourse de Paris pour les valeur issue de ces pays au début du XXe siècle. Partie prenante dans le règlement de la question du canal de Panama, la Société générale s'intéresse beaucoup à l'Argentine, un peu au Chili, mais accorde la priorité au Brésil. Elle contribue au financement du pays, mais aussi des chemins de fer et des tramways et des ports. En Asie, elle est barrée par la Banque d'Indochine. Dès 1896, elle entre dans le jeu des émissions de titres chinois, s'intéresse aux chemins de fer. Son intérêt n'est pas moindre pour le Japon : la Société générale y prend part, en 1912, à la création de la Banque franco-japonaise. En définitive, face à une concurrence forte et en réponse à une demande accrue de capitaux de la part des pays émergents de l'époque, elle s'est fortement internationalisée.

La troisième partie du volume 2 tente un bilan de la croissance, de la puissance et de la compétitivité de la Générale. Partie prenante des grandes opérations de la vie bancaire parisienne, elle joue un rôle actif dans les ententes interbancaires. Surtout, elle sort indemne de la crise de confiance de 1905-06, grâce à son alliance avec Paribas. Plus grave est la crise de confiance survenue en 1913-1914. Elle résulte, dans une large mesure, de l'aggravation des tensions internationales à partir de 1912, d'engagements lourds et risqués en Russie et au Brésil ainsi que de mauvais placements, notamment en Argentine. Elle découle aussi de fortes réticences de certains banquiers de la place à racheter des titres Société générale pour en enrayer la chute du cours de Bourse. Mais l'intervention de la Banque de France, d'un syndicat bancaire emmené par Paribas ainsi que des métallurgistes permet une sortie de crise honorable. Il existe en effet bien des indices de fragilité : manque de capitaux propres et de réserves, indépendance excessive des entités russe et égyptienne, trop forte insertion dans la banque financière international, difficultés à remettre en cause un modèle qui a réussi, concordance imparfaite entre la stratégie et sa mise en œuvre, culture du risque trop focalisée sur le court terme, leadership sans réel contrepoids de Dorizon, insuffisance des équipes de gestion financière. Si la Société générale apparaît plus hardie que ses deux grands concurrents en matière de crédits à long et moyen de terme ou en matière d'immobilisations, par l'importance de son bilan, elle n'est dépassée, en 2013, que par le seul Crédit lyonnais. En revanche, son parcours boursier est moins brillant que celui du Crédit lyonnais, qui la surpasse nettement par sa profitabilité. Actrice de la mondialisation, capable de maîtriser à la fois sa croissance et sa diversification, la Société générale, entre 1890 et 1914, n'est ni une banque mixte à l'allemande, ni une simple banque de dépôts et d'escompte.

Dominique Barjot
Sorbonne Université
Académie des Sciences d'Outre-Mer

Nicolas Stoskopf, avec le concours de Sven Gütermann,
Les Hatt. Une dynastie de brasseurs strasbourgeois de 1664 aux années 1980.
Préface de François Loos, Pontarlier, Vandelle éditions, 2018, 319 p.

Ne nous y trompons pas ! Sous l'apparence d'un livre-cadeau, cet ouvrage richement illustré présente une étude menée avec la plus grande rigueur scientifique. Pas moins de 942 références tirées d'archives d'entreprises, de collectivités publiques et de fonds privés viennent à l'appui des faits évoqués. Dans sa tâche, Nicolas Stoskopf a été aidé par Sven Gütermann, qui a apporté sa connaissance de l'allemand ancien, et Bruno Hatt, qui a fourni des documents iconographiques.

Les cas atypiques en disent souvent plus long que les moyennes. Atypiques, les Hatt le sont à plus d'un titre. D'abord, la durée de leur dynastie industrielle qui compte, en remontant jusqu'à l'ancêtre fondateur, neuf générations de chefs d'entreprise sur trois siècles. Ensuite, la prospérité de leurs deux entreprises qui ont survécu aux concentrations successives de l'industrie brassicole : en 1970, sur les quatre grandes brasseries alsaciennes encore en lice, les deux plus importantes, Kronenbourg et l'Espérance, appartenaient chacune à une branche de la famille Hatt. Constamment modernisées, elles ont été revendues à de grands groupes internationaux qui les ont maintenues en Alsace jusqu'à aujourd'hui.

Des dizaines d'artisans brasseurs exerçaient à Strasbourg au début du XIXe siècle. La révolution industrielle qui a touché ce secteur à partir des années 1850 n'a donné ses chances qu'à un petit nombre d'entre eux. Les Hatt furent de ceux-là. Au sein de leur corporation, Jean-Louis (1784-1853) et Philippe-Jacques (1787-1852) occupaient déjà les premiers rangs par leur richesse et leur influence. La génération suivante a su maîtriser le procédé de fermentation froide et utiliser la ligne de chemin de fer Strasbourg-Paris pour expédier régulièrement la bière par tonneaux entiers vers la capitale. De confession luthérienne, les Hatt cultivaient avec une particulière application les vertus du travail et de l'épargne. Leurs nombreuses progénitures et leurs intermariages dans le milieu des brasseurs se sont traduits au XIXe siècle par de multiples participations dans les brasseries strasbourgeoises. Bientôt, deux branches de la famille contrôlèrent chacune une grande brasserie : l'Espérance, développée par les descendants de Philippe-Jacques (1813-1883) et Kronenbourg, développée par les descendants de son frère Frédéric-Guillaume (1820-1885).

Les Hatt concevaient leur rôle comme dépassant le strict cadre économique. Pour réagir à l'annexion de 1871, ils firent tout pour empêcher l'intrusion de capitaux allemands en Alsace et firent, comme d'autres industriels alsaciens, appel à des capitaux bâlois. Ils étaient habités par des préoccupations sociales. Les salaires étaient complétés par diverses formes d'intéressement et un effort particulier fut engagé pour lutter contre l'alcoolisme chez les ouvriers : un système de jetons distribués en début de journée limitait le nombre de verres de bière pouvant être tirés sur place et les jetons économisés étaient transformés en suppléments de salaires. La tradition rapporte que, pour être embauché dans une brasserie Hatt, il fallait être protestant et... jouer au football.

Après la seconde guerre mondiale, les deux groupes Hatt s'engagèrent dans la production, plus rémunératrice, de bière de luxe vendue en bouteilles. En 1963, apparut le pack de 6 bouteilles de bière Kronenbourg en verre perdu, très apprécié des consommateurs. Une usine dernier-cri fut inaugurée par Kronenbourg à Obernai en 1969. Elle permit d'abaisser de 21 % les coûts de production. En 1970, Kronenbourg occupait la deuxième place sur le marché français et l'Espérance la quatrième.

Rien ne laissait prévoir ce qui arriva après 1970 : le rachat de Kronenbourg par BSN, suivi du rachat de l'Espérance par Heineken. Les dirigeants ont estimé que la concurrence des grands groupes allait devenir de plus en plus redoutable. Et puis la rupture avec le passé était dans l'air du temps. La page est donc tournée. Au total, la famille Hatt aura donné trente-six brasseurs porteurs du nom (sans compter la descendance féminine) sur neuf générations, voire dix, en comptant Jean-Philippe Hatt : ce dernier, ingénieur, a participé à la construction d'une brasserie en Chine.

Ce nouvel ouvrage de Nicolas Stoskopf donne toute sa place à deux dimensions importantes de la vie des entreprises : la famille, qui est au cœur des décisions des dirigeants dans le monde rhénan, et le caractère imprévisible de l'évolution des techniques et des marchés.

Michel Hau

Université de Strasbourg
Institut Universitaire de France

REVUE FRANÇAISE
D'HISTOIRE ÉCONOMIQUE

N° 13

Livres reçus

THE FRENCH ECONOMIC
HISTORY REVIEW

N° 13

Books received

Valérie ARCHAMBAULT, *Histoires de sciences & entreprises - Volume 3, La parole aux entreprises*, Paris, Presses de l'École des Mines, 2019, 113 p.

Dominique BARJOT (dir.), *Transmission et circulation des savoirs scientifiques et technique. Actes du Congrès de Paris 2018 du Comité des Travaux Historique et Scientifiques*, Paris, Éditions du CTHS, 2019, 348 p.

Rémi BAUDOUÏ *et alii* (dir.), *Le Corbusier 1930-2020 – Polémiques, mémoire et histoire*, Paris, Taillandier, 2020, 384 p.

Marco BERTILORENZI, Nadine DUBUC, Jean-Philippe PASSAQUI (dir.), *Henri Fayol. Les multiples facettes d'un manager*, Paris, Presses des Mines, 2019, 344 p.

David BIRMINGHAM, *Histoire de l'Angola, de 1820 à nos jours*, Paris, Bibliothèque Lusitane, 2019, 296 p.

Hubert BONIN, *La firme Schneider dans la guerre industrielle en 1914-1918*, Paris, Les Indes savantes, 260 p.

Hubert BONIN, *Saint-Gobain et ses banquiers (1914-2000). Enjeux et méthodes du financement d'une grande entreprise*, Droz, Genève, 2020.

Hélène BRAEUNER, *Images du canal de Suez : une autre vision de l'Orient*, Paris, Mare & Martin Arts, collection Thèses illustrées, 2019, 501 p.

Luis BUENDIA RICARDO (ed.), *The Political Economy of Contemporary Spain: From Miracle to Mirage*, Routledge, New York - London, 1st Edition, Routledge Frontiers of Political Economy, 2018, 160 p.

Mauve CARBONELL *et alii* (dir.), *Industrie entre Méditerranée et Europe XIXe-XXe siècles*, Aix-en-Provence, Presses Universitaires de Provence, 2019, 346 p.

Virginie CHAILLOU-ATROUS, Pierre-Étienne PÉNOT (dir.), *Outre-terre, outre-mer, Cultures, colonialisme, impérialismes. Mélanges offerts au Professeur Jacques Weber*, Paris, Les Indes Savantes, 2019, 366 p.

Johann CHAMAYOU, *La Société gouvernementale. Une généalogie du libéralisme*, Paris, La Fabrique, 326 p.

Johann CHAPOUTOT, *Libres d'obéir. Le management du nazisme à aujourd'hui*, Paris, Gallimard, Nrf essais, 2020.

Judith CLIFTON, Daniel DIAZ FUENTES, David HOWART and Lara Gómez (eds.), *Regional Development Banks since the Second World War*, Oxford, Oxford University Press, 2019.

Guibourg DELAMOTTE (ed.), *Japan's World Power, Assessment, Outlook and Vision*, London, Routledge, 2018, 215 p.

Olivier FEIERTAG et Michel MARGAIRAZ (dir.), *Les Banques centrales pendant la Grande guerre. Central in the Great War*, Presses de Sciences Po, Paris, 2019, 320 p.

Thomas FIGAROL, *Les diamants de Saint-Claude. Un district industriel à 'âge de la première mondialisation (1870-1914)*, Tours, Presses Universitaires François Rabelais, 2020, 328 p.

David GAIDO, *The Formative Period of American Capitalism: A materialist interpretation*, New York, Routledge, 2016, 176 p.

James GARDNER et Paula HAMILTON (eds.), *The Oxford Handbook of Public History*, Oxford, Oxford University Press, 2017, 568 p.

Tristan GASTON-BRETON, *Total. Un esprit pionnier*, Paris, Textuel, 2019, 431 p.

Robert GILDEA, *L'Esprit impérial. Passé colonial et politiques du présent*, Paris, Passés / Composés, 2020, 496 p.

William N. GOETZMANN, *Money changes everything: How finance made civilization possible*, Princeton (New Jersey), Princeton University Press, 2017, 600 p.

Armin GRÜNBACHER, *West German industrialist and the making of the economic miracle. A history of mentality and recovery*, London-New York, Bloomsbury Academic, 2017, 207 p.

Jean GUILLEMIN, *Le Crédit agricole en Bourgogne. Une mutuelle paysanne 1896-1975*, Tours, Presses universitaires François Rabelais, 2019, 545 p.

Jeffrey HERF, *Reactionary Modernism. Technology, Culture and Politics in Weimar and the Third Reich*, Cambridge University Press, Cambridge, 1984, trad. Frédéric JOLY, *Le Modernisme réactionnaire. Haine de la raison et culte de la technologie aux sources du nazisme*, Paris, L'Échappée, 2018, 425 p.

Tai-Yoo KIM and Daeryoon KIM, 2017, *The Secrets of Hegemony*, Singapore, Springer, 256 p.

Phil KNIGHT, *L'art de la victoire. Autobiographie du fondateur de Nike*, Paris, Payot, Hugo poche, 2018, 624 p.

Tristan de LA BROISE, *Michelin - Une aventure humaine* (préface de Jean-Dominique Senard), Arles, Actes Sud, 2019, 416 p.

Matthieu LEIMGRUBER and Matthias SCHMELZER (eds.), *The OECD and the International Political Economy Since 1948*, London, Palgrave Macmillan, 2017, 363 p.

Jean-Claude LÉVY, Louisette RASOLONIAINA *et alii*, Économie *«circulaire» des routes de la soie, déroute des empires*, Paris, Presses des Ponts et Chaussées, 2020, 224 p.

André LÉVY-LANG, *La révolution de la finance : acte II*, Paris, Odile Jacob, 2019, 213 p.

Manuela MARTINI, *Bâtiment en famille. Migrations et petite entreprise en banlieue parisienne au XXe siècle*, Paris, Gallimard, 468 p.

Maria Eugénia MATA, José RODRIGUES DA COSTA & David JUSTINO, *The Lisbon Stock Exchange in the Twentieth Century*, Coimbra, Presses universitaires de Coimbra (Impresa da Universidade de Coimbra), 2018, 366 p.

Vincent MAYET, *Amazon - Main basse sur le futur*, Paris, Robert Laffont, 2019, 187 p.

Ellen MEIKSINS WOOD, *L'Origine du capitalisme*, Québec, Lux, 2020, 256 p.

Éric MEYER, *Une histoire de l'Inde : les Indiens face à leur passé*, Paris, Albin Michel, 384 p. (réédition de 2007).

Rakesh MOHAN (ed.), *India Transformed: 25 Years of Economic Reforms*, Gurgaon, Penguin Books, Brookings Institution Press, 2017, 702 p.

Odile MOREAU, *L'Empire ottoman au XIXe siècle*, Paris, Armand Colin, 2020, 336 p.

Gildas NYAME MENDENDY BOUSSAMBE, *Histoire du Gabon : de ses origines à 1964*, Paris, L'Harmattan, 2019, 194 p.

Thomas PIKETTY, *Capital et Idéologie*, Paris, Le Seuil, 2019, 1232 p.

Viera REBODELLO-DHUIN, *Du livre à la finance. Crédit et discrédit de la librairie parisienne au 19e siècle*, Paris, Éditions du CTHS, 2019, 384 p.

Sylvie RIVOT et Samuel FEREY (dir.), *Histoire de la pensée économique*, Paris, Association Charles Gide, Pearson, 2019, 484 p.

Adam ROBERTS, *Superfast, Primetime, Ultimate Nation. The Relentless Invention of Modern India*, New York, Public Affairs books, 2017, 312 p.

Jean-Baptiste RUDELLE, *On m'avait dit que c'était impossible - Le manifeste du fondateur de Criteo*, Paris, LGF-Livre de Poche, 253 p.

John H. SAGERS, *Confucian Capitalism: Shibusawa Eiichi, Business Ethics, and Economic Development in Meiji Japan*, New York, Palgrave Macmillan, 2018, 245 p.

Sylviane de SAINT SEINE, *La Banque d'Angleterre. Une marche erratique vers l'indépendance 1977-2007*, Presses de Sciences Po, Paris, 2018, 518 p.

Shashank SHAH, *Win-win corporations: The Indian way of shapping successful strategies*, Portfolio Penguin, Gurgaon, 2016, 444 p.

Joseph E. STIGLITZ, *Peuple, pouvoir et profit. Le capitalisme à l'heure de l'exaspération sociale*, Les Liens qui libèrent - coédition Arles, Actes Sud, 416 p.

Alain SUPIOT, *Le Travail n'est pas une marchandise. Contenu et sens du travail au XXIe siècle*, Paris, Éditions du Collège de France, 2019, 66 p.

Adam TOUZE, *Comment une décennie de crise financière a changé le monde* (Traduit par Leslie Talaga, Raymond Clarinard), Paris, Les Belles Lettres, 2018, 750 p.

René TOURTE, *Histoire de la recherche agricole en Afrique tropicale francophone, de la préhistoire aux temps modernes* - Volume IV - *De l'Empire colonial à l'Afrique indépendante (1945-1960)*, Paris, L'Harmattan, 2019, 1288 p.

Hélène VERIN, *Entrepreneurs, entreprise - Histoire d'une idée*, Paris, Classiques Garnier, 2019 (réédition poche).

Laurent WARLOUZET, *Governing Europe in a Globalizing World. Neoliberalism and its Alternatives following the 1973 Oil Crisis*, New York, Routledge, 2018, 274 p.

REVUE FRANÇAISE
D'HISTOIRE ÉCONOMIQUE

N° 13

Biographie des auteurs

THE FRENCH ECONOMIC
HISTORY REVIEW

N° 13

About the Authors

DOMINIQUE BARJOT est professeur émérite d'Histoire économique contemporaine à Sorbonne Université Lettres et membre de l'Académie des Sciences d'Outre-Mer. Ancien directeur adjoint des SHS du CNRS (1994-1997) et représentant de la France au Standing Committee de l'European Science Foundation (1994-1998), il a été aussi directeur scientifique des sciences humaines et des humanités au ministère de l'Enseignement supérieur et de la Recherche (2003-2007) et directeur de l'École doctorale d'histoire moderne et contemporaine (ED 188) de l'université Paris-Sorbonne (Paris-IV) (2002-2010). Président, depuis 2017 du Comité Français des Sciences historiques, ancien président de l'Association française des historiens économistes (1998-2001), il est l'auteur de nombreux ouvrages ou articles de revue, parmi lesquels, récemment : avec Vialou (dir.), *La Nouvelle-Orléans 1718-2018. Regards sur trois siècles d'histoire partagée. Deuxièmes entretiens d'Outre-Mer*, Paris, Académie des Sciences d'Outre-Mer - Maisonneuve et Larose Nouvelles Éditions - Hémisphères Éditions, 568 p. ; (ed), "Theory and Empirical Performance. Economic Paradigm and Performance in the Long Run (18th to 21st century)", *Revue Française d'histoire économique - The French Economic History Review*, n° 11-12 (n°1-, 2019), 354 p. ; (ed), "Economic development, financing and business strategies (19th-21st century)". « Développement économique, financement et stratégies d'entreprises XIXe-XXIe siècle) », *Revue Française d'histoire économique - The French Economic History Review*, n° 9-10 (n°1 et n° 2, janvier et septembre 2018), 304 p. ; (dir.), « Entreprises et entrepreneurs d'Asie », *Entreprises et Histoire*, n° 90, avril 2018, 184 p.

HUBERT BONIN est chercheur en histoire économique à Sciences Po Bordeaux à l'UMR CNRS 5113 GRETHA-Université de Bordeaux. Il est spécialiste d'histoire bancaire et financière, mais aussi de l'histoire des entreprises et des organisations tertiaires, de l'esprit d'entreprise et du négoce et de la banque ultramarines. Il étudie aussi le déploiement des banques françaises dans les anciennes concessions chinoises. Son champ d'étude couvre enfin l'histoire des flux logistiques intercontinentaux. Il co-organise également des manifestations d'histoire appliquée avec des responsables de communication d'entreprise.

[www.hubertbonin.com].

THIERRY CLAEYS est docteur en histoire, ingénieur d'études en analyse de sources historiques et culturelles de la Faculté de Lettres de Sorbonne Université (anciennement Paris Sorbonne), membre de l'IRCOM - Centre Roland Mousnier. Il a publié le *Dictionnaire biographique des financiers en France au XVIIIe siècle*, paru aux Éditions S.P.M., en 2008 et réédité en 2011 (2 vol.), ainsi que *Les Institutions financières de la France au XVIIIe siècle*, aux Éditions S.P.M., en 2011 (2 vol.). Actuellement, il prépare un dictionnaire en plusieurs volumes sur les banques et banquiers à Paris, couvrant une période de plus de deux siècles, s'arrêtant à la veille de la Première Guerre mondiale. Auteur d'articles scientifiques consacrés aux investissements et transferts technologiques français en Russie de 1857 à 1914.

PIERRE-ANTOINE DESSAUX, Maître de conférences en Histoire économique contemporaine - Université de Tours-UMR 7324-Citeres, responsable de la collection Entreprises, Presses Universitaires François Rabelais.

- « Les industries alimentaires et la Grande Guerre » in Patrick Fridenson, Pascal Griset dir., *L'industrie française dans la Grande Guerre*, Paris, Comité d'Histoire économique et financière de la France, 2018, p. 437-448.
- « La Marine et l'industrialisation de l'alimentation », Actes du colloque *Agriculture et Industrie. L'innovation en partage*, Les Amis du vieux Guérigny, 2017.
- « Naissance et triomphe de l'industrie agro-alimentaire (XIXe-XXe siècles) in Catherine Esnouf, Jean Fioramonti, Bruno Laurioux, *L'alimentation à découvert*, Paris, CNRS Editions, 2015, p. 108-109.

ANDRÉ GUESLIN est professeur émérite. Né en 1950 dans les Vosges, il a été professeur d'histoire sociale contemporaine à l'Université Sorbonne-Paris-Cité de 1993 à 2014. Il a enseigné auparavant aux universités Nancy II (*Le Crédit agricole*, Repères, n° 31, Paris, La Découverte, de 1978 à 1987) et Clermont-Ferrand II (de 1987 à 1993). Agrégé d'histoire en 1973, il est titulaire d'un doctorat d'État ès lettres avec une thèse sur l'histoire du Crédit agricole soutenue en 1983) et d'un doctorat de science politique (mention Histoire, dont la soutenance a eu lieu en 1978. Ses travaux portent sur l'histoire bancaire (Crédit agricole, Crédit mutuel et Caisses d'épargne), sur l'économie sociale, sur l'histoire sociale (en particulier l'histoire des plus pauvres et de l'exclusion sociale). Il poursuit ses travaux sur la question des représentations, notamment de l'Argent (*Les peurs de l'argent dans la France d'après 1945*, Paris, Classiques Garnier, 2017) et de la grande pauvreté (*D'ailleurs et de nulle part : Mendiants, vagabonds, clochards, SDF en France depuis le Moyen Age*, Fayard , 2013). Parmi ses ouvrages, ceux portant sur le Crédit agricole sont les suivants : *Les origine du Crédit agricole*, Nancy, Presses Universitaires de Nancy, 1977, 454 p. ; *Histoire des Crédits agricoles*, Paris, Economica, 1984. Tome I : *L'envol des Caisses mutuelles (1910-1960)*, 955 p. et tome II : *Vers la banque universelle ? (depuis 1960)*, 463 p. ; Le Crédit agricole, *Repères*, n° 31, Paris, La Découverte, 1985, 124 p.

NICOLAS GUEUGNEAU, archiviste chez Crédit Agricole S.A., titulaire d'un master 2 professionnel en archivistique ainsi que d'un master 2 recherche en histoire contemporaine

JEAN GUILLEMIN, ancien cadre de direction du Crédit agricole, docteur en histoire. Ouvrages : *Le Crédit agricole en Bourgogne. Une mutuelle paysanne 1896-1975*, Tours, Presses universitaires François Rabelais, 2019, 545 p.

LAURENT JALABERT, professeur d'histoire contemporaine, Université de Pau et des Pays de l'Adour, E2S, ITEM (UR3002)

PASCAL PÉNOT est archiviste au sein des Archives historiques de Crédit Agricole SA depuis 2006 et en est le responsable depuis 2016. Titulaire d'une maîtrise d'histoire contemporaine et d'un DESS d'histoire et métiers des archives, il a précédemment travaillé aux archives du secrétariat international de l'OTAN puis a été adjoint du conservateur du Bureau des archives de l'occupation française en Allemagne et en Autriche (ministère des Affaires étrangères).

REVUE FRANÇAISE
D'HISTOIRE ÉCONOMIQUE

N° 13

In memoriam

THE FRENCH ECONOMIC
HISTORY REVIEW

N° 13

In memoriam

In Memoriam

Nagwa Abou El Maaty épouse Khalil 1954-2019

Madame Nagwa Khalil, née Abou El Maaty nous a quittés le 12 juin 2019, à l'âge de soixante-cinq ans. Elle était veuve et mère de trois enfants (1980, 1983, 1984). Ayant passé, en 1972, un baccalauréat scientifique, elle s'engagea à l'Université du Caire, dans des études d'ingénieure agronome, option sociologie rurale et développement agricole, obtenant son diplôme (mention bien) en 1976. Elle exerça ensuite les fonctions de professeure d'anglais en collège, à Dekernis, en 1976-77, puis de biologie, dans la même ville, mais en lycée en 1977-78. Puis, de 1979 à 1983, elle travailla en tant qu'ingénieur agronome au service de planification de l'Université de Mansoura, toujours en Égypte. Prise par ses obligations de mère de famille, notamment la prise en charge d'un enfant grand handicapé, elle renoua un temps avec son métier d'ingénieur : d'avril à juillet 1989, elle effectua un stage à la société TECHNA (TECHnique de Nutrition Animale), une entreprise de service conseils à Coüeron (Loire-Atlantique).

En 1995, elle soutint avec succès (mention bien) un DEA d'Études Méditerranéennes, option Civilisation, à l'Institut National des Langues et Civilisations Orientales (INALCO). Il se constituait d'un mémoire portant sur *Les réformes agraires égyptiennes (1942-1970)*, dirigé par Henri Laurens. Puis, après un temps d'interruption, elle s'inscrivit en thèse de doctorat d'histoire économique à l'Université Paris-Sorbonne (Paris IV), sous la direction de Dominique Barjot. Cette thèse fut soutenue, avec la mention très honorable, le 4 juin 2007. Elle portait sur *La scolarisation de l'apprentissage agricole en France : les fermes écoles au service de l'agriculture et de son enseignement (XIXe siècle-début du XXe siècle)*, thèse alors très novatrice.

Pratiquant l'anglais, l'arabe et le français, Madame Nagwa Khalil s'est illustrée par son engagement bénévole : aide aux tuberculeux et à leur famille, dans le cadre de l'Association « Amélioration de la santé » (1977) et enseignante bénévole en cours d'alphabétisation et de remédiation, toutes matières (au collège), en sciences et grammaire arabe (lycée) toujours à Dekernis (1976-78). Elle renoua plus tard, en 1997-98, avec le bénévolat : aide aux devoirs bénévole pour des élèves en classe de soutien, au collège Libertaire Rutigliano, à Nantes.

La charge de son fils handicapé et le décès de son époux n'empêchèrent pas Madame Nagwa Khalil de publier un article de revue à comité de lecture : « La fabrique des instruments agricoles de la ferme-école des Trois-Croix », *Histoire & Sociétés Rurales*, vol. 21, 2004, p. 115-132, et une contribution aux actes de congrès du CTHS : « L'action des directeurs exploitants des fermes-écoles au sein de la viticulture locale (XIXe-début du XXe siècle », dans *Les Hommes de la vigne t du vin. Figures célèbres et acteurs méconnues*, Paris, Éditions du CTHS, 2011, p. 11-24. S'y ajoutèrent quatre communications à congrès ou colloques : « Sur les traces de Mathieu de Dombasle : Jules Rieffel et le défrichement des landes de Grand-Jouan », *Le Travail et les hommes*, 127e du CTHS, Nancy, 15-20 avril 2003 ; celle publiée en 2011 et présentée lors du Congrès de Bordeaux, *Les hommes de la vigne et du vin*, 20-25 avril 2009, « Une instruction professionnelle agricole gratuite pour la petite paysannerie au XIXe siècle : les élèves apprentis des fermes écoles formés par des notables, colloque Les « petites gens » de la terre : paysans, ouvriers et domestiques du Néolithique à 2014, MRSH de l'Université de Caen, 8-10 octobre 2014 ; celle, posthume, à paraître dans le présent volume, « La transmission du savoir-faire agricole dans les fermes écoles créées par la France en Afrique du Nord et en Syrie au début du XXe siècle », *La transmission des savoirs*, 143e congrès du CTHS, Paris 23-26 avril 2018. Tout cela ne donne que plus de regret à ce que la thèse, pourtant acceptée par les Presses Universitaires de Rennes n'ait pas été publiée. Madame Nagwa Khalil laissera l'image d'une chercheuse scrupuleuse et passionnée.

Dominique Barjot

In Memoriam

Pierre Guillaume

1933-2019

Grand historien du social, Pierre Guillaume, nous a quittés sans bruit, le 25 octobre 2019. Né le 26 juin 1933, Professeur honoraire d'histoire contemporaine à l'Université Bordeaux Montaigne, très tôt Pierre Guillaume a réuni tous les critères d'excellence du cursus universitaire : major de l'École Normale Supérieure de Saint-Cloud en 1954, douzième à l'agrégation d'histoire en 1957, il est l'auteur, successivement, d'une thèse de 3e cycle, pionnière, sur *La Compagnie des Mines de la Loire* soutenue en 1963[1] et d'une thèse de doctorat d'État, qui fait toujours référence sur *La population de Bordeaux au XIXe siècle*, ayant elle-même fait l'objet d'une soutenance en 1970[2]. Arrivé à Bordeaux dès 1962 en tant qu'assistant, il y devient professeur des Universités au début des années 1970 à l'IEP de Bordeaux, puis à l'Université de Bordeaux 3 Michel de Montaigne, de 1993 à 2001. Se voulant un éveilleur, sans des revendiquer comme un maître à penser, il a embrassé de multiples domaines historiographiques, selon un éclectisme toujours revendiqué,

Il s'est intéressé à l'histoire économique, non seulement à travers la production d'un manuel encore utile[3], mais aussi en participant aux tomes 4 et 5 de *l'Histoire économique et sociale du monde* dirigée par Pierre Léon[4]. Il a aussi formé de nombreux étudiants à la démographie historique[5]. Il a ainsi ouvert nombre de chantiers de recherche et impulsé des programmes de recherche novateurs : Afrique noire et monde colonial[6], études canadiennes et québé-

1 – Pierre Guillaume, *La compagnie des mines de la Loire (1846-1954)*, Paris, PUF, 1966, 250 p.

2 – Pierre Guillaume, *La population de Bordeaux au XIXe siècle*, Paris, Armand Colin, 1972, 320 p.

3 – Pierre Guillaume et Pierre Delaud, *Nouvelle histoire économique*. Tome II : *Le XXe siècle*, Paris, Armand Colin, 1976.

4 – Pierre Guillaume, « L'Inde anglaise », dans Pierre Léon, *Histoire économique et sociale du monde* : tome 4 - *la domination du capitalisme 1840-1914*, Paris, Armand Colin, 1978, p. 559-572 ; Pierre Guillaume, « L'épuisement de l'Europe » et « Les crises du monde dominé : les bouleversements de l'Extrême-Orient », dans Pierre Léon, *Histoire économique et sociale du monde* : tome 5 - *guerres et crises 1914-1947*, Paris, Armand Colin, 1978, p. 59-92 et p. 533-545.

5 – Pierre Guillaume, Jean-Pierre Poussou, *Démographie historique*, Paris, Armand Colin, 1970, 416 p.

6 – Pierre Guillaume, *Le monde colonial, XIXe-XXe siècles*, Paris, Armand Colin. 1974, 296 p.

coises[7], histoire rurale[8] et histoire sociale[9], notamment dans le domaine des migrations et de la mutualité[10]. Surtout, il aura été l'un de nos très grands historiens de la santé[11] et de la médecine[12]. Cela lui confère à son œuvre une actualité remarquable, comme le montre la publication, en 1988, de l'ouvrage collectif *Choléra, tuberculose, syphilis (XIXe-XXe siècles), Peurs et terreurs face à la contagion*, dont il a été l'un des co-directeurs[13]. Pour autant, il n'en a jamais oublié l'histoire locale et régionale[14], ainsi dans sa contribution restera celle apportée à la toute récente *Histoire de Bordeaux*, écrite à quatre mains avec son épouse Sylvie, elle-même historienne bien connue[15].

À côté de ses activités de recherche et d'enseignement, il a exercé des responsabilités importantes à l'échelle nationale et régionale : il a été en particulier président de l'Association des historiens contemporanéistes de 1985 à 1989 et du conseil d'administration de l'ENS de Fontenay-Saint-Cloud de 1995 à 1997 ; membre du Comité des travaux historiques et scientifiques, section d'histoire contemporaine et du temps présent, vice-président jusqu'en 2003, puis membre émérite. Il a joué un rôle éminent d'animation et de direction scientifiques du Comité d'histoire de la Sécurité sociale, aussi bien à l'échelle nationale que régionale. Enfin, il a donné un souffle décisif à deux institutions à qui il a fait dépasser le cadre régional : la Maison des Sciences de l'Homme d'Aquitaine, dont il fut membre fondateur et qu'il a dirigé de 1981 à 1987 ; la Fédération Historique du Sud-Ouest qu'il a présidé de nombreuses années. S'agissant de la première, il a su construire une véritable politique scientifique, articulée autour de programmes pluridisciplinaires, en particulier sur les solidarités et les classes moyennes. De même, il a créé une incontestable dynamique au sein des sociétés savantes en Aquitaine, en mobilisant toutes les générations d'érudits et en tissant de fructueuses collaborations régionales et interrégionales. Pierre Guillaume laissera l'image d'un homme chaleureux, ouvert et généreux, aimant la vie et le dialogue à l'esprit toujours attentif, curieux et ouvert.

Dominique Barjot

7 – Par exemple : Pierre Guillaume (en collaboration avec Sylvie Guillaume), *Nouveaux regards sur les francophonies torontoises*, Bordeaux, Maison des Sciences de l'Homme d'Aquitaine, 2005, 146 p. ; (dir.) *Regards croisés sur le Canada et la France*, Paris, CTHS, Québec, Presses de l'Université Laval, 2007, 400 p.

8 – Pierre Guillaume dir.), *Vignes, vins et vignerons de Saint-Emilion et d'ailleurs*, Actes du congrès de la FSHO, réuni à Saint-Emilion, 1999, Bordeaux, Maison des Sciences de l'Homme d'Aquitaine, 2005, 414 p.

9 – Pierre Guillaume, *Initiation à l'histoire sociale*, Paris, Nathan, 1992, 128 p.

10 – Pierre Guillaume, *Mutualistes et médecins, conflits et convergences (XIXe-XXe siècles)*, Paris, Les Éditions de l'Atelier, 2000, 207 p.

11 – Par exemple : Pierre Guillaume, *Histoire sociale du lait*, Paris, Éditions Christian, 2003, 233 p.

12 – Pierre Guillaume, *Le rôle social du médecin depuis deux siècles: 1800-1945*, Paris, Association pour l'étude de l'histoire de la sécurité sociale, 1996, 316 p. ; *Médecins, Église et foi : XIXe-XXe siècles*, Aubier, Paris, 1990, 270.

13 – Jean Pierre Bardet, Patrice Bourdelais, Pierre Guillaume, François Lebrun, Claude Quétel (dir.), *Peurs et terreurs face à la contagion. Choléra, tuberculose, syphilis*, Paris, Fayard, 1988, 444 p.

14 – Pierre Guillaume, *Les hospices de Bordeaux au XIXe siècle (1796-1855)*, Bordeaux, Les Études hospitalières, 2000, 273 p.

15 – Pierre et Sylvie Guillaume, contribution à Michel Figeac (dir.), *Histoire de Bordeaux*, Rennes, Presses Universitaires de Rennes, 2020.

CONSIGNES ÉDITORIALES

Soumission des articles

Les manuscrits doivent être envoyés au Comité de rédaction qui les transmettra au Comité de lecture de la Revue. Ils peuvent être renvoyés à leurs auteurs pour correction et, une fois acceptés, les manuscrits sont insérés dans le projet éditorial établi par le Comité de rédaction.

Recommandations

- Les manuscrits sont à envoyer en version papier (1 exemplaire) accompagnée d'un CD-Rom et complété par un envoi fichier à l'adresse mail suivante : arfhe@gmail.com
- Ils doivent comporter le nom de l'auteur, une adresse postale précise, un numéro de téléphone et une adresse électronique.
- Les manuscrits ne doivent pas excéder 60.000 signes (caractères et espaces compris) ou 10.000 mots ; ils intègrent un résumé de l'article d'environ 700 signes (caractères et espaces compris) ou 120 mots ainsi qu'une mini biographie (comprenant quelques publications marquantes) d'environ 700 signes (caractères et espaces compris) ; les résumés et mini biographies sont bilingues franco-anglais.

Les normes typographiques de la *Revue française d'Histoire économique* sont conformes à celle utilisées par les Presses Universitaires de Paris Sorbonne (PUPS) consultables à l'adresse suivante : http://www.clea.paris-sorbonne.fr/PUPS/PUPSnormes.pdf

EDITORIAL INSTRUCTIONS

Submission of papers

Manuscripts must be sent to the Editorial committee which will transmit to the Reading Committee of the Review. Manuscripts can be sent back to their authors for correction. Once accepted, manuscripts will be inserted into the editorial project established by the Editorial committee.

Recommendations

- Manuscripts are to be sent to paper version (1 copy) with a CD-ROM and completed by a sending file at the following e-mail address: arfhe@gmail.com
- Manuscripts have to contain the name of the author, a precise mailing address, a phone number and an e-mail address.
- Manuscripts do not have to exceed 60.000 signs (characters and included space) or 10.000 words; manuscripts integrate a summary of the article about 700 signs (characters and included space) or 120 words and a mini biography (including some significant publications) about 700 signs (characters and included space); Summaries and mini biographies are bilingual French-English.

The English typographic standards of *The French Economic History Review* are in accordance with that used by the Chicago Manual of Style: http://www.chicagomanualofstyle.org/16/contents.html

BULLETIN D'ADHÉSION

À retourner accompagné de votre règlement à l'adresse postale suivante:

Association des Amis de la Revue française d'Histoire économique
Professeur Dominique BARJOT
Maison de la Recherche
Sorbonne Université
28, rue Serpente 75006 Paris France
arfhe@laposte.net

Nom, Prénom: ....

Profession/Institution: ....

Adresse: ....

Téléphone: ....

E-mail: ....

Je m'abonne pour l'année: ....

Chaque abonnement donne droit à la livraison des 2 numéros annuels de la revue

	FRANCE	**ÉTRANGER***
Particuliers (frais d'envoi inclus)	❑ 1 an = 70 € ❑ 2 ans = 120 €	❑ 1 an = 80 € ❑ 2 ans = 150 €
Institutions (frais d'envoi inclus)	❑ 1 an = 170 € ❑ 2 ans = 330 €	❑ 1 an = 190 € ❑ 2 ans = 360 €
Particuliers: Abonnement + adhésion à l'Association des Amis de la RFHE (frais d'envoi inclus)	❑ 1 an = 65 € ❑ 2 ans = 115 €	❑ 1 an = 75 € ❑ 2 ans = 140 €
Institutions: Abonnement + adhésion à l'Association des Amis de la RFHE (frais d'envoi inclus)	❑ 1 an = 160 € ❑ 2 ans = 320 €	❑ 1 an = 180 € ❑ 2 ans = 350 €
Prix à l'unité	35 € (frais d'envoi inclus)	40 € (frais d'envoi inclus)

* Pour les abonnements à l'étranger, les chèques ne sont pas acceptés et les souscriptions se font par virement international à l'adresse suivante:

Banque: Crédit Mutuel, CME Paris Quartier Latin,
69 boulevard Saint-Germain 75005 PARIS FRANCE

Titulaire: Association des Amis de la Revue française d'Histoire économique
Account Currency: 00020706401
Account Number IBAN: FR76 1027 8065 0000 0207 0640 135
BIC (SWIFT) Code: CMCIFR2A

SUBSCRIPTIONS

To return accompanied with your regulation to the:

Association des Amis de la Revue française d'Histoire économique
Professor Dominique BARJOT
Maison de la Recherche
Sorbonne Université
28, rue Serpente 75006 Paris France
arfhe@laposte.net

Name: ....

Profession/Institution: ....

Adress: ....

Phone: ....

E-mail: ....

I subscribe for year: ....

All subscriptions are entered for two issues on a calendar year basis running from January to December

	FRANCE	ÉTRANGER*
Individuals (inclusive forwarding charges)	❑ 1 year = 70 € ❑ 2 years = 120 €	❑ 1 an = 80 € ❑ 2 years = 150 €
Institutional Subscribers (inclusive forwarding charges)	❑ 1 year = 170 € ❑ 2 years = 330 €	❑ 1 year = 190 € ❑ 2 years = 360 €
Individuals: Members + Society for the French Economic History Review membership (inclusive forwarding charges)	❑ 1 year = 65 € ❑ 2 years = 115 €	❑ 1 year = 75 € ❑ 2 years = 140 €
Institutions: Members + Society for the French Economic History Review membership (inclusive forwarding charges)	❑ 1 year = 160 € ❑ 2 years = 320 €	❑ 1 year = 180 € ❑ 2 years = 350 €
Unit price	35 € (inclusive forwarding charges)	40 € (inclusive forwarding charges)

* Full pre-payment in EUR (€) is required for all orders by bank transfer:

Bank: Crédit Mutuel, CME Paris Quartier Latin,
69 boulevard Saint-Germain 75005 PARIS FRANCE

Account: Association des Amis de la Revue française d'Histoire économique
Account Currency: 00020706401
Account Number IBAN: FR76 1027 8065 0000 0207 0640 135
BIC (SWIFT) Code: CMCIFR2A

www.ingramcontent.com/pod-product-compliance
Lightning Source LLC
LaVergne TN
LVHW010920051026
849532LV00003B/782
9782493449023